广东培正学院学术著作出版基金资助出版

守法行为的经济学分析
——以甲企业对劳资关系的处理为例

Economic Analysis of the Law-abiding Behavior
——Having the Handling of Enterprise A's Labor Relations as an Illustration

陈和芳　著

哈爾濱工業大學出版社

内容提要

法治社会中大量不法行为的长期存在，是要求完全守法的亚里士多德的法治理论难以解释的。因为根据此理论，国家没有理由不尽力消除这些不法行为，守法主体没有理由不完全守法。这种现实和经典理论之间的差异是由于受社会投入资源有限的制约，守法主体完全可能只冒很小的风险而获得远大于其违法成本的收益。本书选择从经济学的角度对守法主体的守法行为进行分析，并运用冯·诺伊曼和摩根斯顿创立的期望效用函数理论，参照波斯纳在《法律的经济分析》中使用的线性分析方法，建立相应的经济模型，并结合甲企业对劳资关系的处理为例证。指出在以经济发展为优先目标的现代社会，如果不违反经济规律，作为整体的守法主体不可能达成完全守法。如果不能确立完全守法要求的优先地位，这种不法行为一定程度存在的事实似乎无解。

图书在版编目(CIP)数据

守法行为的经济学分析：以甲企业对劳资关系的处理为例/陈和芳著. —哈尔滨：哈尔滨工业大学出版社，2015.2

ISBN 978-7-5603-5255-8

Ⅰ.①守… Ⅱ.①陈… Ⅲ.①企业－劳动关系－研究 Ⅳ.①F272.92

中国版本图书馆 CIP 数据核字(2015)第 049232 号

责任编辑　杨秀华
封面设计　刘长友
出版发行　哈尔滨工业大学出版社
社　　址　哈尔滨市南岗区复华四道街 10 号　邮编 150006
传　　真　0451－86414749
网　　址　http://hitpress.hit.edu.cn
印　　刷　哈尔滨市工大节能印刷厂
开　　本　787mm×960mm　1/16　印张 15　字数 281 千字
版　　次　2015 年 3 月第 1 版　2015 年 3 月第 1 次印刷
书　　号　ISBN 978-7-5603-5255-8
定　　价　45.00 元

前　言

本书是由博士论文改编而成。作者本科时期的专业是经济类的国际贸易,习惯从经济的角度来衡量自己现在所从事的法学理论专业的学习和研究,再结合自己大学毕业后十余年工作经验的情况下,构思和编写了本书。本书的大概思路如下:

因为守法对法治的重要意义,有关法治的研究基本上都会涉及守法,但是将守法作为专门研究对象的相关文章,不仅数量不多,而且主要承袭亚里士多德以来对法治的定义,从伦理和道德的角度来证成守法主体完全守法的必要性。

然而,法治社会中大量不法行为的长期存在,却是要求完全守法的经典理论难以解释的。因为根据守法主体必须完全守法的法治理论,国家没有理由不尽力消除这些不法行为,守法主体没有理由不完全守法。这种现实和经典理论之间的差异必然有其背后的原因,即国家现阶段施行的以经济发展为优先目标的政策。由于以经济发展为优先目标,受经济社会资源有限的制约,国家不会投入远超其守法收益的资源去保证法律百分之百被守法主体遵守,所以守法主体在特定的条件下,完全可能只冒很小的风险而获得远大于其违法成本的收益。因此,在保证国家实现经济发展目标的前提下,如何采取相应措施,以期达到最好的守法效果,是人们不得不认真考虑的问题。

本书选择从经济学的角度对守法主体的守法行为进行分析,并运用冯·诺伊曼和摩根斯顿创立的期望效用函数理论,参照波斯纳在《法律的经济分析》中使用的线性分析方法,建立相应的经济模型。指出在以经济发展为优先目标的现代社会,如果不违反经济规律,作为整体的守法主体不可能达成完全守法。如果不能确立完全守法要求的优先地位,这种不法行为一定程度存在的事实似乎无解。

本书选取某个存在大量不法行为的特殊守法主体,即甲企业对劳资关系的处理作为例证,通过几个典型案例,包括张某工伤赔偿案、苏某变相解雇案以及生产线员工最低工资纠纷案,对企业在这些案例中做出不法行为选择的原因进行经济学分析，指出影响企业做出不法行为选择的根本原因是其自身的成本收益考量，法律只是影响其成本收益的一个变量而已。即使专门聘请法律顾问，企业的出发点也不是如何更好地遵守法律，而是自身利益最大化，包括为其有利于自身的各种不法行为选择提供法律技术上的支持。而对企业守法行为选择影响最大的几个因素，主要包括立法瑕疵、执法投入有限、新法律的适应过程以及法律主体之间力量的不均衡。接着，本书主要围绕上述因素，论证在以经济发展为优先目标的现代社会，相应的不法行为存在是难以避免的。

第一，立法瑕疵。通过对立法瑕疵必然存在的函数线性模式分析，指出在资源有效配置的经济原则的支配下，法律必然存在一定程度的立法瑕疵。接着以劳动法部门中的《工伤保险条例》和《劳动争议调解仲裁法》存在的相关立法瑕疵为例证，说明立法瑕疵必然导致一定的不法行为的产生。

第二，执法资源有限。根据执法投入对守法行为影响的函数线性模型，推导出在以经济发展为优先目标的现代社会，由于资源有限，执法投入只能选择达到社会福利最大化的守法程度，而不是可能的最高值100%，因此不得不容许一定程度的不法行为的存在。并特别指出由"GDP至上主义"主导的行政执法部门，因为对不影响GDP增长的不法行为的社会危害低估，会进一步提高其对此类不法行为的容忍度，导致更多的不法行为选择的产生。

第三，新法律的适应过程。新法律的实施，由于其直接打破了原有的利益分配格局，而且具体效果尚需时间来证明，必然会遭到某些守法主体的怀疑和误解。而这些怀疑和误解，导致了新法适应过程中守法主体的各种不法行为。本书首先通过对新法适应过程的线性分析说明新法适应过程存在的必然，接着以新《劳动合同法》为例证，说明新法实施过程引起不法行为的存在同样难以避免。

第四，国家影响力不足下的博弈。在以经济发展为优先目标导致国家影响力不足的情况下，守法主体的行为模式选择取决于其与同类主体及受法律保护的弱势群体的博弈结果。根据搭便车理论，搭便车带来的成本优势使企业不可能放弃搭便车的努力。根据独木桥模式，在产生纠纷的主体双方力量差异较大的情况下，受侵害的弱势方往往选择屈服。这些原因都促使某些守法主体在国家影响力不足时，为了自身的利益最大化，而做出规避法律甚至是公然违法的不法行为选择。

第五，行为经济学上的各种心理效应，进一步强化了强势群体的不法行为选择。本书选择能够适用于分析企业守法行为的若干行为经济学理论，主要包括极端规避（Extremeness Aversion）、确定效应（Certainty Effect）和反射效应（Reflection

Effect)、基于案例决策(Case－based Decesions)理论以及损失规避(Loss Aversion)理论下的禀赋效应(Endowment Effect)理论。通过上述理论的分析,可以看出当法律主体力量不均衡时,在纠纷解决的过程中,这种不均衡通过行为经济学的一系列效应被进一步放大。从而能够更好地解释在以经济发展为优先目标的前提下,当国家影响力不足时,守法主体为了自身利益最大化而做出不法行为选择的原因。根据以上分析,本书提出了建立和谐劳资关系的守法对策。目前存在的劳资关系不和谐的主要原因之一,是国家法治建设的不完善。这种不完善主要表现在立法瑕疵过多、执法力度不足、法律主体力量不均衡三个方面。因此有必要继续完善立法,加大执法力度,将弱势群体适当组织起来,最终实现劳动法的立法目的顺利达成、劳资关系和谐、企业可持续发展、社会福利最大化的理想目标。

然后,本书根据上述企业处理劳资关系时守法行为选择的经济学分析,得出在以经济发展为优先目标的现代社会,国家达成良好的守法效果的主要条件。即,法律规定基本符合资源有效配置原则、严格执法、减少适应法律的成本、当事人之间有效的成本制约、市场干预的适度、支付得起的法律救济程序。

最后,本书指出,通过上述分析,可以得出在以经济发展为优先目标的现代社会,不同于经典完全守法理论的几个结论。包括:第一,也是根本的结论,由于经济发展的目标同完全守法的目标两者不可能同时达成,因此在以经济发展为优先目标的现代社会,一定程度的不法行为的存在是无法避免的事实,似乎也成为法治建设进程中无解的难题。第二,在以经济发展为优先目标的情况下,所谓良法,只能是基本符合资源有效配置原则的法律,而不是理想的完全符合正义原则的毫无瑕疵的法律。第三,“执法必严”的原则,是法治社会必不可少的条件,但在以经济发展为优先目标的情况下,“执法必严”依然会受到经济因素的限制,从而难以保证完全守法的实现。第四,对于一般守法主体,由于经济利益的驱使,在条件具备的时候,往往也会做出某些不法行为选择,而不是成为理想中完全守法的“良好”公民。本书出版之际,笔者在此特别感谢我的博士论文导师张永和老师,以及给我博士论文多次提出修改和批评意见的西南政法大学其他老师和同学们,没有你们的指导和鼓励,就没有本书的最终完稿和付印。

陈和芳
2015 年 1 月
于广东培正学院

目　　录

引　论

第一节　选题的来源和实践意义

守法是法实施的基本形式之一，一旦守法出现问题，整个法的运行过程必然出现障碍，法治社会的建设也就成为一句空话。因此，守法是法治社会不言自明的、最基本的要求，并且作为法治的一个必不可少的组成部分受到人们的关注。任何对法治的研究和探讨，都避不开对守法的论述，与法治有关的文章，几乎都会涉及对守法的研究，而守法主体完全守法对于法治社会的必要性，则成为这些文章公认的一个基本原则。虽然有关法治的研究基本上都会涉及守法，但是将守法作为专门研究对象的相关文章，不仅数量不多，而且主要是承袭亚里士多德以来对法治的定义，从伦理和道德的角度来论证守法主体完全守法的必要性。

然而，现代社会中守法的实际状况却同完全守法的法治要求有着相当大的差距。虽然说法治社会必然伴随着绝大多数守法主体对法律的遵守，但是仍然有着相当多的守法主体，出于各种各样的原因，选择对法律进行规避甚至是公然违反法律。在个别法律领域，甚至出现大多数守法主体，并没有按照法律规定行为而是做出了规避法律甚至是公然违反法律的不法行为选择。这种不法行为在一定程度上存在的现实与完全守法的法治要求之间的矛盾是一个亟待解决的问题。

按照要求完全守法的法治理论，守法主体进行不法行为选择是不符合法治的基本要求的，其在道德上应受谴责，在现实中应受法律制裁。守法主体应当做到完全守法，社会也应当尽其所能达成完全守法的目标。但是事实上，现代国家在对不法行为努力控制的同时，受经济规律的制约，却不得不容许一定程度的不法行为的存在。[①] 由此看来,现代社会虽然总体上一定会将守法主体的不法行为选择控制在一定的范围内,但并没有将达成完全守法的法治理想作为其必须实现的优先目标。这种现实和经典理论之间的差异必然有其背后的原因,即国家现阶段施行的以经济发展为优先目标的政策。[②]

由于以经济发展为优先目标,受经济社会资源有限的制约,国家不会投入远超其守法收益的资源去保证法律百分之百被遵守,而守法主体在特定的条件下,完全可能只冒很小的风险而获得远大于其违法成本的收益。因此,在保证国家经济目标实现的前提下,如何采取相应措施,以期达到最好的守法效果,是人们不得不认真考虑的问题。

从罗纳德·科斯[③]的科斯定理的提出到理查德·波斯纳[④]如今的显赫声名,法

---

① 比如在刑事案件中,现代国家并不会为了侦破某些疑难案件而无限投入资源,而只选择破案成本低于作案成本的案件,以保证资源的有效配置,因此造成刑事案件的破案率低下。此观点参见【美】大卫·弗里德曼.经济学语境下的法律规则[M].杨欣欣,译.北京:法律出版社,2004:271.针对某些良性违法,比如本文案例中讲到的企业购买法定工伤险的商业替代险,很多地方行政机关容许其一定程度的存在。参见本文第一章相关内容。

② 从理论上讲,当社会发展到产品极大丰富的阶段,社会就可以不用考虑经济成本的问题达成完全守法的法治理想。但在现阶段,由于生产力发展不足,资源稀缺,所以现代国家均将经济发展作为其优先目标,本文将此称之为现代国家以经济发展为优先目标的政策,并认为此阶段的社会为以经济发展为优先目标的社会。

③ 罗纳德·科斯(Ronald H. Coase, 1910—),芝加哥大学法学院慕瑟经济学荣誉教授及法律与经济学资深研究员,揭示并澄清了经济制度结构和函数中交易费用、产权的重要性,从而获得1991年诺贝尔经济学奖。其法经济学的代表作为《社会成本问题》,(The Problem of Social Cost, Journal of Law and Economics, October, 1960, 11:55-65),在其中重新研究了交易成本为零时合约行为的特征,批评了庇古关于"外部性"问题的补偿原则(政府干预),并论证了在产权明确的前提下,市场交易即使在出现社会成本(即外部性)的场合也同样有效。科斯发现,一旦假定交易成本为零,而且对产权(指财产使用权,即运行和操作中的财产权利)界定是清晰的,那么法律规范并不影响合约行为的结果,即最优化结果保持不变。换言之,只要交易成本为零,那么无论产权归谁,都可以通过市场自由交易达到资源的最佳配置。施蒂格勒(1982年诺贝尔经济学奖得主)将科斯的这一思想概括为"在完全竞争条件下,私人成本等于社会成本",并命名为"科斯定理"。

④ 理查德·波斯纳(Richard Allen Posner, 1939—),美国联邦上诉法院法官,曾任芝加哥大学法学院教授,法律经济学运动的重要人物。1973年发表《法律的经济学分析》一书,奠定了其作为现代法经济学代表人的地位。被1999年《美国法律人》评为100位20世纪最有影响的美国法律人之一。

经济学的繁荣自不必多说，相关著作也是汗牛充栋，不胜枚举。正如大卫·弗里德曼所说："法律的经济学分析包括三个紧密相关的部分：预测特定的法律规则会产生什么样的效果、解释为什么特定的法律会存在、确定应该存在什么样的法律规则。"[①]在这样的典型定义下，一般的法经济学分析都集中在特定的法律规则上。因此，有关法经济学方面的著作和文章绝大多数都是从具体法律的角度进行分析，对与法律相关的行为的分析则置于具体法律分析之下，而很少从法的运行角度来进行经济学分析，尤其是从守法行为的角度进行经济学分析更是少之又少。

因此，本书选择从经济学的角度来对守法主体的守法行为进行分析。指出在以经济发展为优先目标的社会，由于经济规律的制约，守法主体对法律的遵守并不能达到完全守法的理想法治状态，而只能达到这样一种程度，在这种程度上，社会总体上达到了福利最大化的要求。

为了论证上述理论，本书选取自己熟悉的一个私营企业作为具体分析对象，根据其在处理劳资关系时所做出的大量的不法行为选择，分析其做出这些选择的经济学上的原因，并对这些原因进行具体的经济学分析，论证在以经济发展为优先目标的政策下，由于资源有限的制约，类似不法行为在现代社会不可避免。并据此提出相关的对策和建议，得出以经济发展为优先目标的社会良好守法行为达成的相关标准。

第二节　守法和守法行为的研究概况

作为法运行的一个重要组成部分，守法和守法行为主要被作为法治研究对象的一个组成部分为人们所关注，人们对法治进行论述的时候，大都会对守法有所涉及，因此这方面的研究成果主要集中在自古以来的思想家对法治的经典论述上。而将守法和守法行为作为专门对象的研究则比较薄弱，很少有相关的专著或论文面世。通过 Google 以及 Lexisnexis 和 Westlaw 数据库，以"abide by the law"和"law abiding"为关键词，搜索不到有关守法理论的任何英文文献。通过国家图书馆检索，只搜索到一部有关的专著，即下面提到的博士论文改编而成。百度搜索"守法"

---

① 【美】大卫·弗里德曼. 经济学语境下的法律规则[M]. 杨欣欣，译. 北京：法律出版社，2004：9.

这一关键词,找不到相关的对守法行为专门进行研究的专著。通过 cnki 搜索,以文史哲、政治军事与法律以及教育与社会综合作为查询范围,含有“守法”作为标题的文章,共有 699 篇,其中优秀硕士论文一共有 8 篇,博士论文 1 篇,含有“法律 + 遵守”作为关键词的文章,共有 184 篇,含有“守法”作为关键词的文章,共有 145 篇,但大多数是对具体守法主体的守法行为进行的专项分析,涉及对守法理论进行研究的文章只有十几篇。[①] 下面将分别以作为法治研究对象组成部分的守法的经典论述以及作为专门研究对象的守法的相关论点进行具体综述。[②]

一、法治概念下守法的经典论述

对于法治的经典论述,莫过于源自古希腊的亚里士多德在《政治学》一书中对其所下的定义:“我们应该注意到邦国虽有良法,要是人民不能全部遵循,仍然不能实现法治。法治应该包含两重意义:已成立的法律获得普遍的服从,而大家所服从的法律又应该本身是制订得良好的法律。”[③]这里所说的法治的两重意义实际上都和守法有关,一是人民的普遍守法,二是人民普遍守法对法律的要求是此法律必须为良法。“邦国虽有良法,要是人民不能全部遵守,仍然不能实现法治。”[④]亚里士多德对法治提出了自己的标准,即完全守法,人民对法律的“全部遵守”。亚里士多德对法治的这些论述无疑极为精辟,而且也直接影响了古罗马以至西方中世纪、近现代无数学者对法治,以及作为法治重要组成部分的守法的认知。而其关于法治的完全守法的标准,也成为此经典理论的一部分。

古罗马的查士丁尼在其编纂的《国法大全》重要组成部分之一的《学说汇纂》中,同样提出了全民守法的要求。[⑤] 同上述亚里士多德完全守法的表述大体上一致。

---

① 以上数据截至 2012 年 8 月 16 日。

② 当然,还会存在很多本文没有提到的,散见于各类法律文献中的其他的一些有关守法的研究成果,甚至是很重要的研究成果。但总的来讲,这两方面的观点基本上能反映目前有关守法及守法行为的研究概貌。

③ 【古希腊】亚里士多德. 政治学[M]. 吴寿彭,译. 北京:商务印书馆. 1965:199.

④ 【古希腊】亚里士多德. 政治学[M]. 吴寿彭,译. 北京:商务印书馆. 1965:99.

⑤ 查士丁尼在《学说汇纂》的第一部开篇说:“万民……皆受法律和习惯的统治。”参见 The Digest of Justinian 9, Theodor Mommsen &Paul Krueger eds., AlanWatson trans., University of Pennsylvania Press, 1985.

中世纪时，以阿奎那为代表的基督教自然法学派们则对法治有了新的理解，由于强调“神”的不可侵犯，因此在继承亚里士多德的“服从良法之治”说法的同时，进一步提出不应当服从恶法的观点。阿奎那认为，与神性相冲突的不正义的法律“是绝不可服从的”，因为人们应当服从的是神而不是人。[①]

到了近现代，在继承亚里士多德的法治和守法理论的同时，自然法学派的法学家们往往将对守法的理解和自由权利相联系，以证明守法的道德和伦理意义。如霍布斯在《利维坦》一书中指出，“现在我所要谈的臣民的自由只是相对于这些锁链而言的自由。”臣民的自由只有在接受主权者加于其身的法律的锁链，也即遵守主权者制定的法律的基础上才能享有。[②] 洛克在《政府论》中同样指出，自由的前提是人们对法律的遵守，法律面前，人人平等，法律一经制定，任何人也不能凭他自己的权威逃避法律的制裁，也不能以地位的优越为借口，放任自己或任何下属胡作非为，要求免受法律的制裁。[③] 卢梭在《社会契约论》中则认为，由于公意组成的主权者的道德上的毋庸置疑，因此绝对遵守此主权者制定的法律，是符合全体人民的利益并具有绝对的道德正义性。[④] 孟德斯鸠在《论法的精神》里也指出，自由的实现要受法律的制约，“自由是做法律所许可的一切事情的权利；如果一个公民能够做法律所禁止的事情，他就不再有自由了。因为其他的人也同样会有这个权利。”[⑤]黑格尔则强调从伦理上和思想上进行守法教育的重要性，“为了使大公无私、奉公守法及温和敦厚成为一种习惯，就需要进行直接的伦理教育和思想教育。”[⑥]而富勒在《法律的道德性》一书里把法律之德区分为内在之德和外在之德，认为法治是法律内在之德的一部分。在他看来，具备法治品德的法律制度由八个要素构成：一般性、公布或公开、可预期、明确、无内在矛盾、可循性、稳定性、同一性。[⑦] 也就是说他对守法的着重点应当遵守的是什么样的法律（即亚里士多德所说的良法的标准）这一问题上，强调法律本身的道德。德沃金则重视法治社会中公民权利的保护，因此

---

① 【意】托马斯·阿奎那. 阿奎那政治著作选[M]. 马清槐，译. 北京：商务印书馆，1997：57.

② 【英】霍布斯. 利维坦[M]. 黎思复，黎廷弼，译. 北京：商务印书馆，1985：172.

③ 【英】洛克. 政府论（下）[M]. 叶启芳，瞿菊农，译. 北京：商务印书馆，1964.

④ 【法】卢梭. 社会契约论[M]. 何兆武，译. 北京：商务印书馆，2005.

⑤ 【法】孟德斯鸠. 论法的精神（上）[M]. 张雁深，译. 北京：商务印书馆，1961：154.

⑥ 【德】黑格尔. 法哲学原理[M]. 范扬，等译. 北京：商务印书馆，1961：314.

⑦ 相关观点参见【美】富勒. 认真对待权利[M]. 郑戈，译. 北京：商务印书馆，2005.

强调守法尤其是掌权者的守法对保护公民权利的重要意义。[①]

而实证主义的法学家则强调仅仅由于法律是由强力的有权者制定本身，人民即应对其遵守。如奥斯丁在《法理学的范围》中认为，法律是主权者的命令，这种命令是以强迫为特征的，人民因为强力的存在而必须遵守法律。[②] 凯尔森也认为，个人必须通过使其行为避免制裁而达到守法。[③] 而由于二战的浩劫引起的对实证主义一味强调对法律的绝对服从的反思，现代的实证主义法学家们开始在强调守法的同时，也在一定程度上向自然法学派的继承自亚里士多德的"良法"理论靠拢。哈特在其《法律的概念》中专门陈述了有效的法律必须具备自然法的最低限度的内容，才能得到人们的普遍遵守。[④] 拉兹则在《法律的权威》一书中指出，法治有两方面的含义：一是人们应该受法律的统治并服从法律；二是法律应该让人们能够受其引导。他认为，应该关注的是后一种含义。因为一个人只是在不破坏法律的意义上遵守法律，只有当他的法律知识构成了他守法理由的一部分时，他才服从法律。[⑤]

总体上来讲，法治概念下守法的经典表述基本上以亚里士多德的完全守法理论为基础，无论是亚里士多德本人，乃至后来的古罗马、中世纪以至近现代的法学家一以贯之，对这一点均没有任何疑问。近现代的自然法学派和实证法学派之争在守法方面也只是集中在守法的原因，即法律本身是否需要为良法上，而对于人们应当普遍或者说是完全守法则是没有任何争议的。

当然，很多法学家也注意到在现实中各种不法现象的存在，并试图做出相应的解释。如哈特在《法律的概念》中指出，"事实是，在官方水平上被承认为有效规则

① 相关观点参见【美】德沃金.认真对待权利[M].信春鹰，吴玉章，译.北京：中国大百科全书出版社，1998.

② 相关观点参见【英】奥斯丁.法理学的范围[M].刘星，译.北京：中国法制出版社，2007.

③ 参见【奥地利】凯尔森.纯粹法理论[M].张书友，译.北京：中国法制出版社，2008.

④ 参见【英】哈特.法律的概念[M].张文显，等译.北京：中国大百科全书出版社，1996：181－195.

⑤ 为此，他提出了法治的八条原则：第一，法律必须是可预期的、公开的和明确的。这是一条最根本的原则。第二，法律必须是相对稳定的。第三，必须在公开、稳定、明确而又一般的规则的指导下制定特定的法律命令或行政指令。第四，必须保障司法独立。第五，必须遵守像公平审判、不偏不倚那样的自然正义原则。第六，法院应该有权审查政府其他部门的行为以判定其是否合乎法律。第七，到法院打官司应该是容易的。第八，不容许执法机构的自由裁量权歪曲法律。参见【英】拉兹.法律的权威[M].朱峰，译.北京：法律出版社，2005.

的规则一般是得到遵守的，然而，有时候官方部分与私人部分脱节，即一般人不再服从符合法院使用的效力标准的有效规则。出现这种分离的各种情况都属于法律制度的病状……"①但他们或者如哈特从语义学的角度来对其进行解释，"在所有的经验领域，不只是规则的领域，都存在着一般语言所能提供的指引上的限度，这是语言所固有的。"②或者如哈贝马斯从法律通过限制人的自由的手段以达到保障人的自由的目的之间必然存在的矛盾来解释。③ 毫无疑问，这些都可以对部分不法现象做出相对合理的解释，但其作用是非常有限的。④

二、作为专门研究对象的守法和守法行为

目前所见的为数不多的以守法和守法行为作为专门研究对象的文章，大多是从道德伦理视角来论证亚里士多德的经典守法理论的正确性，当然也有少数从经济学的角度对守法和守法行为进行分析，但一般都比较初浅甚至存在一些理论上的自相矛盾之处。

（一）道德伦理视角

就目前能够看到的为数不多的专门对守法和守法行为进行研究的文章，从道德伦理视角对其进行研究，是目前学术界的主流。

在承袭亚里士多德的完全守法的经典理论的基础上，一些文章进一步强调完全守法作为守法主体内在义务的必要性，从而将完全守法提升到守法主体必须达成的伦理道德的高度。如这些文章中唯一的博士论文，南京师范大学法学院刘同军所写的《守法的伦理学分析》，此文认为，公民遵守法律的驱动力量主要靠两种形式：以国家强制力为主的外在驱动及以公民内心自觉为主的内在驱动；只有当内在

① 【英】哈特. 法律的概念［M］. 张文显，等译. 北京：中国大百科全书出版社，1996：118.

② 【英】哈特. 法律的概念［M］. 张文显，等译. 北京：中国大百科全书出版社，1996：126.

③ 参见哈贝马斯在《在事实与规范之间》的相关阐述："法律规范在不同方面同时既是强制性的法律，又是自由的法律。"【德】哈贝马斯. 在事实与规范之间［M］. 童世骏，译. 北京：三联书店，2003：35.

④ 这种有限性主要表现在其对不法现象的解释不具有普适性。如相当多的不法行为选择并不是由于语义学上的误解，也不是觉得法律的强制限制了自身的自由，而是出于纯粹的利益计算，而且就算是那部分可以用这些理论解释的不法行为，实际上其背后的动机仍然可以用利益计算来衡量。

性驱动因素占绝对优势时,公民对法律的遵守才能获得深长的、潜在的、持久的动力机制。也就是说,此文着重分析和论证的是,如何使守法成为公民内心认同的伦理道德标准,从而保证公民对法律的遵守。此文秉承将守法作为守法主体行为选择的道德标准的思想,文章需要解决的就是如何进一步强化乃至在守法主体中内在化这种道德标准。① 中国社会科学院法学研究所的支振锋也认为,法律应该被遵守,但遵守既可能来自守法者对义务的自觉,也可能来自守法者所感受到的制裁威胁。出于社会的长远利益考虑,不应当让守法主要源于外在的威胁,而应尝试弥合在守法行为中从"被威胁"到"有义务"之间的鸿沟,以符合内生性规则的要求,亦即社会应当努力让守法成为守法主体发自内心的自觉的道德诉求。②

另外一些文章则更加重视亚里士多德的经典法治理论中的"良法"问题,即法律本身的道德性。如厦门大学法学院的冯祥武认为,国家立法是实现社会资源分配或再分配的重要手段。当法律的公正性和权威性受到挑战时,社会群体之间矛盾冲突的加剧与最终恶化就是对国家立法实体与程序的彻底颠覆,从而出现"有法律却无秩序"的政治法律学困境。③ 南京师范大学法学院的薛传会则强调法律的亲和性对于法律的遵守的重要性。④ 中南大学法学院的曹刚、吴晓蓉也认为,法律和服从者的德性是实现法律被积极主动地服从这一理想目标的前提条件,也是法律被服从的基础。也就是说,此篇文章不仅仅强调了守法主体的道德问题,也同时注意到了法律本身的德性。⑤

还有一些文章则在强调守法作为守法主体的道德义务的同时,从法律意识、法律文化或者是法律精神层面来对守法主体不同的守法行为选择进行解释。如薛传会在指出法律的亲和性对法律遵守的重要性的同时,也提到了法律意识对守法主

---

① 刘同军.守法的伦理学分析[D].南京师范大学博士学位论文,2005.

② 支振锋.法律的驯化与内生性规则[J].法学研究,2009(2):135-149.

③ 冯祥武.论国家立法与社会资源分配的现实冲突性——以"有法律却无秩序"为视角[J].云南大学学报:法学版,2010(3):7-13.

④ 薛传会.论制约法律遵守的三个要求[J].南京邮电学院学报:社会科学版,2003(3):24-28.

⑤ 曹刚,吴晓蓉.守法的必然和应然:一个道德心理学的视角[J].河南师范大学学报:哲学社会科学版,2009(2):102-105.

体是否遵守法律的影响。[①] 福建师范大学公共管理学院的郭英华、林彩虹则从中国传统伦理的角度来阐述公民的守法精神。他们认为,现代社会法治秩序的形成主要依赖公民自觉遵守法律,即需要公民具备“守法精神”。我国传统社会不具备形成守法精神的土壤,因而在社会转型时期表现出因公民缺乏守法精神而难以形成法治秩序的状况。[②] 山东大学法学院的钟丽娟则认为法律信仰导致对法律的必然遵守 ,而法律信仰对于缺乏自然法传统的中国,只能是对法律精神的信仰而不是对成文法的信仰。[③]

也有个别学者则从法的形式正义来论述守法的必要性,如河北经贸大学的王晓烁认为,法的形式正义是法治的首要标准和重要内容。因此,要求守法主体必须在形式上同法律保持一致,也就是积极守法,是实现形式正义的基本要求。在现在国家出于法治建设的初级阶段的情况下,为了保证形式正义在必要的情况下可以牺牲实质正义。[④]

从理论上来讲,如果制定的法律具有德性,守法主体都能够将守法作为其自觉的道德义务,其守法行为选择就能达成完全守法的理想状态。但是,这种论证是存在问题的,它有一个隐含的前提,即完全守法的状态才是最符合社会利益的理想状态。正如刘同军在《守法的伦理学分析》一书中所述,法律运行的最佳效果或称之为法律运行效益的最大化主要取决于立法、法律适用、守法三个环节本身的效益及其有机整合的实际状态。[⑤] 它不能解释为什么存在相当多的守法主体在相当多的情况下没有将守法作为其行事的道德标准,却并没有对社会的总体福利造成损害。而对守法道德内在化的过度强调,则存在守法主体对法律盲从的危险,反而可能有害于社会的总体进步。

正如法律信仰的提倡和建立对中国法治社会的建设有害无益一样,[⑥]超越目前的发展阶段提倡所谓的完全守法精神或意识,不仅会使守法主体丧失自我判断的

---

① 薛传会.论制约法律遵守的三个要求[J].南京邮电学院学报:社会科学版,2003(3):24-28.

② 郭英华,林彩虹.中国传统伦理与公民守法精神[J].云南社会科学,2007(3):35-39.

③ 钟丽娟.法律信仰探析[J].理论学刊,2008(5):94-96.

④ 王晓烁.论法的形式正义与守法[J].河北大学学报:哲学社会科学版,2009(4):42-45.

⑤ 参见刘同军.守法的伦理学分析[D].南京师范大学博士学位论文,2005.

⑥ 此观点参见张永和.法律不能被信仰的理由[J].政法论坛,2006(3):53-62.

能力，而且也有可能导致法律失去自我改善的机会，导致社会总福利水平的下降。

而对形式守法的过度强调，乃至将形式上同法律保持一致的守法提升到了法治建设的根本的地步，实质上仍然将完全守法变成了对守法主体的伦理道德要求。形式正义固然是首要的正义，但这终究只能作为一个原则使用，在一些极端的情况下，形式正义的实现会极大地损害实质正义，在这样的情况下，对形式正义的变通并不必然意味着对形式正义的违背，反而可以成为形式正义进化的一个契机。机械地强调形式正义，而不考虑其总的社会效果，最终必然会损害到总体的社会福利。

总的来说，由于这些文章对守法主体守法行为选择的道德要求的绝对性，都必然存在忽视资源有限，社会无法承担完全守法造成的成本增加的现实，从而缺乏可操作性的缺点。

（二）经济学分析视角

从经济学分析视角对守法及守法行为进行专门研究的文章虽然不多，但仍然得出了一些道德伦理分析难以发现的有价值的结论。

由于选择了经济学分析的进路，这些文章都注意到了守法主体在进行守法行为选择时，成本收益考量即经济因素在其中所取得的决定性作用。如恩施市人民法院的王峰认为，依据法律经济学分析理论，守法主体是经济理性人，因此必然会以经济的眼光衡量守法成本，从而导致不同的社会效益的产生。[①] 中国社会科学院法学研究所的游劝荣则认为，守法行为中的成本支出决定着组织和个人在是否守法问题上的行为选择。应当注意守法与守法成本之间的反比例关系，制度上的设计应当考虑到这点而尽力降低守法成本，从而提高守法程度。[②] 复旦大学上海视觉艺术学院的徐冠荣则从增大违法成本的角度对守法的激励问题进行了论述。认为应当通过增大违法者的违法成本并保证守法者的收益来保证博弈者最终做出守法行为的选择。[③]

---

① 参见王峰. 守法的经济学分析[J]. 湖北民族学院学报：哲学社会科学版，2009(4)：140－145.

② 参见游劝荣. 守法成本及其控制[J]. 国家检察官学院学报，2006(5)：77－80.

③ 参见徐冠荣. 守法激励的博弈分析[J]. 广西大学学报：哲学社会科学版，2008(增刊)：327－328.

但是,这些文章并没有脱离完全守法作为守法主体道德义务的框架,如王峰认为,在现代社会,实行法律至上,所有的人都要遵守法律行为,按照既定的法律框架,展开自己的行为。[①] 实际上,作为经济理性人的守法主体根据自己的守法成本调整自己的守法行为,导致产生不同的社会效益的逻辑,已经内涵了守法主体可能根据自己的守法成本做出违反法律的行为选择的可能。在守法主体面临的具体环境千变万化的情况下,这种可能性是不可能消失的,因而完全守法的理念在现实中也是只能无限靠近,而不可能完全实现的。

另外,这些文章往往只对守法主体的守法行为进行比较简单的成本收益分析,而且往往只注意到守法主体在进行守法行为选择时的成本收益问题,而忽略了国家在促成守法主体做出守法行为时同样必须面对的成本收益问题,从而没有对影响守法主体做出相关守法行为选择时的内外部要素进行全面的分析。

由上可见,关于守法的研究一般都局限在将守法作为守法主体必须履行的道德义务的框架之内。但是,现代社会对守法主体守法行为的要求,并不仅仅是其必须守法,还包括同完全守法要求相冲突的社会福利最大化的经济原则,而且在两者之间,社会福利最大化的经济原则明显占据了优先地位,即国家实行的是以经济发展为优先目标的政策。为了解决以道德作为标准对守法行为进行分析所造成的上述局限,就有必要以非道德的利益衡量方式,即经济学的分析方法对守法行为进行研究。

第三节　基本概念和分析方法

一、守法行为的概念

一般来说,守法行为的概念分为广义和狭义两种。狭义上的守法行为,指人们遵守法律,按照法律的要求进行的行为,即人们同法律的要求保持一致的行为。而广义上的守法行为,则指在作为法的实施的重要组成部分的守法这一阶段中,人们应对法律所采取的行为。广义上的守法行为分成两大类:一类就是人们遵守法律

① 参见王峰.守法的经济学分析[J].湖北民族学院学报:哲学社会科学版,2009(4):140－145.

的行为,即狭义上的守法行为;另一类则是人们在守法阶段中,采取的同法律的要求不一致的行为,即规避法律甚至公然违法的行为,也可以称之为不法行为。本书所阐述的守法行为,在指作为守法这一阶段的守法主体的行为时,指的是广义上的守法行为,既包括了守法主体在守法阶段同法律规定和要求相一致的狭义上的守法行为,也包括了同法律的规定和要求不相一致的法律规避甚至是公然违法的行为;在指作为不法或者违法行为相对应存在的符合法律规定的行为时,指的是狭义上的守法行为。

从经济学资源有效配置①的意义上来讲,守法阶段所有守法义务主体都达成狭义上的守法行为并不就是广义上的守法行为的理想状态。但是毫无疑问,绝大多数守法义务主体达成狭义上的守法行为则是广义上的守法行为保持正常的必要条件,是整个法的运行保持正常,乃至法律目的实现的必要条件。假如在守法阶段,法律制定之后通过正常的执法手段并不能使绝大多数守法义务主体达成狭义上的守法,这一法律在守法阶段乃至整个法的运行过程中是不正常的。而这种不正常情况的出现,则会极大地影响法律目的的实现乃至与之完全相悖,从而使法律的制定和执法行为失去应有的意义,不仅会严重影响法律秩序的和谐稳定,而且极大地造成了立法、执法乃至社会资源的浪费。在这样的情况下,就有必要寻找造成这种现象背后的原因,从而找到解决问题的方法,乃至得出达成正常状况的一般条件。这也是为什么在广义上的守法行为同狭义上的守法行为产生严重偏差时要对此现象进行认真分析的背后逻辑和根本原因。本书即是以这样的一种不正常的情况作为实际例证,通过经济学的分析方法,找出出现这种不正常情况的经济学上的原因,从而力图对守法阶段守法主体在行为选择上为何偏离相关法律的立法目的这一问题上提出自己的看法,并以此为基础,得出守法行为的正常化应当具备的一些一般性条件。当然,对此问题的分析可以采取多种方法,本书之所以采取经济学分

① 这是经济学上对社会资源最优配置的一种描述,也被称为"帕累托效率"或"帕累托最优状态",(Pareto Optimality)帕累托最优是指资源分配的一种理想状态,即假定固有的一群人和可分配的资源,从一种分配状态到另一种状态的变化中,在没有使任何人境况变坏的前提下,也不可能再使某些人的处境变好。换句话说,即不可能再改善某些人的境况,而不使任何其他人受损。这个概念是以意大利经济学家维弗雷多·帕雷托的名字命名的,他在关于经济效益和收入分配的研究中最早使用了这个概念。

析的方法，具体原因下文中将有比较详细的阐述。

二、经济学分析的研究方法

在传统的法学理论中，法律的分析主要集中在一些公认的法律价值上，如"公平""正义""自由""秩序""效率"等，并以这些抽象的概念对法律进行评价。这些价值之间并没有评价的统一标准，因此不同价值之间权衡的问题是非常难以解决的。多数法学家把实证研究看成是对各种各样的案例的分析，目的是通过逻辑的方法，运用上面的各种评价标准，力求使案例中的判决能使用上述抽象的价值标准进行解释。这样的结果是，不管同一案件的判决结果怎样，法学家们总能在上述价值标准中找到一个加以赞成，也同样总能在上述价值标准中找到一个加以反对。但是，事实上，最符合社会发展需要的判决肯定只有一个，而传统的法学研究方法由于价值标准方面的不统一，很难从理论上得出一种能让绝大多数人都信服的结论。

经济学的研究方法则主要采用微观经济学的理论，理论的前提和标准就是前面讲过的效率或效用的最大化，或者是资源的有效配置。经济学分析通过对利益相关方的计算，以效率为唯一的价值标准，经过收益成本之间的比较来确定最符合资源有效配置的法律模式和行为模式。[①] 法律的经济学分析的理论前提是经济学中的一般人都是属于经济人的假设。[②] 当然，这种假设正如行为经济学理论所述，由于信息的不充分以及人的心理惯性，人们的行为并不一定总是符合经济效用最大化的经济人标准。[③] 但毫无疑问，这种假设对于解释多数人的多数行为选择是非常有效和符合实际情况的。而且，经济学分析由于采用了唯一的经济效用最大化的评价标准，因此有效地克服了传统法学分析方法的评判标准不统一，摆脱了经常性地对某些案例的评价莫衷一是的困境。

---

① 参见钱弘道. 经济学分析法学[M]. 北京：法律出版社，2003：18.

② 即一般的人（或组织）在进行自己的行为模式选择的时候，都是理智的，并以经济效用最大化作为此种行为选择的最终标准。

③ 参见本书第六章相关内容。

第四节 经济学分析的优势

“在这里我也想说一点对房地产商的话，我没有调查你们每一个房地产商的利润，但是我认为房地产商作为社会的一个成员，你们应该对社会尽到应有的责任。你们的身上也应该流着道德的血液。”①这是温家宝总理在2011年初针对房价高涨屡禁不止时对房地产商的一番道德感言。毫无疑问，房地产商不顾国家相关部门的三令五申，不顾最广大人民的利益，一再推动房价高速上涨的行为是非常不道德的。总理对他们的道德谴责也道出了人民的肺腑之言。房地产商们的这种规避国家法令的不法行为，实际上同本书将要讨论的私营企业在处理劳资关系时的不法行为的本性是一样的，都是按照经济人的利益最大化的原则对相关法律做出的有意识的规避行为。但是，从社会的总体福利的角度来看，则有可能造成相当大的破坏。因此，无论是总理所说的房地产商还是下面将要分析的私营企业主，他们的这些不法行为在道德上具有可谴责性是毫无疑问的。现在的问题是，对于这样广泛存在于社会上的道德责难，无论是房地产商们亦或是私营企业主们，作为被谴责的直接对象，是不可能不知道其面对的社会负面影响的严重性，也不可能对其不闻不问的。那么，为什么他们面对如此沉重的社会道德舆论的压力，依然我行我素，类似的不法行为层出不穷呢？是不是就如社会上所说，只有道德恶劣的人才能当老板，亦或是当了老板的人就会道德恶劣呢？很显然，仅仅对其进行道德上是否应受谴责的分析是不能真正解释其行为选择的原因的，对此进行解释的最适当的工具毫无疑问应当能够解释其做出此选择的根本原因，这种工具就是本文使用的经济学的分析方法。下面将具体论述在这样的情况下，为什么经济学分析要优于道德分析。

一、道德分析的经济学意义

根据《辞海》的解释，道德是“以善恶评价的方式调节人际关系的行为规范和人

① 这是2011年初温家宝在谈到调控房价时所说的一段话，参见《温家宝：房产商应流着道德的血液》，载于 http://gb. cri. cn/27824/2011/02/28/3245s3165511_1. htm，2011年7月13日10:00。

类自我完善的一种社会价值形态”“在阶级社会具有阶级性,由一定的阶级利益所决定,又为一定的阶级利益服务”。①

这一定义很明确地指出了道德的两大特点:

1. 作为一种影响人们共同生活及其行为的准则和规范的意识形态;

2. 由一定社会的经济基础所决定,并为一定的社会经济基础服务。

作为道德的第一个特点,道德对人的行为起着其他规范不可替代的作用。或者说,在法的实施的守法阶段,人们是否严格按照法律行事,其守法行为是否与法律的规定一致,在很大程度上也受道德的影响。而作为道德的第二个特点,则明确指出了道德的经济根源,道德不仅“由一定的阶级利益所决定”,也就是说道德本身取决于人们的利益,或者说是社会的经济效益,而且是“为一定的阶级利益服务”的,也即道德本身是为人们的利益,或者说是社会的经济效益服务的。

由上述定义可以得出两点结论:第一,守法行为的分析当然可以从道德的角度进行,因为道德毫无疑问是影响守法行为的一个重要因素;第二,假如从道德的角度对守法行为进行分析,就不得不分析其产生的经济基础,以及其服务的经济基础,也就是说,从道德角度对守法行为进行的分析,最终仍然不得不从经济的角度来分析道德,进而分析守法行为。也就是说,即使是坚持从道德的进路来分析守法行为,最后也不得不涉及经济学上的分析。

实际上,很容易发现正义的道德与效率之间有着惊人的关联。符合道德的原则往往正好同那些根据观察符合经济效率的原则相一致,如偷盗有罪以及故意伤害应当受到惩罚,损害别人就要赔偿等。实际上正如大卫·弗里德曼所说:“我们所称的那些正义的原则可能实际上就是产生有效率的结果所需的各种原则的重要组成部分,是一些被我们内化的原则。”②正义或者道德当然不可能同经济效率是一回事,但依然可以看出道德本身必须以经济效率为根基,否则就很难成为为大家广泛接受和认可的道德标准。

既然通过道德对守法行为进行分析最终还是绕不过经济学分析,为什么不直接对守法行为进行经济学分析呢?

---

① 夏征农,陈至立.辞海(第六版)(第一卷)[M].上海:上海辞书出版社,2009:408.

② 【美】大卫·弗里德曼.经济学语境下的法律规则[M].杨欣欣,译.北京:法律出版社,2004:20.

二、经济学分析标准的统一性

(一)道德标准的不确定性

关于道德作为价值标准存在的不确定性,自从法律产生以来就存在很大的争议。由于道德作为意识形态的主观性,其价值上的不确定性是无法克服的。[①] 而正是对于这种缺乏确定性的主观价值的依赖,古典自然法学存在自身无法弥补的缺陷,最终导致其衰落和实证主义法学的兴起。实证主义法学同法的经济学分析当然不是一回事,但是,其认为法律之所以应当是实证主义的,而不应当是道德或其他先验的价值标准的论述,却深刻揭示了道德的不确定性,进而从根本上否定了道德作为一种普适性的价值标准的可行性。[②] 而凯尔森的《法与国家的一般理论》,无疑是对道德标准不确定性论述得最充分的实证主义法学著作之一。

在此文中凯尔森认为:"显然,只要人们从个人幸福的原始的、狭义的角度(也就是一个人的幸福是他自己认为的那种幸福)来对幸福的概念下定义,那就不可能有为每个人都提供幸福的'合乎正义的'秩序。因为一个人的幸福总会在一定时候不可避免地同别人的幸福直接发生冲突。即使假定,一个合乎正义的秩序正在企图实现的不是每一个人的个人幸福,而是最大多数人的最大幸福,这种秩序也是不可能的。社会秩序所能保证的幸福只能是集体意义上的幸福,即作为社会权威的立法者承认对某些需要的满足是值得加以满足的那些需要,例如吃、穿、住的需要。但是人类哪些需要是值得加以满足的呢?特别是,什么是它们适当的排列顺序呢?这些问题不能用理性认识的方法来加以回答。对这些问题的决定是一种取决于情感因素的价值判断(judgement of value),因而在性质上是主观的,它只对判断人有效,从而只是相对的。"[③]

---

① 道德价值的不确定性只是古典自然法学衰落的部分原因,另一原因是上帝意志的正确性无法证成,导致其代表的神学自然法的无法证成。具体参见【爱尔兰】JM 凯莉. 西方法律思想简史[M]. 王笑红,译. 北京:法律出版社,2002.

② 标准即衡量事物的准则,其最基本的特点之一是相对稳定性,否则就丧失了其作为准则的意义。

③ 【奥地利】凯尔森. 法与国家的一般理论[M]. 沈宗灵,译. 北京:中国大百科全书出版社,1996:6 -7.

也就是说，只要人们以个人为出发点来定义自己的道德（幸福、正义），由于个体的千差万别，不可能存在适合每个人的道德，即“不可能为每个人提供幸福的‘合乎正义的’秩序”，甚至适合最大多数人的道德都不可能，“……最大多数人的幸福，这种秩序也是不可能的。”那么，作为道德范畴的正义到底是什么呢？按照凯尔森的观点，“……是一种取决于情感因素的价值判断（judgement of value），因而在性质上是主观的，它只对判断人有效，从而只是相对的。”[①]因此，道德判断只能作为一种局限于判断人的主观判断，其必然是不确定的，是无法成为普适性的价值标准的。

凯尔森并不认为道德是个别人的道德，而且这也与道德作为集体意识形态存在的事实不符。正如他所说：“当然，这并不意味着每个人都有他自己的价值体系。事实上，很多人的价值判断是一致的。一个实在的价值体系并不是孤立的个人的一种任意创造，而始终是在一个特定集团中，在家庭、部族、阶级、等级、职业中，各个人相互影响的结果。每一价值体系，特别是道德体系及其核心的正义观念，是一个社会现象，是社会的产物，因而按照其所产生的社会的性质而有所不同。”但是，这种集体性质的道德，并不影响其本身的主观性，即“在某一社会里有着某些一般接受的价值这个事实，与这些价值判断的主观的、相对的特征并不是矛盾的。许多人对他们的价值判断意见一致，并不能证明这些判断是正确的。正如许多人相信或过去常相信太阳绕着地球运转这个事实，无论现在或过去，都不能证明这种观念是真理。正义的标准，像真理的标准一样，并不依赖于对现实判断或对价值判断的频繁。”而且，不同的社会集团，其各自的道德是有相当大的差异的，“既然人类分成许多民族、阶级、宗教、职业等，彼此往往发生分歧，所以也就有着许多很不同的正义观念，多到使人甚至不能简单地讲‘正义’的地步。”[②]

以上凯尔森对道德的论述，是以正义的名义进行的，但并不妨碍据此对道德的主观性和不确定性做出正确的结论。而正是由于这种不确定性，使道德不能成为对守法行为进行分析的正确标准。

---

① 【奥地利】凯尔森. 法与国家的一般理论[M]. 沈宗灵，译. 北京：中国大百科全书出版社，1996：7.

② 【奥地利】凯尔森. 法与国家的一般理论[M]. 沈宗灵，译. 北京：中国大百科全书出版社，1996：8.

(二)经济效率标准的确定性和普遍性

以上讲到了道德作为守法行为分析标准的不彻底性和不确定性。经济学上的效率标准则正好相反,一方面它直接体现了守法行为的经济基础,具有彻底性;另一方面,效率标准不以个别人或集体的主观意志为转移,而且采用大家普遍接受的确定性的度量单位,即货币单位,相对道德等更具有客观确定性和普遍性。

首先,经济效率标准对行为的衡量以行为有无效率作为唯一标准。经济学上的分析并不以主观意义上的正义、公平等道德原则作为标准,而是以不同行为导致的结果作为最终依据。凡是最终结果对人们有利的,就是符合效率原则的,反之则是没有效率的,而不论其是否符合人们的道德好恶。这并不是以个人好恶为转移的主观意识的问题,而必须遵循一定的客观规律和标准,并以一系列严格的理论作为依据。[①] 当然,有人会指出,经济效率只重结果,不在乎过程,很多情况下可能同人们的道德正义观相悖。但是,任何经得起时间和空间考验的道德正义观,都必然以某种结果为依归,纯粹只重过程不重结果的道德观是不可能具有普遍意义的。[②] 换句话说,为了人类的根本利益,无论是人类的行为本身,还是道德,都是以经济效率作为最终指向的。

另外,经济效率的衡量标准,并不以人们的主观意志为转移,而是采用了大家普遍认同的确定性的度量单位,即货币单位。这不仅排除了主观判断的不确定性,也为人们所广泛接受。诚然,以货币的形式来衡量经济效率也存在很多问题,如每一个货币单位针对每一个个体所具有的效用并不一样,社会价值的某些方面难以用货币直接衡量。前者的典型例子是一百美元对一个穷光蛋和对一个亿万富翁的效用肯定不一样。对于后者,从同样价值的毒品和营养品对社会产生的效用的差距远不是其直接体现的货币价值能表现出来的这一事实中,可以得到充分的体现。但是,除了货币

---

① 这涉及一整套的经济学理论工具,最基本的有边际效用理论、供需平衡理论、边际成本理论等。

② 一个典型例子是,假如有三个伤兵,两个轻伤,一个重伤,而战地医生因为条件所限,只能救活两个轻伤而让重伤死亡,或者是救活一个重伤而让两个轻伤死亡。在这样的情况下,按照效率的原则,肯定是救活两个轻伤而让重伤死亡,但某些坚持某种道德的人则对这种做法颇有异议,认为这对重伤是不公平的。但实际上,恐怕没有任何一种道德标准真的赞成救活一个重伤而让两个轻伤死亡,这样的选择不仅是没效率的,同样也是不道德的。

外,目前还找不出衡量效率的更好的标准。[①] 无论如何,货币单位的准确性和普遍适用性是毋庸置疑的。以货币单位对效率进行衡量虽然是一种有着很大缺陷的方法,但肯定是目前能找到的缺陷最小的方法。当然,涉及类似上面所述的两种特殊情况,在以货币单位进行衡量时,必然要考虑其特殊性而进行一些程度上的调整。

因此,对守法行为进行经济学上的分析在确定性和彻底性上都要优于对其进行道德上的分析。但正如上文所述,人们在对守法行为进行分析时,习惯于以道德作为分析的标准。尤其是当社会上出现某一部分人在守法阶段故意规避法律,甚至是违反法律,进行各种不法行为,损害广大人民和社会的利益时,人们往往指出其道德上的不应当,并且对其进行道德呼吁。但是,正如凯尔森在《法与国家的一般理论》里面对正义的分析一样,道德本身属于意识形态的一种,本质上属于人的主观判断,虽然道德可以在一定的人群中获得认同从而具有一定的普遍性,但是,不同人群的道德或者正义观是不相同的。这种道德观的不同,其根本原因依然是不同人群的利益使然。因此,道德并不是不同守法行为选择的最终原因,最终原因依然是道德背后的利益,而要对这种利益进行透彻的了解就必须进行经济学分析。相对于道德的这种主观不确定性和分析上的不彻底性,经济学分析却由于直接从利益出发,并拥有经过多年发展的一整套相对客观的分析方法,具有客观确定性和彻底性。正如有些学者指出的,"经济学分析就为理解人类行为提供了一直为边沁、康德、马克思及其他学者长期求之不得的统一的方法。"[②]"对于法学来说,经济学分析方法的'侵略'或'加盟'意味着一种思想的革命,一种研究方法的革命。这样的断言毫不夸张。"[③]虽然相对于道德来说,经济学分析受到人们认为其只重结果,一切向钱看的批评,但是即使是道德本身,由于其从根本上仍然是为人们的利益服务的,也不可能只重过程不重结果。最后,相对于道德或者其他的分析方法,经济学分析方法提供了一个人们普遍接受的度量工具,即货币单位。虽然说以货币度量经济利益存在着难以对个人进行区分,以及难以计算社会效益的缺点,但相对于其他的标准,货币单位仍然有着无可比拟的优势。它不仅为所有现代社会的

---

① 同样的情况可以在每年的高考中见到,人们都知道以高考分数来作为招生的唯一标准存在各种各样的弊端,但到目前为止,确实还找不到一种更好的替代性的标准来替代高考分数。因此,只能说,在目前的情况下,高考是对学生进行选拔的最好的方法。

② 【美】加里 S 贝克尔. 人类行为的经济学分析[M]. 王业宇,陈琪,译. 上海:上海三联书店,上海人民出版社,1995:19.

③ 钱弘道. 经济学分析法学[M]. 北京:法律出版社,2003:5.

人们所接受而且成为现代人不可缺少的一部分,在对经济效益进行衡量方面起着不可替代的作用。

第五节 基本理论模型

亚里士多德以来的经典法治理论将完全守法作为守法行为的一项基本原则,从而忽视了社会对守法行为的其他方面尤其是以经济发展为优先目标的要求,难以解释社会中存在的相当数量的不法行为。因此,本文通过相应的经济学分析,得出在以经济发展为优先目标的现代社会,完全守法要求的难以实现以及良好守法行为只能是最符合资源有效配置的守法行为的结论。以下是本文进行经济学分析的基本理论模型,此模型的建立主要采用了冯·诺伊曼和摩根斯顿提出的期望效用函数理论①,并参照了波斯纳在《法律的经济学分析》中使用的线性分析方法。

一、经典法治理论②的线性分析

经典法治理论认为,完全守法是守法主体的基本义务。因此,为了保证法治的实现,国家应当通过而且能够通过相应的手段保证守法主体这一基本义务的实现。其线性模式如图 0.1 所示。

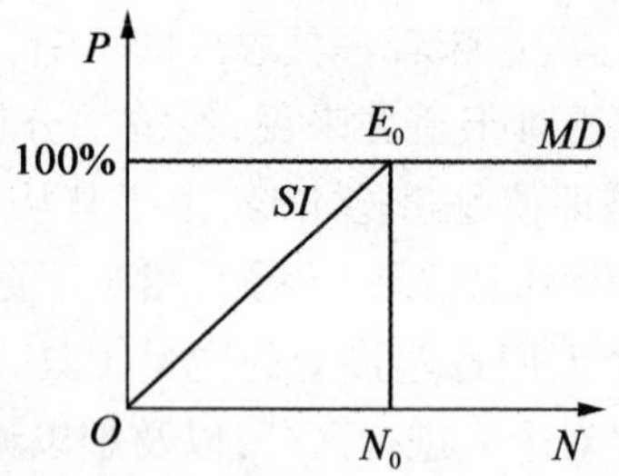

图 0.1 经典法治理论下守法的线性模式

① 期望效用函数理论,是 20 世纪 50 年代,冯·诺伊曼和摩根斯顿(Von Neumann and Morgenstern)在公理化假设的基础上,运用逻辑和数学工具,建立的不确定条件下对理性人(rational actor)选择进行分析的框架。参见【美】冯·诺伊曼,摩根斯顿. 博弈论与经济行为[M]. 王文玉,王宇,译. 北京:生活·读书·新知三联书店,2004.

② 此处的经典法治理论指的是前文所述的,承袭亚里士多德的完全守法理论所得出的结论。相关观点参见本章第二节:守法和守法行为的研究概况。

图0.1中,N轴代表资源投入的增加,P轴代表守法的比例。MD曲线代表道德对守法比例的要求始终是100%,因此是一条纵坐标始终为100%的平行于N轴的直线。SI曲线代表社会资源的投入,经典理论认为,只要社会增加在立法、执法以及对守法主体教育等方面的投入,守法比例就会逐渐上升,SI曲线倾斜向上,最后和MD相交于E_0,达到法治社会的理想状态,即守法比例达到100%,此时对应的国家资源投入水平为N_0。继续加大投入,守法比例仍然保持在100%的水平,法治社会仍处于理想状态,SI曲线和MD曲线重合。经典法治理论认为,社会之所以达不到守法行为的理想状态,是因为对法治建设的社会投入没有达到N_0的水平,即位于N_0的左边,因此只要持续加大此方面的投入直到N_0的水平,就能达到法治的理想目标,即守法比例达到100%。为了保持法治社会的理想状态,即守法比例的100%,社会投入应当一直保持在不小于N_0的水平,即位于N_0或N_0的右边。

二、以经济发展为优先目标政策下的理论模型

正如N曼昆所说:"经济学研究社会如何管理自己稀缺的资源。"[①]经济学存在的前提,即社会资源稀缺,或者社会资源有限。因此,在以经济发展为优先目标的政策下,国家在法治建设方面能够提供的投入并不像经典法治理论认为的可以一直持续的增加,而是有最大投入的限制。另一方面,现实中守法比例的提高,并不是与国家投入成正比,而是随着国家投入的增加,刚开始成效显著,越往后面守法比例提高的速度越慢。其线性模式如图0.2所示。

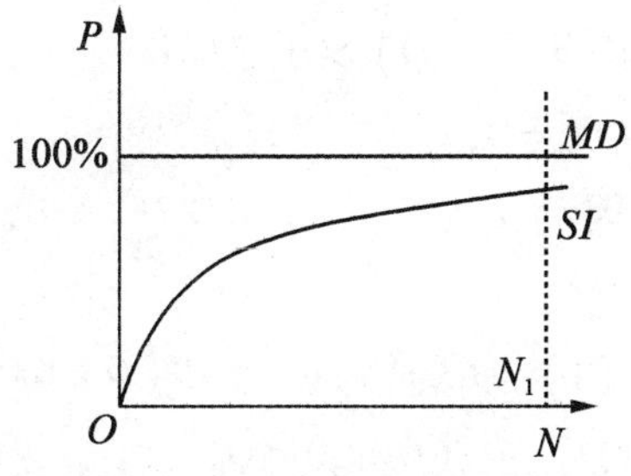

图0.2　现实中守法的线性模式

图0.2中,N轴代表资源投入的增加,P轴代表守法的比例。MD曲线代表道德

① 【美】N格里高利·曼昆.经济学原理(上册)[M].第三版.梁小民,译.北京:机械工业出版社,2003:4.

对守法比例的要求始终是100%，因此是一条纵坐标始终为100%的平行于N轴的直线，SI曲线代表随着社会资源的投入，守法比例的相应变化。N_1代表社会可能投入资源的最大水平。从此图中可以看出，随着社会投入N的增大，守法比例P不断提高，但越往后面提高的速度越慢，即SI曲线越接近MD其斜率越小，向MD曲线靠近的速度越慢。当然，假如社会可以无限制地投入资源提高守法比例的话，SI曲线还是有可能与MD曲线相交的。也就是说，假如可投入的社会资源无限的话，仍然有可能达到经典理论要求的100%的守法状态。但是社会可能投入资源实际上受最大水平N_1的限制，因此SI曲线永远都不可能与MD曲线相交，在现实中永远都不可能实现守法水平达到100%的理想状态。①

下面将利用期望效用函数理论，具体解释为什么在以经济发展作为优先目标的社会，不能达成完全守法的目标，从而使某种程度的不法行为的存在成为无法避免的事实。

在现代社会以效用最大化为目标的经济理性人的前提下，按照期望效用函数理论，社会设定的守法程度的目标，应当是能达成最大预期效用的最优守法比例。

设定Q为社会的守法程度，$0 \leqslant Q \leqslant 1$，为社会可以选择的变量，那么相应的守法程度对应的收益则为以Q为变量的$R(Q)$，成本为$C(Q)$，社会预期的福利或预期效用为$E(U)$。因为边际收益和边际成本均为正值且边际收益递减和边际成本递增，因此，$R'(Q)>0, R''(Q)<0, C'(Q)>0, C''(Q)>0$。在这样的条件下，假设有最优的守法比例$Q_0$存在，则社会的目标函数为：

当$R'(0) \leqslant C'(0)$，因为$R'(Q)>0, R''(Q)<0, C'(Q)>0, C''(Q)>0$，$\max E(U)=R(0)-C(0), Q_0=0$；

当$R'(1) \geqslant C'(1)$，因为$R'(Q)>0, R''(Q)<0, C'(Q)>0, C''(Q)>0$，$\max E(U)=R(1)-C(1), Q_0=1$；

当$R'(0)>C'(0), R'(1)<C'(1)$，因为$R'(Q)>0, R''(Q)<0, C'(Q)>0, C''(Q)>0, \max E(U)=R(Q_0)-C(Q_0), 0<Q_0<1$。

---

① 此论述是就整个社会的长期表现而言。对于某一特定群体或者某一特定时段，相对于某一特定法律，SI曲线可能会一直保持较高的斜率，从而能在国家资源投入没有达到N_1的最大限制之前，与MD曲线相交，实现守法比例100%。但对于整个社会的长期表现来说，守法比例达到100%是不可能的，否则就不会存在所谓的不法行为。

前两种情况实际上是不存在的。因为在 $R'(0) \leqslant C'(0)$，因为 $R'(Q)>0, R''(Q)<0, C'(Q)>0, C''(Q)>0, \max E(U)=R(0)-C(0), Q_0=0$ 的情况下，意味着效用最大化或是福利最大化的社会是法律完全得不到遵守的无序社会，这样的社会是不可思议的；而在当 $R'(1) \geqslant C'(1)$，因为 $R'(Q)>0, R''(Q)<0, C'(Q)>0, C''(Q)>0, \max E(U)=R(1)-C(1), Q_0=1$ 的情况下，效用最大化或是福利最大化的社会是法律完全得到遵守的理想法治社会，但是事实上，由于在 Q_0 越接近 1 时 $C'(Q)$ 增加得越快，而 $R'(Q)$ 仍在继续减少，要实现 $R'(1) \geqslant C'(1)$ 的条件是非常困难的，对于某一特定的法律领域或许有可能达到，但就社会整体而言，则从来都没有出现过。[①] 因此，事实上社会的目标函数为 $\max E(U)=R(Q_0)-C(Q_0)$，此时 $0<Q_0<1$。

满足最优解的一阶条件为：

$$\partial E(U)/\partial Q_0 = R'(Q_0) - C'(Q_0) = 0$$

满足最优解的二阶条件为：

$$\partial^2 E(U)/\partial Q_0^2 = R''(Q_0) - C''(Q_0) < 0$$

因为 $R''(Q)<0$，$C''(Q)>0$，二阶条件 $\partial^2 E(U)/\partial Q_0^2 - R''(Q) - C''(Q) < 0$ 自动满足。因此只有当 $R'(Q_0)-C'(Q_0)=0$，即 $R'(Q_0)=C'(Q_0)$ 时，社会获得最优效用 $\max E(U)$。

因此，社会获得效用最大化或者福利最大化时的守法比例 $0<Q_0<1$，此时 $R'(Q_0)=C'(Q_0)$。这意味着社会为了实现福利最大化的经济发展目标，不可能同时达成社会完全程度的守法，而且这一目标只有在守法的边际收益同其边际成本相等时才能达到。在社会以预期效用最大化作为目标的情况下，可能投入的社会资源受限于达成最优守法比例 Q_0 需要的程度。

用 *MC* 曲线表示函数 $C'(Q)$，*MR* 曲线表示函数 $R'(Q)$，*TR* 曲线表示 $E(U)$ 的变化，上述函数关系可以用图 0.3 表示。

---

① 因为一旦这样的条件成就，即意味着达成完全守法需要的边际成本低于或等于其边际收益，在效用最大化的利益驱动下，国家或社会会很自然地达成完全守法。但事实上，从来没有哪个社会达成过完全守法的目标，说明这一条件在现实中根本不可能达成。

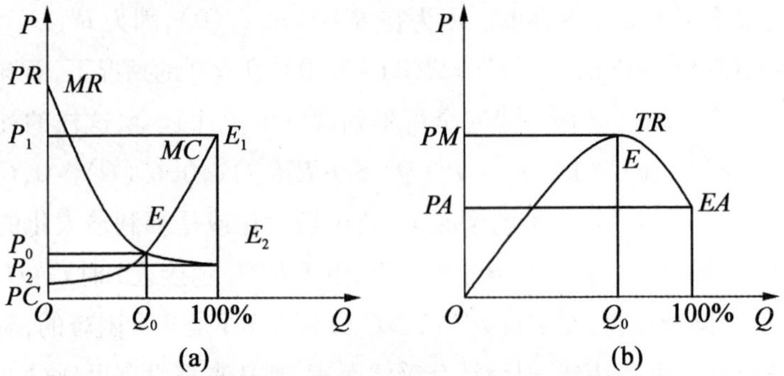

图 0.3　守法的预期效用函数线性模型

图 0.3 中,Q 轴表示守法比例,其最高值为 100%。P 轴表示成本或收益。

从图 0.3(a)中可以看出,随着守法比例 Q 的增加,代表每单位守法比例提高需要的社会成本(或社会投入)的边际成本曲线 MC 不断上升,即边际成本递增,而代表每单位守法比例增加产生的社会收益(或社会效益)的边际收益曲线 MR 则不断下降,即边际收益递减。也就是说,随着守法比例的提高,每提高一单位守法比例需要投入的社会资源越来越多,而产生的社会效益越来越少。[①] 只要 MR 曲线在 MC 曲线之上,那么,每提高一单位守法比例产生的社会效益就大于其需要的社会投入,在这样的情况下,社会福利就会增加。也就是说,只要 MR 曲线在 MC 曲线之上,随着守法比例的提高,社会总福利会持续增加,一直到 MR 曲线与 MR 曲线相较于 E 点,此时的守法比例为 Q_0。达到 Q_0 后继续增加守法比例,由于 MR 曲线位于 MC 曲线之下,此时每提高一单位守法比例需要的社会投入已经超过其产生的社会收益,社会总福利水平不升反降。因此,社会总福利水平在守法比例为 Q_0,MR 和 MC 曲线相交于 E 点时达到最大,此时每提高一单位守法比例需要的社会投入和产生的社会效益刚好相等,均为 P_0,将守法比例提高到 Q_0 产生的总的社会福利增加值为点 PR,E,PC 所组成的三角形区域。假设将守法比例在 Q_0 的基础上继续提高,一直提高到经典理论希望的 100% 的水平,则社会会在守法水平为 Q_0 时达到的最大化的社会总福利水平的基础上,产生相当大的损失,损失的数额为点 E,E_1,E_2

① 比如将守法比例从 40% 提高到 41% 所需要的社会投入肯定小于将守法比例从 70% 提高到 71% 所需要的社会投入。但是,将守法比例从 40% 提高到 41% 产生的社会效益确肯定要大于将守法比例从 70% 提高到 71% 所产生的社会效益。

所组成的三角形区域。

从图 0.3(b)中可以看出,随着守法比例 Q 的增加,代表社会净收益水平变化的曲线 TP 最初不断上升,一直到最高点 E,此时对应的守法比例为 Q_0,社会净收益达到最高值 PM。守法比例超过 Q_0,社会净收益不断下降,当守法比例达到经典理论希望的 100% 水平时,此时对应的社会净收益为 PA。也就是说,在守法比例为 100% 的情况下,社会净收益低于守法比例为 Q_0 时的社会净收益,由于将守法比例提高到 100% 产生的社会福利(社会净收益)的总损失为 $PM - PA$。

上面的图示和论述针对的是社会的整体投入和收益,在守法比例为 Q_0 的情况下,社会福利总水平达到最大。而对于组成现代社会的国家和守法主体来说,其守法的相应曲线和图 0.3 中所显示的社会整体曲线大同小异。也就是说,国家在达到一定的守法比例之后,继续增加国家投入以提高守法比例会产生负的净收益,守法主体在达到一定的守法比例后,继续增加自己的资源耗费以保证守法比例的提高同样不合算。在这样的情况下,作为理智经济人的国家会放弃加大法律方面的投入以保证其净收益最大化,而守法主体也会做出一定程度的不法行为选择以保证自身利益最大化。因此,在以经济发展为优先目标的前提下,无论是对于整个社会还是国家亦或是守法主体而言,其应当追求的经济的守法目标都不应当是 100% 的完全守法比例,而是符合社会福利最大化的守法比例。但总的来说,由于国家和守法主体相关的守法曲线并不与社会总的守法曲线重合,因此,判断守法主体是否达成良好守法行为的最终标准,应是图 0.3 中的最符合社会总体福利最大化的守法比例 Q_0。而这也意味着,为了保证社会福利的最大化,就必然有 $100\% - Q_0$ 比例的不法行为存在。[①]

因此,在以经济发展为优先目标的现代社会,如果不违反经济规律,作为整体的守法主体就不可能达成完全守法,一定程度的不法行为的存在在现阶段似乎成了无法避免的事实。而且,在以经济发展为优先目标的前提下,这种情况还会大量存在。如果不能确立完全守法要求的优先地位,这种不法行为一定程度存在的事实似乎无解。

① 比如最符合社会福利最大化的守法比例是 85%,社会就会尽力保证守法比例为 85%,从而导致 $100\% - 85\% = 15\%$ 比例的不法行为的存在。考虑到守法行为的庞大基数,实际上这就意味着不法行为在一定程度的大量而且是具有经济合理性的存在。

第六节　选取甲企业对劳资关系的处理的理由

改革开放以来,在企业日益发展壮大的同时,由于致力于经济增长,一定程度上忽视了对以劳动者为代表的弱势群体的保护,导致相应的矛盾尤其是劳资矛盾有扩大化的趋势。如果不能对其进行有效的遏制,对社会稳定的影响是显而易见的。在这样的背景下,国家权力机关近些年来采取了一些具体的立法措施,加强对以劳动者为代表的弱势群体的权益保护。其中,在劳资关系方面最典型的是近几年相继出台的新的《劳动合同法》[①]和《工伤保险条例》[②],并且明确指出这些法律的出台是为了更好地保护劳动者。但是,在这些法律的实施过程中,很多企业却对相关的法律条文视而不见,甚或明知故犯。某种程度上,企业对劳资关系的处理实际上已经成了当前整个社会对守法主体守法行为讨论的热点和典型的反例。很多学者将之归咎于资本逐利从而反人民反道德的本性。但是,资本逐利真的就具有反人民反道德的本性吗?除了难以琢磨的道德责难之外,是否应当更具体地分析企业如此行为的动机和目的?在人们都明白这些企业之所以做出这样的不法行为选择其实是为自身的利益所左右的时候,为什么不直接从经济学的角度来对这种行为进行分析,然后从中找出守法行为选择在经济学意义上的一般规律,从而做出相应的调整,使一般守法主体的行为选择更符合社会的总体利益呢?

本着回答上述问题的目的,本文选取了一家位于珠三角,典型的以制造业为主的私营企业甲作为分析的具体对象。该企业的规模中等偏上,净资产 1 亿左右,年产值 4 亿左右,员工 1 500 多人,股份结构简单,90% 为公司董事长兼总经理所有,剩下 10% 的股份,5% 为公司的技术副总所有,5% 为公司的销售副总所有。选取它的原因一方面是因为其私营性质比较彻底而且股权结构单纯,不仅 100% 股份为私人所有,而且 90% 集中在一人手中,股东总人数也只有 3 人,基本上是完全按照资本逐利的原则在运作,而且其规模不是太大也不是很小,在处理劳资关系时做出的

① 即 2008 年施行的《中华人民共和国劳动合同法》,以下简称《劳动合同法》或 2008 年《劳动合同法》。

② 即 2004 年施行的《工伤保险条例》,以下简称《工伤保险条例》或 2004 年《工伤保险条例》。

不法行为选择在同类企业中具有典型性;另一方面则是由于笔者有幸在此企业担任了几个月的法律顾问,对其内部运作和领导人的思维比较熟悉。在下文中,本文将此企业简称为甲企业,其董事长则不冠以名姓,直接称其为董事长。

企业中的劳资纠纷,实际上主要集中在两个方面:一是劳动合同关系,另外一个就是工伤赔偿。相对应的法律分别是《劳动法》[①]《劳动合同法》和《工伤保险条例》,以及处理劳动争议的程序法《劳动争议调解仲裁法》[②]。本书将结合这些法律条文本身以及其实际运行中的相应程序对企业的相关行为进行经济学分析,力图澄清在这些领域企业在守法阶段做出各种不法行为选择的经济学根源,从而以此为例证,论述社会在促成守法主体的守法行为符合资源有效配置的经济原则时应当具备的条件。

小 结

总的来说,对守法的论述主要集中在人们对法治进行研究的文献中,而以守法作为单独对象的研究则相对比较薄弱,不仅相关文章数量不多,而且主要是从伦理和道德的角度来证成守法主体守法的必要性。虽然也有从经济学角度分析守法的文章,但不仅数量少,而且要么只对其进行最一般的成本收益分析,要么只对某一现象进行专门的分析,而且一般受限于守法主体必须完全守法的法治原则,找不到在以经济发展为优先目标的现实社会中的解决方法。

按照完全守法的经典理论,国家没有理由不尽其所能保证完全守法的实现,而守法主体同样没有任何理由不履行完全守法的义务。在这样的逻辑下,不法行为实际上应当像刑事犯罪里面的自然犯[③]一样,由于社会对其在道德和现实中的难以

---

① 即 1995 年施行的《中华人民共和国劳动法》,以下简称《劳动法》或 1995 年《劳动法》。

② 即 2008 年施行的《中华人民共和国劳动争议调解仲裁法》,以下简称《劳动争议调解仲裁法》或 2008 年《劳动争议调解仲裁法》。

③ 自然犯相对于法定犯而言,是指在侵害或者威胁法益的同时明显违反伦理道德的传统型犯罪,如强奸、杀人、放火等。而法定犯是侵害或者威胁法益但没有明显违反伦理道德的现代型犯罪。自然犯的危害性容易被一般人认识(不借助法律便可认识),法定犯的危害性则难以被一般人认识(通常需要借助法律来认识);自然犯的社会危害性的变易性较小,而法定犯的社会危害性的变易性较大。参见张明楷.刑法学[M].第四版.北京:法律出版社,2011:96.

容忍,从而只能成为社会存在中稀少的个案。[①] 但现代社会的事实是,在守法主体中不仅存在着大量的不法行为,在特定的情况下,如本文分析的甲企业对劳资关系的处理,不法行为的选择的存在相当普遍。如何解释现实的守法市场中守法产品同完全守法理论的不一致呢?显然现代社会中存在着同完全守法理论不一致,并且优先于完全守法要求的其他标准,即现阶段施行的以经济发展为优先目标政策。

在以经济发展为优先目标的政策下,通过经济学的线性模式分析可以得知,由于资源的有限性,主体必然以利益最大化为其行为的最终依据,国家不会投入远超其守法收益的资源去保证法律百分之百被守法主体遵守,所以守法主体在特定的条件下,完全可能只冒很小的风险而获得远大于其违法成本的收益。因此,一定程度不法行为的存在成为现代国家难以避免的事实。

---

① 如杀人、放火、抢劫、强奸等自然犯,社会对其在道德上几乎没有容忍度,因此正常人在正常情况下是不会做出此类行为选择的,触犯这些法律的罪犯占总人口的比例是非常小的。

第一章　甲企业对劳资关系的处理

正如前文所述，经典法治理论认为完全守法是守法主体的一项基本义务。任何规避或者是公然违反法律的行为都违背了这一准则，因而在道德上应受谴责，在法律上应受制裁，在总体上不利于法治建设或者是总的社会利益。但是这一理论并不能解释现代国家一定程度上广泛存在的不法行为。按照完全守法的经典理论，国家没有容许这些不法行为存在的理由，现实中不应当存在如此数量的不法行为。因此，必须转换对守法行为进行分析的方式，从经济学上寻求这一现象大量存在的真实原因。下面，本书将以私营企业甲对劳资关系处理时大量存在的不法行为选择作为这一现象的典型例证，来展示不法行为作为某些守法主体经常性选择的真正原因，并对这些案例中出现的不法行为选择的原因进行初步的经济方面的分析。

第一节　得不到法定补偿的张某工伤案

一、基本案情

事情发生在2009年4月份，当时本人刚刚接受了珠三角甲企业董事长的邀请，担任该企业的法律顾问。而任职后所面临的第一件比较棘手的事，就是企业正面临一起还没达成最终解决协议的工伤赔偿案件。整个案件的经过如下所述。

2008年9月的一天，企业员工张某在骑摩托车去公司上晚班的途中，因为天上下着小雨，路面比较滑，能见度也不是很好。而就在离厂门口还有大概一千米左右的时候，张某突然发现路右侧停放着一辆泥头车[①]，占住了右边车道的半个路面。

① 拉泥巴的重型卡车的俗称。

此时踩刹车已经来不及了，于是不幸的事情发生了，摩托车毫无悬念地撞在路右边停靠的泥头车后面。前面司机听到后面撞击声过来看到情况后，赶紧将伤者送到医院，但是一切都来不及了，很快医生就正式通知，伤者已经不治身亡。

这是当时整个事故发生的情况，无论是司机还是职工家属亦或是企业方，对此都没有任何异议。下面涉及的就是相关方对死亡职工的经济补偿或者是赔偿的问题。显然，这是一起典型的同时产生侵权赔偿责任和工伤赔偿责任的个案。[①] 在正常情况下，由于机动车辆的机动车交通事故责任强制保险，企业职工的工伤保险都是国家规定必须强制购买的，出现这样的事故后，无论是车主还是企业都只要找相关的保险机构要求赔偿就可以了，因此并不存在车主或是企业存在较大的经济损失的可能，不会有什么纠纷存在。但是，凡事都有例外，笔者当时所在的那家民营企业就刚好没给这位发生工伤事故的职工购买工伤保险。按照国家《工伤保险条例》的相关规定，没有购买法定工伤保险的，应当由企业自身承担职工工伤赔偿费用，赔偿标准比照《工伤保险条例》相关规定。[②] 按照此标准计算的结果是，企业应当支付25万元左右人民币给职工家属，作为工伤赔偿。这对一个企业尤其是规模不是太大而且非常在意经济效益的民营企业来说，是一笔不算很小的额外负担，尤其是此员工刚来公司不久就出了这件事故，按照企业董事长的说法，是“亏大了”。于是这位民营企业董事长就开始想方设法来减轻或者干脆卸掉这项额外的负担，看起来并不复杂的这起侵权和工伤赔偿的案件开始演变为劳资双方的劳动争议。

交通事故侵权赔偿的解决是很顺利的，由于车主买有机动车交通事故责任强制保险，车主和遇难者的家属很快达成协议，甚至车主还让遇难者家属在达成的书面协议之外另外签了一份给保险公司看的赔偿金额比前一份略微高一点的协议，以便车主可以补偿由于这起事故给自己带来的损失。接着遇难职工家属开始找企

① 按照《工伤保险条例》第十四条第（六）项和《道路交通安全法》（即2008年施行的《中华人民共和国道路交通安全法》，简称《道路交通安全法》）第七十六条的相关规定，此种情况交通事故的受害者可同时获得交通事故和工伤双重赔偿。更加详细的分析见本文后面相关内容。

② 参见《工伤保险条例》第六十条，用人单位依照本条例规定应当参加工伤保险而未参加的，由劳动保障行政部门责令改正；未参加工伤保险期间用人单位职工发生工伤的，由该用人单位按照本条例规定的工伤保险待遇项目和标准支付费用。

业寻求工伤赔偿。但是由于企业并没有按照规定给该职工购买工伤保险,[①]因此必须完全由企业来承担这一赔偿。在家属向企业递交了要求工伤赔偿的申请之后,开始了和企业之间漫长的协商。首先,企业指出虽然没有给该职工购买工伤保险,但是给他购买了商业人身意外险,根据这一保险职工家属应该还可以获得10万意外身故保险赔偿。职工家属指出虽然这一保险赔偿按照国家法律规定并没有包括在工伤赔偿总额里面,[②]但考虑到该职工确实没为企业做什么贡献,而且该保险是企业主动无偿帮其购买,此事也确实是为企业增加了负担,因此愿意接受企业提出的将这10万元冲抵工伤赔偿总额一部分的要求。剩下的问题是扣除这10万元意外保险赔偿后剩下的十几万元工伤赔偿怎么处理。

在我到企业担任法律顾问之前,遇难家属已经委托张某的哥哥全权处理和企业交涉工伤赔偿之事,并为达成最终协议和企业协商了多次,但每次企业都派不同的人接待,而且最后都被企业以需要等老板最后决定,老板刚好不在为由不了了之。这样拖了半年多,一直到我接手此事。我在接手之后问了下董事长的意见,董事长说我觉得怎么谈合适就怎么谈。于是我就打电话给张某的哥哥,让他找个机会过来谈具体赔偿的协议。张某的哥哥接到我的电话后有点激动,说这是企业第一次主动打电话给他,之前他已经对协商基本上不抱希望了,现在正积极联系律师准备通过法律途径来解决问题。因此二话没说,他就找自己公司请了假,从几百公里外赶到甲企业和我协商此事。见到张某的哥哥后,我先向他表示真诚的歉意,然后对他们能接受意外伤害保险冲抵工伤赔偿这一条件表示感谢。接着指出现在协议的焦点其实就在最后剩下的十几万赔偿的余额如何处理的问题,希望他理解企业的难处,毕竟他们在车祸赔偿那块已经得到了比较满意的赔偿,企业也只是希望能尽量少一点损失,当然这是关系到人命的事情,说这话有点不近人情,但是还是希望能在此基础上尽量考虑,能否稍微让步让企业更容易接受,因为大家都不希望

---

① 参见《工伤保险条例》第二条,"中华人民共和国境内的各类企业、有雇工的个体工商户(以下称用人单位)应当依照本条例规定参加工伤保险,为本单位全部职工或者雇工(以下称职工)缴纳工伤保险费。"

② 因为《工伤保险条例》中没有规定意外伤害险赔偿可以折抵工伤保险赔偿的条款,而且这两种保险实际上是两个完全不同的险种,所以意外伤害险赔偿数额不能抵扣工伤赔偿数额,但工伤职工一方在自愿的情况下可以接受这种解决方式。

对簿公堂,那样既消耗时间,对双方总体来讲没有任何好处。张某的哥哥基本同意我的说法,也答应做适当让步。然后就是协商具体让步的幅度,张某的哥哥最后同意由当初要求的 15 万让到 9 万。但是董事长并不满意,并指示我:(1)不管采用什么办法,尽可能让企业少赔钱。(2)至于有没有协商的底线,企业的底线就是没有底线,最好是一分钱不赔。(3)至于声誉之类,那些东西暂时不是企业考虑的问题。

根据上述指示,实际上已经不可能通过协商达成解决工伤赔偿的协议,我也只能学着前几位接待张某哥哥的企业人员一样,推说等董事长决定而董事长刚好又有事不在。张某哥哥只好到当地的劳动监察部门去投诉,同时在我的建议下到劳动保障部门去进行了工伤认定。又过了两个多月,我就由于私人原因辞职了。辞职之前我专门给张某哥哥打了个电话,表达了个人对此事不能得到妥善处理的歉意。然后张某哥哥告诉我他已经决定请律师同甲企业打官司了。离开甲企业之后,我也没问这事最后的结果如何,因为其实争议的标的对企业而言并不是很大,官司的输赢对甲企业总体而言基本没什么影响。但是,张某的家属最后得到的实际赔偿肯定远远低于法定的赔偿标准。

二、企业违反相关规定的利益分析

此案例的事实其实很简单,属于一起典型的同时产生工伤赔偿和交通事故侵权赔偿的双重赔偿案件。案件中发生纠纷的工伤赔偿事宜,《工伤保险条例》说得非常清楚,发生纠纷的原因也一目了然,就是甲企业故意不按照《工伤保险条例》的相关规定对张某工伤进行法定赔偿,有意识地做出违反《工伤保险条例》的不法行为选择。但是事实上,这一看似简单的案件在后续的协商过程中却变得如此复杂,以致最后双方不得不对簿公堂。

本案中甲企业的不法行为主要表现在两方面:一是没有为企业员工张某购买《工伤保险条例》规定的法定工伤保险;二是在张某出现工伤事故后,不愿意按照《工伤保险条例》的法定赔偿数额给予张某家属法定赔偿。

通过上面的叙述可以看到,甲企业之所以做出上述的违反《工伤保险条例》的不法行为选择,最后起作用的实际上就是其自身利益。下面,本文将对企业在本案例中的利益计算作一具体的分析。

根据期望函数效用理论,假设企业最终的行为选择为 A,A 有两种可能,即守法和不法。假设企业做出守法的行为选择其期望效用 $E(U)=0$,那么 A 的选择是否为不法的决定性因素是此种不法行为对企业产生的期望效用 $E(U)$ 大于守法行为的期望效用 $E(U)$，即不法行为的期望效用 $E(U)>0$。假设企业不法行为选择的成本为 C，收益为 R。可以得出这样一个公式即 $E(U)=R-C$。也就是说，企业是否会进行特定的不法行为选择，取决于企业做出不法行为的期望效用 $E(U)$，即收益 R 减去成本 C，假如 $E(U)$ 为正，企业就会选择这种行为，反之则不会。如表 1.1 所示。

表 1.1　企业行为选择的效用模式

企业收益 R - 企业成本 C	期望效用 $E(U)$	企业的行为选择 A
$R>C$	正	选择
$R<C$	负	不选择

一般来说，对于特定的守法主体，其行为的不法程度越高，其收益 R 也就越大，与之相对应，产生成本 C 也越大。其成本收益曲线如图 1.1 所示。

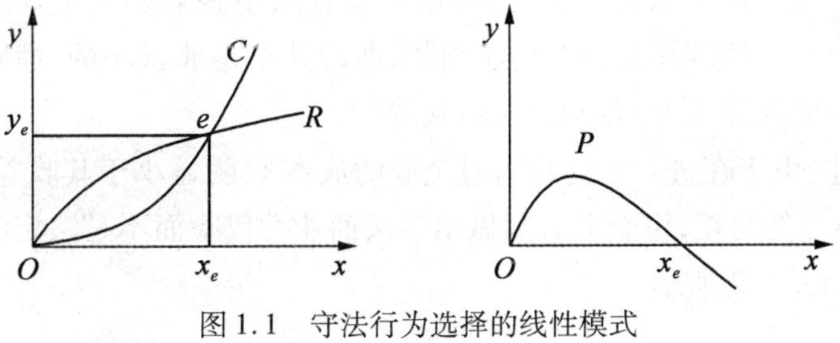

图 1.1　守法行为选择的线性模式

图 1.1 中 O 表示原点，x 轴表示不法程度，y 轴表示产生的成本或者收益的量，R 为收益曲线，C 为成本曲线，P 为代表期望效用 $E(U)$ 的净收益曲线，e 为 R 曲线和 C 曲线的相交点。从图 1.1 中可以看出，随着违法程度 x 的增加，收益曲线 R 和成本曲线 C 都在上升，但两者上升的幅度不同，在程度小于 x_e 时，收益曲线 R 位于成本曲线 C 之上，此时企业做出不法行为选择时，净收益曲线 P 在 x 轴之上为正值，企业做出不法行为 A 具有一定数量的净收益。正常情况下，企业会据此选择不法行为 A。当程度等于 x_e 时，成本 C 和收益 R 均为 y_e，企业做出不法行为 A 没有任何好处，一般不会做出不法行为 A 的选择。而当程度大于 x_e 时，成本曲线 C 位于收益曲线 R 之上，净收益曲线 P 在 x 轴之下为负值，企业做出不法行为 A 得不偿失，企业不会选择不法行为 A。

首先，来分析甲企业在本案例中的第一种不法行为，即没有为工伤员工张某购买法定的工伤保险。

1. 企业方面的收益 R

企业方面的收益在做出这种行为选择时比较简单，就是购买的商业替代险和法定工伤险之间的差额。根据当时笔者在企业时了解的情况，当时各大保险公司对此企业的人身意外伤害团体险的报价是60元保一年，其中包括10万元的意外身故保险。而当时政府规定的工伤保险费率对此企业是工资比例的1%，按照平均工资2 000元计算就是平均每人每年240元，按照工伤身故平均赔付24万元计算，即使购买同样保额的商业保险，工伤保险法定费用也高出商业保险将近一倍。对于人力密集型的企业，购买商业保险，可以省下一笔不大不小的额外开支。①

2. 企业方面的成本 C

本案中，企业的成本主要由两方面组成：一是员工的抵制和反抗，二是劳动行政机关及可能的纠纷引起的司法制裁。很显然，甲企业在购买商业替代险的时候员工是没有进行抵制的，因此，此方面的成本为零。而劳动行政部门对甲企业的此种行为实际上也采取了默许的态度，否则早就要求甲企业购买正规的法定工伤险了。至于可能引起的纠纷导致的司法制裁，那种几率是非常小的，而且即使有了相对于前面企业的收益 R 来说，也是可以接受的。

综上所述，由于在进行上述行为时企业的成本 C 明显小于其收益 R，因此其预期效用 $E(U)$ 必然为正，甲企业必然做出购买商业替代险而不是法定工伤险的不法行为选择。如表1.2所示。

表1.2 购买商业替代险的效用模式

企业收益 R	企业成本 C	预期效用 $E(U)$	企业行为选择 A
购买商业替代险相对于购买法定工伤险的费用减少，存在	1. 员工的抵制，无 2. 行政机关制裁，无 3. 司法机关制裁，小	正	不购买法定工伤险；购买商业替代险

① 由于法律没有可以用人身意外险折抵工伤保险的相关规定，企业购买的人身意外险从法律上讲只能算作给员工购买的福利，由保险公司支付相应赔偿，而在没有为员工购买工伤保险的情况下，工伤赔偿应当是企业支付的，因此不能用商业保险来冲抵工伤赔偿。但实际上很多企业都如此行为，一般员工也认可，如本案中遇难者家属就接受了企业的这种做法。

其次，来分析本案例中企业不愿按照《工伤保险条例》为张某家属提供法定赔偿的不法行为。企业在做出此行为时，其收益 R 主要包括企业由于少于法定赔偿的金额 R_0 以及由此产生的对其他员工的威慑作用 R_1。成本 C 则主要包括社会舆论的负面影响 C_0，处理纠纷本身产生的各种程序性支出 C_1，由此引起的员工对企业的抵制和反抗 C_2，比如对企业的认同下降，具体的各种抵制行为，行政执法机关和司法机关可能施加的具体惩罚 C_3。这样，上面的公式就可以进一步表述成预期效用 $E(U)=R(R_0+R_1)-C(C_0+C_1+C_2+C_3)$。下面，本文将对此行为中的这些成本收益的构成要素进行详细的具体分析。

1. 企业方面的收益 R

如上所述，包括企业同法定赔偿相比实际可以少指出的数额 R_0，以及对其他员工的震慑作用 R_1。理论上来讲，R_0 的最大数值是法定赔偿额，即企业完全不支付任何赔偿，最小数值为 0，即按照法定赔偿全额支付。但正如案例中所述，这两种情况都是不可能出现的，$R_0=0$ 的话，企业和员工没有协商的必要，直接赔偿就可以了，R_0 = 法定赔偿额的话，员工得不到任何赔偿，同企业交涉就会变得毫无意义，所以 R_0 一般来说应该位于 0 和法定赔偿额之间。而 R_1 则属于企业的间接收益，因为很难量化，所以一般并不会对企业的行为选择产生决定性的影响，但在一些特殊情况下，比如 $R_0=0$，也就是企业最终不得不按照法定赔偿额全额支付的情况下，为了震慑其他员工，企业仍然可能做出不法行为选择，因为此时 $E(U)$ 仍然可能为正，原因就是 R_1 的存在。在这样的情况下，企业宁可全额支付法定赔偿，也要通过增加企业员工维权成本的方法，影响后面 C 的数值，同时警告其他员工，增加 R_1 的数值，最终企业的预期效用 $E(U)$ 仍然为正，做出不法行为的选择对企业来说仍然有利可图。

2. 企业成本方面的分析

由于影响企业做出不法行为选择的成本 C 方面的因素远较收益方面为多，因此实际上也是企业考虑最多的方面。下面对企业不法行为成本 C 的各项进行详细的分析。

（1）社会舆论方面的负面影响 C_0。为了预防出现工伤意外，企业虽然没有购买法定的工伤保险，但是替员工购买了人身意外商业保险，也并不像有的企业那样矢口否定此案中不存在工伤赔偿的问题，甚至通过毁灭证据或其他不正当手段来否认职工同企业之间存在的劳动关系。遇难者家属要求协商时企业虽然一再拖延，但并没有将其拒之门外，而只是希望通过不停的协商来获取最大的利益。在整个过程中，企业并没有采取明显违规的过分的手段。[①] 因此大体上来说，这家民营企业还算是一个正规经营的企业，而且事实上据笔者了解，此企业无论在当地政府还是企业员工以及当地民众中口碑都还不错。因此，最后出现的这种工伤赔偿不能通过正常协商得到解决的困局的形成，不是仅仅以民营企业缺乏所谓的良心或者是对员工和社会的责任感就能解释的问题。正如甲企业的董事长所说，其不愿按照《工伤保险条例》的法定赔偿标准提供补偿是有充分道理的。企业认为其最高原则就是最大限度地谋取经济上的利益，因此，在可能的不违反法律和道德的前提下，其对遇难家属提出的降低赔偿额度的要求是正当的。而这种道德上的正当性就在于遇难者家属所遭遇的不幸实际上在车祸的车主那里已经得到了充分的赔偿，现在的工伤赔偿只不过是法律的一种不一定正确的对交通事故中出现的工伤遇难者的政策倾斜而已。如果根据法律的核心价值之一的"平等"来看待这种法律的话，这种立法无疑是对其他得不到双重赔偿的工伤者或是得不到工伤赔偿的交通事故遇害者是不公平的，而在企业没有购买工伤保险的情况下，要企业承担这样的工伤赔偿责任同样是不公平的。[②] 一方面，张某工伤并不是由于企业的过错，而是由于一起交通事故，虽然这起交通事故是在上班时间发生的，符合《工伤保险条例》对工伤认定的条件，但张某家属已经按照交通事故侵权的有关规定在肇事司机那里获得了充分的补偿；另一方面，在此基础上，企业实际上也为张某购买了一定额度的商业意外险，虽然同法定赔偿额相比是不足额的，但从某种意义上来说属于张某家属在充分的补偿之外获得的一笔意外之财。因此，在这样的情况下，社会舆论在一定的程度上不仅不会苛求甲企业，反而会产生一定程度的同情。在此意义上，企业需要付出的社会舆论的成本 C_0 无限接近于零。也就是说，在上述原因存在的情况下，企业如此不法行为产生的社会舆论的负面影响可以忽略不计。在下

① 当然，企业没有购买工伤保险是属于本文所说的不法行为，但这种情况实际上是在当地的劳动监察部门默许的情况下才有可能发生。

② 这一问题最新的《工伤保险条例》征求意见稿已经考虑到了，原则上是准备取消对交通事故的工伤认定，详情请见《工伤保险条例 2010 有哪些修改?》但由于各种原因，最终修改过的 2011 年新的《工伤保险条例》依然保留了此规定。相关情况见 http://www.xiangrikui.com/gongshangbaoxian/45969_1.html，2010 年 9 月 24 日 19:00。

面的计算中，假设 $C_0=0$。

（2）企业处理纠纷本身产生的程序性成本 C_1。企业处理纠纷本身包括产生的程序性成本主要指的是在整个解决纠纷的程序中，企业在完成程序的时候必须支付的成本。主要包括企业人员、场地的占用，处理纠纷过程中必须支付的交通、饮食等方面的费用。对于企业来说，由于其设置了专职的处理劳资纠纷的机构和成员，内部处理时使用的场地也是其自身的会议室，因此费用是非常低廉的。其他的交通、饮食方面的费用，对于普通的劳动者个体可能是笔较大的支出，但对于企业来说，根本就算不了什么。因此，在企业的眼中，此部分费用同样无限接近于零。在下面的计算中，同样假设 $C_1=0$。

（3）维权员工对企业的抵制和反抗 C_2。这是企业在采取侵犯普通劳动者的合法权益时不得不面对的主要成本，也是企业决定是否做出相关的不法行为选择时必须考虑的主要方面。因为员工对企业的抵制和反抗涉及员工自身的行为选择问题，因此相对于 C_0 和 C_1 来说比较复杂。在本案例中，影响员工对企业的抵制和反抗 C_2 的因素主要包括维权员工主观上的感受以及维权可能会给其带来收益成本对比。本案例中，遇难职工为外地民工。在珠三角，外地民工几乎总是与血汗工厂和不幸联系在一起。虽然说并不是所有的外地民工命运都这么悲惨，但很不幸的是本案的遇难者刚好也属于其中的一员。当然他还算比较幸运的，毕竟车祸的车主方那边给予了足额的赔偿。但也正是由于其作为外地民工这一特点，使其家属维权时不得不面对冗长的司法程序①，以及由此造成的时间和精力以及金钱上的巨额费用，②以及可能的地方上以经济至上为准则的官僚系统（包括各种执法司法部

① 这方面最典型的是劳动争议仲裁前置程序的设置。虽然法律的原意是提高争议解决的效率，减少劳动者的维权成本，但实际上却人为增加了劳动者的维权成本。此方面的问题后文还有详细的论述。这一问题 2010 年的《工伤保险条例》征求意见稿已经有所表现，当时考虑了是否取消行政复议前置程序的问题，但由于各种原因，最终修改过的 2011 年新《工伤保险条例》依然保留了此程序。详情请见《工伤保险条例 2010 有哪些修改?》，载于 http://www.xiangrikui.com/gongshangbaoxian/45969_1.html　2010 年 9 月 24 日 19:00。

② 由于遇难者张某属于外地民工，其家属生活和工作的地点都不在企业附近。因此，其哥哥每到企业协商一次的成本都非常昂贵。首先是几百千米的交通费用，然后是异地食宿的成本，还要加上误工的损失。假如打官司的话，还有高昂的律师费用以及官司打不赢存在的风险，都是张某家属在维权时不得不考虑的问题。

门)偏袒企业的不利局面,[①]最终造成职工难以承受的过高维权成本。[②] 而企业如上所述,在此过程中却几乎没有什么成本。因此,本案中张某的哥哥才在自己一让再让、企业一拖再拖的情况下仍不放弃协商的可能,以避免同企业打官司可能产生的更多的花费。直到经过马拉松式的大半年的协商无果之后,张某哥哥才终于决定和企业对簿公堂。可是对于企业来说却恰好相反,它既不用去找遇难者家属,也不必花很多时间处理这个问题,遇难者家属到了找个人敷衍下就应付过去了。万一打官司的话,本地法院肯定是尽可能向着他的,好歹自己还是当地的纳税大户,再不济官司打输了也就是将自己应该出的那部分钱出了而已。因此在这样的情况下协商,一个拖不起一个巴不得拖下去,谈判地位强弱一目了然。而由于上述执法司法部门偏袒企业可能性的存在,维权员工可能获得的收益却是非常不确定的。在成本高昂和收益不确定的情况下,维权员工采取抵制和反抗企业方侵权的可能就会大大降低,从而使企业此方面的成本 C_2 被尽可能地减少。

(4)最后但却可能是最重要的企业进行不法行为选择的成本,是行政执法机关和司法机关可能施加的具体惩罚 C_3。但是,从上述分析中可以看到这方面的情况依然不容乐观。一方面作为劳动行政机关的相关部门出于睁一只眼闭一只眼并不把此案当回事;另一方面司法机关奉行不告不理的原则,必须要作为本案被侵权者的张某家属自己提起才能启动司法程序,而根据上面的分析,由于被侵权的员工一方出于成本收益考虑的原因,采取实际行动包括启动司法程序的积极性不高,致使其无法通过审判的方式对做出不法行为的企业施加惩罚。因此,实际上,C_3 的数值总体上依然不高。在最乐观的情况下,也不过由劳动行政机关或者是司法机关以裁决或者是判决的方式要求企业按照法律的相关规定支付赔偿。也就是说,C_3 的最大值就是法定赔偿和企业愿意主动赔偿之间的差额,即全面所说的 R_0。

再来看一下决定企业最终进行行为选择的公式 $E(U)=R(R_0+R_1)-C(C_0+C_1+C_2+C_3)$。根据上面的分析,由于来自于国家机关的惩罚 C_3 的最大数值为 R_0,

① 关于民工工伤赔偿维权难的问题,可以参考《民工工伤维权调查:为尽快拿钱近4成愿意"私了"》http://news.dayoo.com/society/57401/201002/02/57401_100850817.htm 以及《外地打工者工伤索赔遇"瓶颈"》http://news.sina.com.cn/c/2006-03-17/03208459841s.shtml 2010年9月24日18:00。

② 同①。

而社会舆论道德方面的影响 C_0、企业自身程序性成本 C_1、被侵权员工可能的抵制和反抗造成的成本 C_2 都非常轻微乃至可以忽略不计，所以预期效用 $E(U)$ 的最小值也能达到 R_1。也就是说，即使被侵权员工克服各种困难，启动了司法程序，并且幸运地完全得到司法机关的支持，全额得到了法定赔偿的情况下，企业对被侵权员工的强硬表现依然能对其他员工起到相当的震慑作用，阻止其采取类似行为，即其预期效用 $E(U)$ 依然为正，甲企业依然会做出不主动给张某家属提供法定赔偿的不法行为选择。如表 1.3 所示。

表 1.3　企业不提供法定赔偿的效用模式

企业收益 R R_0+R_1	企业成本 C $C_0+C_1+C_2+C_3$	预期效用 $E(U)$	企业行为选择 A
R_0 相对于法定赔偿的节省，存在；R_1 对其他员工的威慑作用，存在	C_0 舆论影响，小；C_1 直接成本，小；C_2 员工抵制，微弱；C_3 政府惩罚，微弱	正	坚持不按法定标准赔偿，一再要求员工方让步

总结起来，上述案例中存在的影响企业的不法行为收益 R 和成本 C 的主要方面可以归纳为以下几方面：

一是工伤保险费率偏高，甚至高过商业性的人身意外险，致使企业购买商业保险相较于购买法定的工伤保险而言，具有足够的获利空间，也即有足够高的收益 R。在这方面，明显存在着相关部门在制定费率的时候没有认真考虑法律的重要价值“效率”，而正是在这种不具有经济效率的费率，导致企业选择了舍弃法定的工伤保险转而购买商业替代险。①

二是相关法律的立法目的和实际执行的法律条文之间的不一致，比如本案例中涉及的单独对交通事故中的工伤实行双重赔付，这是无法按照 2004 年《工伤保

① 参见搜狐网新闻报道：《广州市阶段性降低医疗工伤保险费率》，载于 http://news.sohu.com/20090415/n263395821.shtml，2010 年 9 月 24 日 20:00 。文中称：“从今年（编者：2009 年）5 月 1 日起至 12 月 31 日，阶段性降低医疗和工伤保险费率。工伤保险方面，参加工伤保险的各类用人单位的缴费比例从原来按照职工工资总额的 0.5%，1.0%，1.5% 统一调整为 0.4%。”按照之前工伤保险费率平均 1% 计算，一降就是 60%，可见原来的费率确实太高。

险条例》中的第一条的立法目的进行解释的,这种做法明显违反了“平等”这一法律核心价值,导致企业进行不法行为选择时在道德舆论方面的成本 C 可以忽略不计。

三是相关法律在程序设计方面没有对弱势群体的维权成本给予足够的重视,[①]致使职工尤其是外地民工对维权望而却步。也就是说,法律既没有给予法律实施的“效率”以足够重视而使法律程序非常冗长,也没有为保证弱势群体能够得到法律的“平等”保护创造足够的条件。这样的结果是被侵权劳动者的维权成本被人为推高,致使其维权的动力同时也是对企业的反抗和抵制的动力降低,间接降低了企业做出不法行为的成本 C。

四是地区政府的经济至上的观念和考核方式。执法人员应该意识到对弱势群体权利的维护也是国家和政府的核心任务之一。不因为企业对社会的经济贡献就默认企业的一些违规行为,如本案中企业没买工伤保险却没受到应有的惩罚。这样不仅使企业违规成本极低甚至变得理所当然,而且会打击员工维权的信心和决心,从而决定性地降低了企业做出不法行为选择的成本 C。这涉及政府如何处理“发展”和“平等”这两大不同的价值之间关系的问题。

因此,企业在做出上述两种不法行为选择时,是符合其自身利益最大化目标的。

第二节 苏某被变相解雇案

一、基本案情

到甲企业上班之后的一天上午,我正在写一封电子邮件。突然,我的 QQ 上有人加我,说是有法律问题请教。加了之后,对方在 QQ 上告诉我,他是甲企业的一个员工,现在是服务部的宿舍管理员,但只是这两天的事情,之前他是公司销售部的出口部经理。我对他的说法不以为然,就问了下他的名字,他告诉我他叫苏某。当时我大吃一惊,因为甲企业的产品有 50% 左右外销,苏某也算是甲企业的一个名人

① 当然现行的法律已经有这方面的考虑,比如《劳动争议调解仲裁法》第五十三条,劳动争议仲裁不收费。劳动争议仲裁委员会的经费由财政予以保障。但正如本文后面的相关分析指出的,这并不能真正解决维权成本高昂的问题。

了,只是怎么一下就成宿舍管理员了?我立马打了几个大问号,对方只是说一言难尽,现在感觉非常憋屈,据说我人品还可以,所以想约我单独谈下。好歹我和对方以前还有那么几面之缘,而且也感到事情确实奇怪,就约了下班之后一起到咖啡厅一聚。

苏某当时很憔悴,他告诉我,从甲企业成立开始他就到了这里,伴随着企业的成长,他也从最初的外贸业务员成为公司的外贸经理,而在他的努力下,公司的外贸业务也从无到有,直到现在的规模。他自己在此过程中不仅呕心沥血,而且也逐渐产生了归属感,基本上可以说把自己的人生和公司紧密联系在一起了。但天不从人愿,几年前,老板的一个亲戚从某高校的外语系毕业到了自己的部门工作。当初自己也没想什么,那个亲戚表现也中规中矩。但是一年以后,老板就将这个亲戚任命为主管,而且经常将一些事情绕过做经理的他直接给这个亲戚做。就这样再过了一年,这个亲戚就是副经理了。当时他也感到了不对,而且找过老板,老板说是他多心了,不会做对不起他的事。可是事实是,也就是那个亲戚过来三年多一点的前天,老板直接告诉他,由于现在公司情况变化很大,因此决定给他调动工作岗位,当然,他要不服从安排,辞职也没问题。当时苏某非常震惊,本想一走了之,但由于事先并没想到这么突然,根本就没做什么准备,而且也对老板还有那么一点幻想,因此只好答应服从安排。结果就是老板直接将他安排成服务部的宿舍管理员了,而且还特别叮嘱服务部经理对他特别看管。很明显,老板压根就不想让他抱什么幻想,可以说就算他不想走也要赶他走了。公司正式的任免通知估计这两天就下来了。

等他说完,我就问他和公司的劳动合同怎么签的。他说他只是在四年前签过一次正式合同,有效期是五年。此合同中写的是公司聘用他担任业务员,并且要服从公司工作安排,工资也像所有其他人一样,写的是当地的最低工资加效益工资。那时他正是在公司当红的时候,根本没想到有今天这样的情况。事实上,所有公司员工的条款几乎都是一样的,就算他有异议也没什么作用。而且,当时他也只把这当一个形式,所以根本就没在意。

于是我问他自己怎么想。他说老板实在有点不道德,心里憋不下这口气,但又觉得根据劳动合同也找不到老板的什么问题,所以希望我能帮忙提供点法律意见,有没有可能通过法律争取点权益,当然如果能争取到一些经济利益,那就更好了。

针对他这两个要求,我给他提供的意见是:第一,从合同本身来讲,形式上确实找不到老板的问题,这也是他要通过法律途径出这口气的主要难题。但是,这并不是说企业这么做就没违反《劳动合同法》。[①] 第二,首先,劳动合同签署时的很多条款直接就和实际相悖,这本身就违反了劳动合同法,但这是要证据的,假如苏某自己没有确凿证据,那不排除企业假造证据的可能;[②]其次,企业变动苏某的工作岗位,属于劳动合同关系的变更,按照法律规定,应当书面变更劳动合同,并征得苏某本人同意,而甲企业显然没有书面变更合同,更不是在苏某同意的情况下将其岗位变更为宿舍管理员。[③] 第三,由于属于甲企业擅自变更苏某劳动合同,苏某在法律上有以下选择:一是承认现状和企业确认签订新的劳动合同;二是不同意企业现在的安排,要求重新安排更适合苏某的工作;三是拒绝现在的工作安排,并辞职,要求甲企业按照《劳动合同法》进行补偿;四是直接辞职,不要求任何补偿。鉴于苏某现状,第一第二两个选择显然没有意义,否则他也不用找我了。剩下的就是第三第四两个选择。第三个选择无疑是最符合苏某现在的心态,但存在的问题是甲企业是否愿意赔偿,按现在的情况,显然不愿意,那就不可避免要进入法律程序。一旦进入法律程序,就可能产生几方面的成本,一是时间,二是精力,三就是打官司需要的花费了,而可能取得的最大所获就是甲企业按照国家规定补偿苏某几个月的工资,即使按照最高限额的当地平均工资三倍计算,[④]大概每月 7 000 元,以他在企业工作 6 年的时间,最高补偿额不超过 42 000 元。因此,除去时间、精力和各种花费,从经济上来讲所得可能不是很多。而且以苏某的经历和能力,找到一份收入不错的工作应当不是很难,那么机会成本就更高,是否划算还在两可之间。当然,这样做的最大的好处是可以出一口气,维护了自己的权利。不过,我不得不提醒苏某的是,上述分析都是基于官司能打赢的基础上,虽然按照目前的情况,胜算不小,但不排除败诉的可能性。问题首先在于举证,苏某必须拿出自己在企业工作了 6 年,以及

---

① 苏某的实际职位和待遇同之前的劳动合同所载已有较大的不同,这属于劳动合同的实际变更,根据《劳动合同法》第三十五条的相关规定,劳动合同的变更应当在劳资双方自愿协商一致的基础上以书面形式确定,甲企业显然没有遵守此法律规定。

② 实际上,甲企业同苏某签订劳动合同的方式,含有明显的欺诈的成分,按照当时实施的 1995 年《劳动法》第十八条第二款的规定,"采取欺诈、威胁等手段订立的劳动合同"为无效合同。

③ 按照新的《劳动合同法》第三十五条的规定,"用人单位与劳动者协商一致,可以变更劳动合同约定的内容。变更劳动合同,应当采用书面形式。"

④ 甲企业所在地公布的上一年即 2008 年的月平均工资为 2 250 元。

最近一年的收入记录，还有企业擅自变动其工作岗位的证明，而且还得注意企业方提供假证。然后就是企业有可能利用自身的资源影响相关行政机关和司法机关，甚至有可能相关机关为了当地的经济利益，主动替企业排忧解难，然后在这种劳动争议的过程中利用法定程序的复杂，有意无意地拖延、疏忽，甚至在取证和法律适用上钻法律没有明文规定的空子，做出有利于企业而不利于劳动者的判决。当然，这是极端情况，一般来说出现可能性不大。是否进入法律程序主要就是上述得失的权衡问题。最后我提醒苏某的是，司法正义是一种昂贵的正义，从法律的意义上我是百分之百的支持走法律途径，但从经济的意义上，一定要好好权衡，毕竟人首先要解决的是经济问题，其次才轮到其他。苏某默然，表示他一定会全面考虑。

这件事过了之后，有一段时间再没收到苏某的消息。直到一个月之后，他在QQ上找我，告诉我他已经在同行业的一个外企找到了一份外贸主管的工作，待遇相当不错。然后是再一次谢谢我，说他新找的这个企业在确定招聘他之前，曾经打电话到甲企业核实他的情况，幸好当初没有和老板对簿公堂，否则这份不错的工作就泡汤了，那样才真的是得不偿失。在祝贺他并约定有空再聚之后，我思考了很久。虽说对苏某放弃法律途径解决问题的选择早有预料，只是没想到原来行业内部还有这种潜规则，而且打的又是堂而皇之的核实情况的招牌。作为高级白领的苏某维权都这么难，一般的普通员工可想而知，国家的法治建设之路确实是长路漫漫。

二、使苏某放弃抗争的企业优势分析

下面从成本收益的角度，来分析为什么甲企业敢于做出违反《劳动合同法》相关规定的不法选择，而被侵权劳动者苏某却对付诸法律程序解决纠纷顾虑重重，最终只能忍气吞声。

（一）从企业方面的收益 R 的角度

本案例中企业的行为同上一案例类似。都是企业不按法律规定给予被侵权的员工相应的补偿。因此其收益 R 亦相差不多，也是企业采取相应的不法行为能给企业带来的相较于法定赔偿的利益，以及其采取强硬措施对员工能起到的震慑作用。因此，本案中企业的收益不仅仅是变相解聘苏某而不提供法定补偿给企业节约的成本，同时也包括在这样的情况下苏某的忍气吞声给其他可能被解聘员工的震慑作用。

(二)从企业的成本 C 的角度

相较于上一案例,因为企业变相解聘苏某无论从法律上还是从一般的道德来说,都存在自己的过错,因此本案中企业受到的社会舆论道德的影响造成的成本 C_0 明显更大。但很显然,由于这一成本并不是马上对企业产生影响,因此并没有得到甲企业的足够重视。处理纠纷本身产生的各种程序性支出 C_1 在本案中根本不存在。由此引起的员工对企业的抵制和反抗 C_2,则由于苏某自身存在的各种顾虑加上企业界本身的反制措施,如不雇佣同企业打过官司的员工,仅仅停留在苏某私底下发发牢骚的阶段,对企业来说这一成本也可以忽略不计。至于行政执法机关和司法机关可能施加的具体惩罚 C_3,本案中的劳动行政机关和司法机关根本都不知道苏某被甲企业无补偿地变相解雇这一事实的存在,根本谈不上进行任何实质性的惩罚。

因此,总体上来说,在本案例中,企业的成本 C 真正意义上来说主要是社会舆论道德方面的负面影响,但一方面这种负面影响对企业的直接经济效益来说可以忽略不计,另一方面这种影响也不足以抵消上述的企业在补偿方面的节约以及阻止其他员工采取对企业不利的措施带来的好处 R。因此企业在做出这一不法行为时,毫无疑问预期效用 $E(U)=R-C$ 为正值,从而促使其做出了这一最符合企业本身利益的选择。此时企业的成本收益分析如表 1.4 所示。

表 1.4　企业变相解聘员工的效用模式

企业收益 R R_0+R_1	企业成本 C $C_0+C_1+C_2+C_3$	预期效用 $E(U)$	企业行为选择 A
1. R_0 相对于法定赔偿的节省,存在 2. R_1 对其他员工的威慑作用,存在	1. C_0 舆论影响,小 2. C_1 直接成本,无 3. C_2 员工抵制,无 4. C_3 政府惩罚,无	正	不给员工提供任何法定补偿,以调换岗位为借口变相解雇员工

本案例中企业的不法行为产生的成本 C 可以降到不足以抵消企业由此产生的收益 R 的关键,在于被直接侵权者苏某放弃了启动法律程序解决纠纷的选择,从而

导致上述的员工对企业的抵制和反抗造成的成本 C_2 以及行政和司法机关可能施加的惩罚 C_3 完全没有产生。那么苏某为什么要忍气吞声，而不启动相应的法律程序呢？根据以上的叙述，就苏某本人来说，其原因在于：

1. 法律对这种不是直接而是变相的单方解聘行为并没有明确规定，在这样的情况下，就存在苏某败诉的可能；

2. 法律为劳动纠纷的解决准备了一套特别的法律程序，当然这套程序在某些方面有着一定程度的降低劳动者成本的作用，但其更大的作用却是使劳资纠纷的解决变得复杂而冗长，增加劳动者维权成本的作用远大于其降低成本的作用，使纠纷不能及时有效地得到解决而使劳动者望而却步；

3. 法律程序本身产生的高昂成本，尤其是聘请专业律师的费用，也是一笔不菲的支出；

4. 法律为维权者可能获得的最高补偿设置了平均工资 3 倍的上限，意味着劳动者就算取得了最理想的结果，其所得也相当有限，能不能补偿上面的支出是非常值得怀疑的；

5. 环境的影响，客观来讲，苏某虽然在媒体上知道了很多劳动者维权胜诉的案例，但在其周边尤其是甲企业内，根本找不到劳动者维权胜诉的先例，虽然官方公布的劳资纠纷案件劳方胜诉的比例非常高，但现实经验告诉苏某，事情可能没那么简单；

6. 几乎任何一家企业都不喜欢那种和企业对着干的员工，要是苏某和甲企业打官司就极有可能找不到新工作了；

7. 由于国民经济这么多年的高速发展，相对来说，对于苏某这种有经验有能力的人才，要找到新的甚至更好的工作难度并不是太高，当然工作转移会有一定的成本，但对苏某伤害并不是大到难以接收；

8. 对企业和自己的不成比例的力量对比的担忧，尤其是作为曾经公司的中高层，对企业和负责执法以及司法的相关部门的良好关系有着直接印象。

而从宏观上来讲，苏某忍气吞声，导致企业做出此不法行为而有利可图的关键则涉及国家的政策问题。正是这些政策的存在，决定性地减轻了企业做出不法行为导致的成本 C。从而使类似甲企业的不法行为成为一种大家司空见惯的现象。地方政府追求的目标主要有两个，一个就是经济发展，另外一个就是稳定。经济的发展离不开当地企业的发展，如果对当地的企业不适当照顾，很可能就会使企业不支持，尤其是一些规模不小的企业，是否存在对地方的经济发展几乎是决定性的，地方政府为了将其留住就有可能不惜代价。而这种代价之一就是对当地企业规避法律的事实采取一定程度的纵容态度，只要不会产生很大的恶劣影响从而影响社会稳定，基本原则是大事化小，小事化了。因此，政府相关部门在处理劳资纠纷时一方面创造出复杂冗长的程序，将绝大多数纠纷扼杀在起诉之前，防止劳方形成依靠法律途径解决劳资纠纷的习惯。因为这不仅不利于企业形象，也会影响到地方上的稳定局面。另一方面也需要适当敲打下企业，以免企业完全不把法律当回事，因此最后起诉的劳资纠纷案件劳方胜诉率非常高。导致的后果是劳资纠纷总的起诉率很低，而起诉后劳方的胜诉率则很高。①

综上所述，本案例中企业之所以可以在做出不法行为选择后让被侵权的员工忍气吞声，充分反映出了企业在劳资双方直接面对时的巨大力量优势。这种力量优势一方面使员工不敢采取切实的反抗和抵制措施增加其实施不法行为的成本，另一方面又凭借其对政府在经济上的贡献而使相关行政机关对其没有采取有效的监督措施，最终使其可以在几乎不用付出成本的情况下获得不法行为选择带来的收益。

第三节　最低工资争议案

一、基本案情

某天下午，突然接到甲企业通知，说是大概有十来名员工到劳监投诉企业违反劳动合同约定，擅自减少薪资，要求我到劳监和相关部门了解情况，然后给出法律意见。在例行公事找过劳监，相关部门和一两个投诉的员工之后，终于知道了事情的来龙去脉。

这些员工都属于公司年前新开的一条生产线上的职工，这条生产线是根据投

① 这里要注意的是，劳资纠纷案件中走到起诉这一步的劳方原告必然是经过了法定的复杂冗长的行政程序的，除非怨气很大又相当执着的劳方，是很难走到这一步的，而这也应当是其胜诉率高的一个重要原因。因为一旦不能很好地处置具有如此毅力的原告，其可能采取的后续行动及其社会影响都是难以测度的，而这则会严重影响社会稳定。

资时的市场情况建设的。刚开始市场情况非常好，为了尽快找到适合的员工使生产线达到设计生产能力，企业答应给予此批员工每月最低工资不少于1 800元，并将其写入了正式劳动合同，而不是像其他员工的劳动合同统一规定工资为本地政府规定的最低工资加绩效工资。由于当时此生产线效益高而且市场不等人，所以整个审批手续都从简从快，而且此生产线也只占整个公司的几十分之一的产值，只不过作为公司增效的一个短平快的项目，所以也没人将这当回事。但问题是，市场有不测风云，在生产线顺利运作大半年之后，由于各地产能扩张过快过大，很快就供过于求，市场价格直接下跌，生产线也只能开开停停，陷入亏损的局面。在这样的情况下，相关部门也做出了很大的努力以减少库存并降低生产成本，但最终依然无力回天。没奈何，企业最后决定临时关掉生产线，员工放假回家等待企业复工通知，停工期间每个月按照国家规定的最低工资标准发薪。①

本来甲企业这样做在同行业里面已经算比较人道的，毕竟不用员工干活还发最低标准工资，虽然每月只有几百块钱，但好歹企业是在没有得到任何劳动成果的情况下白发的，也算对得起那些员工了。很多企业碰到这种情况都是直接让员工回家等候通知，根本就没发最低标准工资。但问题是突然有个员工想起了他们的劳动合同，找到了上面的最低每月1 800元工资的条款。因为他们正好没事做，虽说公司每月给了几百元最低工资，但相比这白纸黑字的1 800元还是有很大差距的。所以十来个关系比较近的员工一合计，就到劳监②去投诉了。劳监一般接到零星的投诉都是等聚到一定数量之后一次性送到各个企业的，但这次架不住人多，劳监一看，一次性十来个人，就立即给企业打电话要求企业马上处理。为什么呢？劳监的人后面说得很清楚，人多容易闹事，要出问题了劳监也担待不起，所以不能等了，要求企业及时处理。

根据上述情况，我出具的法律意见是，企业在法律上处理此事有两个选择：一是根据劳动合同法，在生产线已经全面亏损的情况下企业可以解除同员工的劳动合同，但是要补偿一个月工资，在生产线难以继续开启的情况下这是损失最小的最好的办法；另一个办法就是严格执行原有合同，毕竟1 800元的最低工资是企业自己写上去的，怪不得别人。当然，企业肯定不会采取这两种方法。因为假如采取第

① 当时此地的最低工资标准是每月750元。

② 即劳动行政监察部门，下同。

一种,那最开始它就那么做了,没必要拖到现在;假如采取第二种,那就不用我出具什么意见了,直接付钱就是了。于是我指出还有第三种办法,即将投诉的员工和没投诉的员工分开处理。

最后企业果然采纳了第三种方法,将投诉的十名员工解雇,并补偿了一个月工资;而其他没投诉的人继续按照政府最低工资标准发薪,等待企业复工通知。毕竟现在正在销售库存,库存完了还是要开工的,都解雇了到时临时再招工的话成本更高。也就是说,投诉的十名员工虽然在表面上获得了企业的法定补偿,但却彻底失去了工作。虽然取得了对抗企业不法行为的胜利,但后果凄惨。

二、企业做出有限妥协的原因分析

上述案例中的一个亮点就是,此案中的员工和苏某不同。苏某是完全放弃了自己的正当权利,而选择了忍气吞声,以避免自己遭受更大的损失。而此案中的投诉的十名员工不仅选择了法律途径解决问题,而且起得了一定的成果。虽然没有取得最初希望的结果,但总算企业还是按照法律规定给予了他们法定的补偿,可以说取得了一定的胜利。但是这种胜利是凄惨的,因为参与投诉的十名员工被企业解雇而失去了工作,而其他员工仍然默不作声。下面对本案例中企业行为选择的成本收益作一具体分析。

本案例中,企业做出的涉及劳资关系处理的行为选择主要有两个:一是不按劳动合同规定的最低工资而是按照法定最低工资给停产的生产线员工发工资;二是在劳动监察部门的干涉下,按照法定程序解雇投诉的十名员工,而对其他员工继续发给法定最低工资。

(一)企业按照法定最低工资而不是合同规定给生产线员工发工资的行为

对于企业来说,本案中的收益 R 是显而易见的,就是法定最低工资和劳动合同约定的最低工资之间的差额 R_1。由于前者只有后者的一半不到,再加上几十人的员工基数,企业做出这一不法行为的收益 R_1 每月高达几万元,对企业的一条生产线来说还是比较客观的。当然还有对其他员工的震慑作用,这在本案中只起到次要作用。

而本案中员工对企业的抵制和反抗以及行政机关的干预造成的成本 C_2 和 C_3 显然出乎企业的意料。正常情况下,C_2 和 C_3 应当是和上面两个案例类似,只要企业行为不是太过分，C_2 和 C_3 就处于企业的可控范围之内，不会对企业的成本产生很大的影响。

正是基于上述理由，企业做出此种不法行为选择时，其预期效用 $E(U)$ 显然为正，因此，此种行为在正常情况下是符合企业自身的成本收益考量的。正常情况下企业此行为的成本收益分析如表 1.5 所示。

表 1.5　企业采用法定最低工资标准的效用模式

企业收益 R R_0+R_1	企业成本 C $C_0+C_1+C_2+C_3$	预期效用 $E(U)$	企业行为选择 A
1. R_0 相对于合同规定最低工资的节省，大 2. R_1 对其他员工的威慑作用，存在	1. C_0 舆论影响，小 2. C_1 直接成本，小 3. C_2 员工抵制，微弱 4. C_3 政府惩罚，微弱	正	员工工资按照法定最低工资标准而不是合同规定最低工资发放

(二)按法律规定解雇十名参与投诉的员工的行为

企业此行为选择的最大特征，是它并不是企业在完全自主的情况下，而是在受到相关行政部门的干预的情况下做出的。也就是说，如此行为并不能最大限度地增加企业自身的预期效用 $E(U)$，而只是在国家机关干预下的次优选择。按照企业老板的意思，这些投诉的员工纯粹是无理取闹，得了便宜还卖乖。本来雇佣员工的目的就是为企业工作，现在生产线已经关了，工作也没了，每个月发法定最低标准的薪水相对于某些类似情况下根本什么都不发的企业来说，自己已经是仁至义尽了。至于最开始劳动合同上 1 800 元每月的最低工资条款，那是在当时情况下的承诺，现在情况已经完全变了，有所改变是理所当然的。因此老板的意思是看在他们投诉的人多，免得闹事的分上，让我找个法律上的理由，将他们应付过去就行了，当然，前提是不可能按照一个月最低工资 1 800 元的模式。而且，在找不到更好的解决办法之后，企业为了表示自己对这些闹事的人的愤怒，宁可提供一个月工资补偿也要将投诉的十人解雇。也就是说，即使行政机关干预，企业也只愿意将守法的范围局限在参与投诉的十人身上。

也就是说，在此行为中，企业考虑的并不是如此行为能给企业带来收益，而是不如此行为的话，也就是做出其他不法行为选择的话，其必须承担的员工的抵制与反抗 C_2 以及行政机关可能对其的惩罚 C_3。正是由于上述的十名员工到劳动行政机关的投诉以及当地劳动监察部门的直接干预，使 C_2 和 C_3 在正常的情况下急剧增加，导致其继续按照之前的不法行为选择的话，其预期效用 $E(U)$ 必然变为负值，因而不得不部分改变之前的行为模式 A，对参与投诉的十名员工按照法律规定进行补偿，以消除造成 C_2 和 C_3 急剧增加的不正常因素。但是，即使在这样的情况下，员工相对于企业的弱势依然展露无遗，企业通过对十名投诉员工的解雇，依然对其他员工起到了相当大的震慑作用，而企业也通过这一行为扩大了自己的收益 R_1，从而在付出一定代价的情况下，最大限度地保护了自己的利益。但正如前所述，那十名参与投诉的员工也由于企业对于法律的这一有选择性的遵守而取得了一定的胜利，但却获得了被解雇的凄惨后果。其行为选择的成本收益分析如表 1.6 所示。

表 1.6　企业解雇投诉员工的效用模式

企业收益 R R_0+R_1	企业成本 C $C_0+C_1+C_2+C_3$	预期效用 $E(U)$	企业行为选择 A
1. R_0 相对于合同规定最低工资的节省，大 2. R_1 对其他员工的威慑作用，存在	1. C_0 舆论影响，大 2. C_1 直接成本，小 3. C_2 员工抵制，强 4. C_3 政府惩罚，强	继续坚持之前给全体员工发放法定最低工资的情况下为负	给投诉的十名员工法定补偿并解雇，其他员工仍按法定而不是合同规定的最低工资发放

接下来对企业选择此有限守法行为的两个关键要素，即员工的集体投诉造成的 C_2 以及劳动行政部门的干预造成的 C_3 增加的原因作一具体分析。

首先，从企业员工的角度。其实，对于一般员工来讲，企业当时提供的条件并不是不能接受，某种程度上对他们其实还算不错。在家休假并不用工作，虽然只发法定最低工资，但好歹属于一份稳定的收入。如果嫌这份收入不够的话，他们既可以利用这段时间去做别的工作，也可以去找另外一份稳定的工作。当然这样也会对员工的收入造成很大影响，但确实比那些直接倒闭或者是直接遣散的企业的员工的命运好多了，更何况只是暂时停工，日子变好的希望还是很大的。这也是为什么大多数员工对公司的作为选择默认而不是投诉的根本原因。这也是企业最初敢于未经协商就直接给员工只发法定最低工资的原因。因为在这样的情况下,员工的抵制和反抗造成的 C_2 以及国家劳动行政机关干预造成的 C_3 增加的可能性实在是太小了。但是,本案例却出现了意外,就是那十名投诉的员工。他们可能出于各种不同的目的,但最根本的恐怕还是本来就无事可做,而劳动合同当时又有每月1 800元最低工资的规定,白纸黑字写着,作为这么大一家企业好歹要对这有个说法,与其闲着还不如去争一争,成功了能取得一定的经济效益,不成功也没有任何损失。而且鉴于普通人畏惧的企业和员工之间完全不成比例的实力对比,则可以通过人数的优势来冲淡,这也是他们十个人一起行动到劳监投诉的原因。因此,在这些员工行为的成本收益计算中,由于收益 R 是明显的,而其直接成本 C_0 则由于其本身的无事可干而变得微乎其微,其做出投诉的行为也是符合自身利益的。当然,最终的结果同他们理想中的还是有一定差距,但客观来讲,这些员工也确实因为企业的这种行为取得了补偿,即预期中的收益 R。当然他们也会考虑到解雇造成的成本 C_1,但是当时企业生产线都停了,这些投诉员工可能本来就在另谋出路了,以尽可能减少解雇造成的成本影响。因此,参与投诉的员工与选择默不作声的员工,其选择的关键应当是其自身对于可能被企业解雇这一后果的承受能力或者是成本 C_1 的大小。

另外,从政府的角度。上面已经说过,对于政府来说,最重要的目标就是经济增长和社会稳定。因此,对于一般的零星投诉,劳动监察的做法是按照规定的最长期限来处理,以使此类劳资纠纷大事化小小事化了。但是这次事件有所不同,毕竟同时有十个人来投诉,处理不好的话要是更多的人过来就麻烦了,极端情况下造成群体事件那就更是麻烦。因此,劳监部门在收到集体投诉后立刻就打电话要求企业处理。对于企业来说,虽然其对于一般的员工具有巨大的优势,因此可以无视员工的很多合法要求,而员工大多也只能选择默认。但相对于国家行政机关,形势却完全颠倒过来。企业自身是无法同国家机器对抗的,否则造成的成本 C_3 是其无法承受的。因此,企业在自己损失最小的情况下达成劳动行政部门的要求,即不能让那几名出来闹事的员工继续闹事,是其能够做出的对自己最为有利的选择。

从本案例劳资纠纷的处理过程中,可以看到企业无论是最初的单方面违反劳动合同只发给生产线员工最低法定工资,还是后面出于劳动行政部门的压力给予投诉员工相应的赔偿并将其解雇,都是出于其总体的成本收益考量。本案中被侵权的员工之所以取得了有限的胜利而不是像上一案例中苏某的完全沉默,最重要的原因就是这次直接涉及的劳资纠纷中员工一方的人数有十人,增强了劳方一边讨价还价的力量,初步显示出有组织的员工保护自身权益的作用。但是,最后十名投诉的员工被解雇凄惨结果,却进一步反映出员工在对抗企业不法行为时面临的无奈。

第四节 聘请法律顾问

一、法治环境下企业的应对

正是由于劳资关系纠纷对企业的重要性,因此,自甲公司成立以来,都由公司董事长亲自处理公司出现的一些劳资纠纷,相关的法律问题也由董事长询问法律专业人士,重大事务则由公司委托相关律师处理。也就是说,劳资关系纠纷的处理方面,公司一直没有安排专门的人员处理,这种情况一直到今年聘请专职的法律顾问为止。那么,是什么原因促成这一转变呢?在甲企业董事长聘请我的时候,我专门问过这一问题,下面是董事长给出的原因。

劳资关系纠纷对于企业来说具有特殊重要的地位。这不同于对外的商务关系纠纷,这方面基本上只涉及金钱方面的问题,发生问题也仅仅是金钱方面的损失。也不同于内部的管理上的纠纷,这涉及的主要是效率计算和规划的问题。而劳资关系一旦产生纠纷,涉及的往往不仅仅是金钱补偿,还包括企业内部员工思想的稳定和外部的道德评价,因此一旦处理不慎,往往会产生很明显的负面作用,其对企业效益的影响远远不是单纯的金钱补偿能够完全反映出来的。正是由于劳资关系纠纷的处理存在如此重要的影响,甲企业的董事长在处理这样的事情的时候,还是相当慎重的,按照以前的规定,一旦发生了这样的纠纷,必须直接由董事长亲自处理。当然,由于公司有着一套运行正常的人事制度,这套制度同相关法律是否一致暂且不论,至少其对绝大部分员工都是一视同仁,发生劳资关系纠纷的机会还是比较少的。但是,在这样的情况下,一旦有劳资关系纠纷出现,同时也表示此纠纷可能比较严重。要么是牵涉到的利益比较大,要么就是碰到比较难缠的员工了,而这样的员工往往也是破坏性很大的员工。正是由于一直以来劳资关系出现纠纷的情况比较少而且一出现问题就比较大,因此企业并没有设置日常处理这些纠纷的人员和机构,而是由企业董事长直接处理。应当说,这是一种符合当时企业发展情况的、符合效率的安排。但是近几年来这种情况发生了根本的改变。原因主要有以下几方面：

最重要的原因是法律规定的变化。2004 年开始正式施行的新的《工伤保险条例》和 2006 年开始正式施行的新的《劳动合同法》。2004 年《工伤保险条例》和原劳动部 1996 年《企业职工工伤保险试行办法》最主要的不同之处包括：工伤认定的企业方的无过错责任原则以及上下班途中员工受到机动车伤害纳入工伤认定范围。新的《劳动合同法》则大大加强了企业方在签订正式劳动合同以及劳动合同解除方面的责任，相对于以前的《劳动合同法》，企业方需要进行赔偿或补偿的范围和金额都有了很大程度的增加。在这样的情况下，很多企业处理劳资关系的模式都有必要按照新的法律进行比较大的调整，某些方面甚至涉及理念方面的转变，比如说从以前的纯粹以企业效益增长为中心的观念转变为以人为本，和谐发展的观念。但是很明显这种转变对于一般企业包括本文中的甲企业来说是没有那么容易的，对于一个原来运作良好的公司，要使它自觉地实现这种转变是需要一个比较长的过渡时期的。而正是由于这一过渡时期的存在，一系列问题的产生就成为不可避免的了。

第二个原因是员工本身的变化。一个成规模的企业总会存在一些由于各种原因而对企业不满的员工，这是任何一个企业都难以真正避免的。几年以前，当员工存在不满的时候，更倾向于通过消极怠工甚至破坏生产设备的情绪化方式来进行表达，其典型表现是，当对公司不满的员工同企业实在难以共存时，往往以最后搞一次破坏或者当众痛骂一顿企业管理层的方式同公司告别。这对公司虽然也有一定的损害，但一般是一次性的，而且也不至于上升到劳资纠纷的程度。但这些年员工的行为方式已经有了很大的改变，而这种改变也促使公司劳资关系纠纷的情况出现了进一步的变化。一方面员工的平均受教育程度已经有了很大的提高。20 世纪 90 年代的时候，企业的基层员工一般以初中毕业生为主，技校生和高中毕业生那就是生产线上的骨干或者是文员了，大专以上那是百分之百的管理层。而现在一般新进的基层员工最低要求是技校或者高中毕业，大专毕业直接进生产线已经相当正常了。另一方面，员工在同企业打交道的过程中，也逐渐意识到破坏生产等情绪性发泄虽然能发泄自己的情绪，但实际上对改善自己的处境不仅没有什么好处，相反负面作用却非常之大，同企业打交道也必须讲究策略和方式。这种变化的结果就是当员工对公司不满的时候，更加倾向于理智对待此问题，行为模式也不再以之前通行的破坏性行为和情绪性发泄为主，而逐渐转变为同管理层摆事实、讲道理以及通过法律途径解决自己同企业之间存在的问题。这样的行为模式显然减轻了不满员工对企业生产产生的硬损害，但随之而来的是，以前根本就摆不上台面的一些劳资矛盾，同之前所述的法律相结合，最后成为劳资关系纠纷呈现在企业眼前。

最后一个重要原因就是社会环境的变化。20 世纪，国家的中心任务是促进经济发展，因此对企业的要求也是比较纯粹的以经济效益作为最终评价标准。这样的结果是劳资关系的处理上，国家相关部门侧重于保证企业效益，反映在劳资关系的处理上，则表现出国家和社会一定程度上对企业行为的纵容。在这样的环境下，企业在处理劳资关系的情况下有着相当大的自由度，当然，这种自由度一定程度上是以员工的自由和利益为代价的。但是进入 21 世纪后，单纯的重视经济增长的模式已经产生了各种社会问题，其中之一就是劳资矛盾由于缺乏有效的法律解决途径，而存在一定程度的恶化的倾向，最典型的就是各种血汗工厂的广泛存在，甚至出现了黑煤窑这种极端的近似于奴隶制的劳资关系的变异形式。在这样的形势下，如何保证社会的可持续性发展成为新时代必须解决的问题。而国家以及社会面对新时代的这种新任务，一方面转变单纯的以经济增长作为评价标准的观念，提倡科学发展观和建立和谐社会的思想，并采取切实措施制定相应的法律规范，如上面提到的新的《工伤保险条例》和《劳动合同法》；另一方面则在执法和社会舆论方面积极引导，尤其是以各种媒体为主的社会舆论对企业的各种不道德现象进行大力披露和谴责。在这样的情况下，无形中降低了社会对企业处理劳资关系的某些不正当手段的容忍度，压缩了企业在此方面行为选择的自由度。

以上因素综合到一起，在甲企业直接的表现就是，原来企业每年只有一两起的劳资关系纠纷，在近几年急剧上升。尤其是 2008 年下半年，半年就出了两起工伤事故纠纷，两起解除劳动合同引起的纠纷。那两起工伤事故纠纷，一起是上面具体讲述过的那起上班途中发生交通事故的案例，另外一起则是生产线上的一个主管在操作时受伤导致残疾的工伤事故。而解除劳动合同的两起则都是涉及实际补偿同法定补偿差距太大的问题。由于按照公司惯例，这些纠纷案件均由甲企业董事长亲自处理，结果将董事长搞得焦头烂额。一会要去医院安抚工伤员工，一会要去见工伤死亡员工家属，还要接待相关行政部门人员，同产生纠纷的员工及其家属谈判，而那位工伤的主管看到企业可能补偿给自己的和法律规定的补偿差距太大，干脆将纠纷直接提交劳动仲裁，更是让董事长不胜其烦。为了应付这些事情，一方面董事长已经决定类似纠纷除了最终处理方案必须由自己同意外，日常接待和处理一律交由企业董事长办公室处理，而上面已经提交劳动仲裁的主管工伤补偿纠纷，则委托当地的一个律师事务所处理。这样一来，董事长总算不用再花费大量时间精力在这上面。但是这样的安排却存在另外的弊端。一方面，由董事长办公室的一般人员负责日常接待和处理劳资关系纠纷，由于他们根本就不专业，而且也没多大决定的权力，所以处理的过程和结果都难尽人意；而委托律师事务所确实很方便，而且也专业，但律师事务所毕竟不是企业自身，很多时候可能主要不是从企业而是从律师事务所自身利益出发来处理纠纷，这样的结果就是处理纠纷的直接成本变得非常高昂，间接成本更是难以统计。因此，在这样的情况下，董事长就想到了同其有几面之缘，多少还有点了解的我，于是就有了聘请我担任公司的法律顾问的想法。当企业出于自身利益的考虑而需要做出涉及法律的行为选择的时候，就可以利用我作为专业法律人员的知识，找到对企业来说最有利的解决办法，为这些有利于企业自身利益的涉法行为提供技术支持。

二、为企业涉法利益寻求技术支持

综上所述，甲企业聘请专职的法律顾问的关键，是因为企业之前基本按照自己的意志单方面处理劳资关系的方式遇到了法治建设的重大挑战。继续按照之前的方式处理新时代的劳资关系会急剧增大员工的抵制和反抗的成本 C_2、行政和司法机关可能的惩罚 C_3 以及由此引起的企业不得不承担的直接的程序性成本 C_1 和社会舆论的负面影响 C_0。这样的结果是使之前绝对为正的预期效用 $E(U)$ 由于 C 的不受控制变得不那么确定起来，尤其是其中的 C_2 和 C_3，随时可能因为其不受控制而导致 $E(U)$ 变为负数。因此，企业为了使其在处理劳资关系时的行为选择能继续给其带来正的而不是负的预期效用 $E(U)$，就必须对 C_2 和 C_3 进行控制。而保证这种控制有效的一个重要环节，就是聘请专职的法律顾问，为企业此方面的行为提供技术支持。

首先，在法治建设的大环境下，企业的行为必须尽可能地同法律保持一致，避免由此引起的员工以法律为武器所进行的反抗 C_2，尤其是由此可能引起的行政和司法机关的惩罚 C_3。由于劳资关系的处理涉及比较专业的法律问题，因此，同普通的办事人员相比，聘请专门的法律顾问可以使企业的处理方式尽量在形式上同法律保持一致，至少不会非常明显地直接同法律相抵触，避免由此引来的更大的纠纷，最大限度减少企业的行为可能引起的 C_2 和 C_3 方面的成本。

其次，同委托律师事务所的律师来处理劳资纠纷相比，聘请专门的法律顾问并不产生各种专门的而且是高昂的委托费用，而只需要支付一笔相对比较低廉的薪水，可以大大节省企业的程序性成本 C_1。而且，企业法律顾问属企业自身编制，不仅要接受企业的管理，而且毫无疑问是以企业本身的利益为导向。律师事务所则由于和企业并无隶属关系，利益导向和作为委托人的企业并不完全一致，毫无疑问，自己的法律顾问比委托的律师事务所在处理某些同法律打擦边球的事务时要可靠得多。

再次，企业专门的法律顾问的存在，实际上对各种纠纷包括劳资关系纠纷的产生有着相当的遏制作用，可以增大企业对员工的震慑方面的收益 R_1。换句话说，法律顾问实际上可以被看作企业的一种威慑力量，警告意图从法律上挑战企业的潜在威胁者，企业在法律途径处理问题方面力量很强，要和企业在法律方面较量最好三思而行。本人在甲企业期间，就有位员工被企业单方面解除了劳动合同，而且企业提供的补偿远低于法定补偿，当时他就咨询我，我鼓励他据理力争，并以提交劳动仲裁作为保护自己利益的最后手段。但是很快，此员工就告诉我，他接受了企业的补偿条件。我问他为什么，他的回答是一方面公司好歹给了一些补偿，而这好歹是自己没付出劳动的；另一方面，他反问我，有你这样的法律专家替公司办事，我去仲裁有获得更好结果的可能吗？还不是浪费时间和精力，而且还和企业撕破面皮。我当时只能苦笑，看来又一起劳资纠纷仅仅由于自己在企业的存在就被扼杀在摇篮之中了。

另外，对于企业来讲，聘请专职法律顾问还有最后一个作用，就是对企业相关人员的示范作用，从而对企业处理纠纷的程序性成本 R_1 产生正面影响。对于专业法律人员来说，在处理相关问题的时候，不管要达到的目的是什么，一个最基本的准则就是必须依法办事，至少不得和法律直接相抵触。在这样的情况下，企业法律顾问在处理相关的法律问题时，通过对企业相关人员提供咨询和指导，以及互相协调处理相关事务的过程，都会对相关企业人员产生各种示范作用。这种示范作用对企业运作在形式上逐渐走上法制轨道，降低企业运行的法律成本，是有着很重要的作用的。其成本收益分析如表 1.7 所示。

表1.7　企业聘请专职法律顾问的效用模式

企业收益 R	企业成本 C	预期效用 $E(U)$	企业行为选择 A
1. 减少同法律的摩擦,大 2. 相对于聘请商业性律师事务所和律师的节省,存在 3. 对其他员工的威慑作用,存在 4. 对其他员工的示范作用,存在	设置专门的岗位产生的费用,少	正	聘请专职的法律顾问处理相关的法律问题,而不是由企业负责人亲自处理或是聘请商业性的律师事务所和律师

小　结

通过上面几个典型案例的分析,可以看到在甲企业处理劳资关系时,基本是从自己的预期效用 $E(U)$,即成本收益出发来进行自己的行为选择,而不是优先考虑自己的行为是否符合相关法律的要求。在这样的情况下,无论是在张某工伤赔偿案、苏某变相解雇案以及生产线员工最低工资纠纷案,企业自发的行为选择的逻辑都是一贯的,即做出对于自身收益最高的行为选择,而由于上述的种种原因,这种行为往往是不法行为。即使是专门聘请法律顾问,其根本目的也并不是从遵守法律的角度考虑,而是从企业利益的最大化出发,找一个熟悉法律的专业人士为其有利于自身的各种涉法利益寻求技术支持。

因此,要找到类似甲企业的守法主体的不法行为选择的根本原因,必须采用经济学分析的方法。在本章对三个案例的具体经济学分析中,可以看出其做出不法行为选择的具体经济原因主要有以下几方面:

1. 立法瑕疵。如张某工伤赔偿案中提到的《工伤保险条例》中的不符合资源有效配置的法律规定:一是强制到行政机构设立的部门按指定价格购买工伤保险;二是职工上下班出现交通事故的双重赔偿。由于符合资源有效配置的行为同法律规定相悖,甲企业为从自身利益出发,做出了不法行为选择。

2. 行政执法。甲企业所在地的行政执法部门出于本地经济发展的考虑,对企业的很多不法行为睁一只眼闭一只眼,企业可以在受到行政执法部门制裁的风险成本很小的情况下做出不法行为选择。

3. 新法律的实施。本章几个案例中,涉及了近几年新实施的几部法律,相应的不法行为也是针对新法律的不法。为什么新法律实施容易引起不法行为选择的增加？值得我们认真思考。

4. 弱势群体力量不足。如本章中的苏某变相解聘一案中，苏某自身力量无法同企业对抗，最终面对合法权益被侵犯的事实，只能忍气吞声。这进一步降低了企业做出不法行为的成本。

下面，本书将继续以本章叙述的甲企业处理劳资关系的行为以及相关劳动法律为例证，针对这些行为所反映出的上述几方面的原因，对守法行为的选择进行详细的经济学分析。

第二章　无法避免的立法瑕疵

在上一章讲到的张某工伤索赔一案中，之所以张某家属要求的法定工伤赔偿不能被真正落实，是因为甲企业乃至当地劳动监察部门并不认为法定工伤险的强制指定购买要求不符合效率的原则，因此在经济上是不合理的，由于以经济发展为优先目标的原因，当地劳动监察部门采取了默认的态度，甲企业选择了部分购买商业替代险。而事故发生后甲企业之所以一直拖延，不愿意给予张某家属法定的工伤赔偿，一个很重要的原因是甲企业不认同法律对于交通事故造成的工伤做出的双重赔偿的规定，认为从道德立场出发，这种规定对其是不公平的，所以甲企业认为其拖延甚至要求大幅度地减少这种赔偿是合情合理的。而上一章列举的案例中所有被侵权的员工维权时都必须面临一个非常严重的问题，即法定维权程序的冗长。由此产生的成本往往使很多被侵权的员工在维权时踌躇不前，甚至是放弃维权，从而进一步促使企业做出侵犯其合法权益的不法行为选择。由此可以看到，法律的不合理规定往往成为守法主体做出不法行为选择的重要的乃至主要的原因。这种不合理的法律规定，就是本书中所说的立法瑕疵。

良好的法律是保证守法主体遵守法律的起点，同样的道理，正如第一章甲企业的行为选择所显示的，立法上的瑕疵往往成为不法行为选择的制度上的原因。那么，有没有可能制定出某种不存在立法瑕疵的法律，从而彻底消灭此类不法行为呢？

本章首先从经济学的角度，以预期效用函数理论论证立法瑕疵的不可避免，然后以甲企业处理劳资关系时涉及的现行劳动法部门的立法上存在的不符合资源有效配置的规定作为例证,[1]说明立法上的瑕疵对守法主体做出不法行为选择时所起的直接作用,从而得出由立法瑕疵引发的不法行为在以经济发展为优先目标的现实中难以避免的结论。

第一节 立法瑕疵的期望效用函数模型

立法瑕疵实际上就是立法上的错误。对于错误来说,能避免当然应当避免。但是对于人为的事物,要避免错误就必须加大信息收集分析、利益权衡等方面的投入,而因为资源有限,这种投入必然受经济规律的制约,错误总是难以完全避免。立法瑕疵就是立法上的这样一种难以完全避免的错误。

在现代社会是以福利最大化或效用最大化为目标的经济理性人的前提下,按照期望效用函数理论,社会设定的立法瑕疵减少程度的目标,应当是能达成最大预期效用的最优立法瑕疵减少比例。

设定 Q 为社会的立法瑕疵减少程度,$0 \leqslant Q \leqslant 1$,为社会可以选择的变量,那么相应的立法瑕疵减少程度对应的立法收益则为以 Q 为变量的 $R(Q)$,成本为$C(Q)$,社会预期的福利或预期效用为 $E(U)$。因为边际收益和边际成本均为正值且边际收益递减和边际成本递增,因此,$R'(Q)>0, R''(Q)<0, C'(Q)>0, C''(Q)>0$。在这样的条件下,假设有最优的立法瑕疵减少比例 Q_0 存在,则社会的目标函数为:

当$R'(0) \leqslant C'(0)$,因为 $R'(Q)>0, R''(Q)<0, C'(Q)>0, C''(Q)>0$,$\max E(U)=R(0)-C(0), Q_0=0$;

当 $R'(1) \geqslant C'(1)$,因为 $R'(Q)>0, R''(Q)<0, C'(Q)>0, C''(Q)>0$,$\max E(U)=R(1)-C(1), Q_0=1$;

当 $R'(0)>C'(0), R'(1)<C'(1)$,因为 $R'(Q)>0, R''(Q)<0, C'(Q)>0$,$C''(Q)>0, \max E(U)=R(Q_0)-C(Q_0), 0<Q_0<1$。

前两种情况实际上是不存在的。因为在 $R'(0) \leqslant C'(0)$,因为 $R'(Q)>0$,

---

[1] 现行劳动法部门主要包括 2008 年开始施行的《劳动合同法》、2004 年开始施行的《工伤保险条例》、2008 年开始施行的《劳动争议调解仲裁法》以及 1995 年施行的《劳动法》。本章主要就《工伤保险条例》和《劳动争议调解仲裁法》这两部法律中涉及的一些争议比较大的规定,力图从经济学的角度分析这些法律规定中的瑕疵对企业的守法行为选择可能产生的效果。

$R''(Q)<0, C'(Q)>0, C''(Q)>0, \max E(U)=R(0)-C(0), Q_0=0$ 的情况下，意味着效用最大化或福利最大化的法律是到处都是瑕疵，一无是处的法律，这是不可思议的；而在当 $R'(1) \geqslant C'(1)$，因为 $R'(Q)>0, R''(Q)<0, C'(Q)>0, C''(Q)>0$, $\max E(U)=R(1)-C(1), Q_0=1$ 的情况下，效用最大化或是福利最大化的法律是理想的毫无瑕疵的法律，但是事实上，由于在 Q_0 越接近 1 时 $C'(Q)$ 增加的越快，而 $R'(Q)$ 仍在继续减少，要实现 $R'(1) \geqslant C'(1)$ 的条件是非常困难的，事实上，这样的法律从来都没有出现过。[①] 因此，事实上社会的目标函数为

$$\max E(U)=R(Q_0)-C(Q_0), \text{此时 } 0<Q_0<1$$

满足最优解的一阶条件为：

$$\partial E(U)/\partial Q_0 = R'(Q_0)-C'(Q_0)=0$$

满足最优解的二阶条件为：

$$\partial^2 E(U)/\partial Q_0^2 = R''(Q_0)-C''(Q_0)<0$$

因为 $R''(Q)<0$, $C''(Q)>0$，二阶条件 $\partial^2 E(U)/\partial Q_0^2=R''(Q)-C''(Q)<0$ 自动满足。因此只有当 $R'(Q_0)-C'(Q_0)=0$，即 $R'(Q_0)=C'(Q_0)$ 时，社会获得最优效用 $\max E(U)$。

因此，社会获得效用最大化或者福利最大化时的立法瑕疵减少比例 $0<Q_0<1$，此时 $R'(Q_0)=C'(Q_0)$。这意味着社会为了实现福利最大化的经济发展目标，不可能同时达成立法上的毫无瑕疵，而且这一目标只有在立法瑕疵减少的边际收益同其边际成本相等时才能达到。在社会以预期效用最大化作为目标的情况下，可能投入的社会资源受限于达成最优立法瑕疵减少比例 Q_0 需要的程度。

用 MC 曲线表示函数 $C'(Q)$，用 MR 曲线表示函数 $R'(Q)$，TR 曲线表示 $E(U)$ 的变化，上述函数关系可以用图 2.1 表示。

图 2.1 中，Q 轴表示立法瑕疵的减少比例，其最高值为减少 100%。P 轴表示成本或收益。从图 2.1(a) 中可以看出，随着立法瑕疵减少比例 Q 的增加，代表每单位立法瑕疵减少需要的立法成本（或立法投入）的边际成本曲线 MC 不断上升，即边际成本递增，而代表每单位立法瑕疵减少产生的立法收益（或立法效益）的边际

① 因为一旦这样的条件成就，即意味着达成毫无瑕疵的法律需要的边际成本低于或等于其边际收益，在效用最大化的利益驱动下，国家或社会会很自然地达成毫无瑕疵的法律。但事实上，从来没有哪个社会达成过毫无瑕疵的法律，说明这一条件在现实中根本不可能达成。

收益曲线 MR 则不断下降，即边际收益递减。也就是说，随着立法瑕疵减少比例的提高，每减少一单位立法瑕疵需要投入的立法资源越来越多，而产生的立法效益越来越少。[①] 只要 MR 曲线在 MC 曲线之上，那么，每减少一单位立法瑕疵产生的立法效益就大于其需要的立法投入，在这样的情况下，立法净收益就会增加。也就是说，只要 MR 曲线在 MC 曲线之上，随着立法瑕疵的减少，社会总福利会持续增加，一直到 MR 曲线与 MR 曲线相交于 E 点，此时的立法瑕疵减少比例为 Q_0。达到 Q_0 后继续减少立法瑕疵，由于 MR 曲线位于 MC 曲线之下，此时每增加一单位立法瑕疵减少比例的立法投入已经超过其产生的立法收益，立法净收益不升反降。因此，立法净收益在立法瑕疵减少比例为 Q_0，MR 和 MC 曲线相交于 E 点时达到最大，此时每提高一单位立法瑕疵减少比例需要的社会投入和产生的社会效益刚好相等，均为 P_0。假设将立法瑕疵减少比例在 Q_0 的基础上继续提高，一直提高到可能的 100% 的最高水平，则社会会在立法瑕疵减少比例为 Q_0 时达到的最大化的立法净收益的基础上，产生相当大的损失。

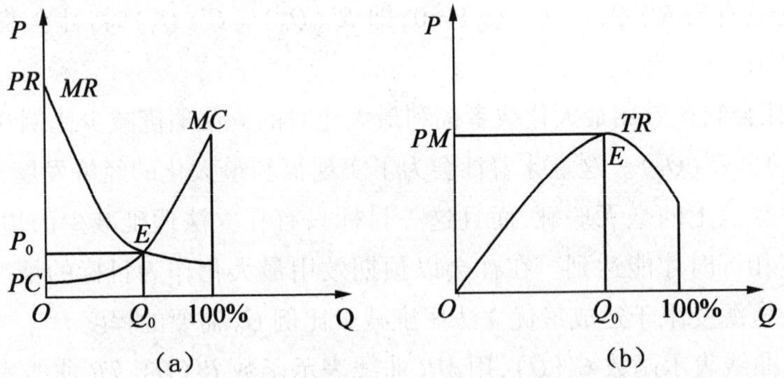

图 2.1　立法瑕疵的预期效用函数线性模型

从图 2.1(b) 中可以看出，随着立法瑕疵减少比例 Q 的增加，代表立法净收益水平变化的曲线 TP 最初不断上升，一直到最高点 E，此时对应的立法瑕疵减少比例为 Q_0，立法净收益达到最高值 PM。立法瑕疵减少比例超过 Q_0，立法净收益不断下降，当立法瑕疵减少比例达到最高的 100% 水平时，立法净收益会产生相当大的

① 比如将立法瑕疵从减少 20% 提高到减少 21% 所需要的立法投入肯定小于将立法瑕疵从减少 70% 提高到 71% 所需要的立法投入。但是，将立法瑕疵从减少 20% 提高到减少 21% 所产生的立法效益肯定大于将立法瑕疵从减少 70% 提高到 71% 所产生的立法效益。

损失。

通过对图 2.1 的分析，可以得出的结论是，由于受边际成本递增和边际效益递减的经济规律的支配，使立法净收益最大化的立法瑕疵减少水平并不是最大的 100%，而是立法瑕疵减少的适度水平即图 2.1 中的 Q_0。也就是说，在以经济发展为优先目标的现代社会，由于经济规律的制约，不可能追求完全消灭立法瑕疵，而是会容许立法瑕疵在一定程度的存在。但正如本章下面将要论述的，这些立法瑕疵的存在，直接导致了相关的不法行为的出现，从而使社会不得不进一步容许这些不法行为的存在。

第二节　导致良性违法[①]的法律规定

这里的良性违法指的是符合资源有效配置的违法行为。也就是说，这种违法行为实际上是对不符合资源有效配置的立法瑕疵的矫正。本书第一章里面甲企业对现行《工伤保险条例》的某些规定的违反，即属于这里所说的良性违法。

按照现行的《工伤保险条例》，实行工伤保险的目的是："为了保障因工作遭受事故伤害或者患职业病的职工获得医疗救治和经济补偿，促进工伤预防和职业康复，分散用人单位的工伤风险，制定本条例。"[②]作为《劳动法》的一个重要组成部分，《工伤保险条例》的制定和施行对保障劳动者的权益是非常必要和有效的。《工伤保险条例》能否为企业真正落实，对工伤职工的利益会造成巨大的影响。但是，同上述的《劳动合同法》相似，由于《工伤保险条例》以法律的形式规定企业必须为员工购买工伤保险，而这一保险直接表现为企业成本的增加，从而影响到企业的经济

① 所谓"良性违法"，就是出自良知的违法行为。美国当代著名法学家德沃金将良性违法的情况归纳为以下三种：第一，是公民个人违抗的那些法律，乃是被认为不正当地损害了他们根本利益的法律；第二，公民个人认为按照某个法律的命令去做是不道德的，或者认为不做那个法律所禁止的事是不道德的，于是必须去违反法律；第三，公民个人之违法，是他们试图借机反对他们认为是不正当的个别法律，或者政府的某项政策。这里的"良性违法"虽然是从资源有效配置的角度来论述的，但基本上同德沃金的这种归纳相一致。参见【美】德沃金. 认真对待权利[M]. 信春鹰，吴玉章，译. 北京：中国大百科全书出版社，1998.

② 参见《中华人民共和国国务院令第 375 号》通过的自 2004 年 1 月 1 日起施行的《工伤保险条例》第一条。

效益。因此必然对现实中企业的守法行为的选择造成一定的影响。下面将从经济学的角度对《工伤保险条例》对企业行为的影响进行初步的分析。

一般来说,由于工伤保险制度的落实直接关系到企业的实际利益,从而对企业的效益造成直接的影响,而用人单位的工伤风险却是不确定的,甚至某些企业认为是通过自己的某些努力可控的,因此,总是有部分企业力图规避按照规定数额缴纳不菲的工伤保险费用。而根据《工伤保险条例》的相关规定,企业没有按照条例规定购买工伤保险的情况下,发生工伤时原应由工伤保险基金支付的一切费用和补偿由企业承担。[①] 而这又直接导致了未买职工工伤险的企业是否依法支付工伤员工法定的工伤赔偿的问题。因此,可以将《工伤保险条例》施行过程中企业的守法行为存在的主要问题分为两种情况:1. 企业不按照《工伤保险条例》的相关规定为职工购买工伤保险;2. 未购买职工工伤险的企业不愿意按《工伤保险条例》的规定提供工伤赔偿。下面将围绕这两个主要问题,从经济学的角度分析其中存在的立法瑕疵对企业不法行为选择的影响。

一、行政垄断

工伤保险作为保险的一种,对于企业来说,主要是能分散企业可能存在的工伤风险。企业在因为购买保险而取得的较少的确定性收入和不购买保险取得较多的收入但却存在一定的风险的情况下,大多数应当倾向于购买保险而取得较少的确定性收入。这也是《工伤保险条例》实施以来,很多企业愿意购买工伤保险的主要原因之一。因为购买了工伤保险就可以保证在支出这一成本之后企业剩下的总体收益不受工伤风险的影响。但是,仍然存在一部分企业属于风险偏好者,它们将工伤保险当作一笔较少的确定性的损失,而可能存在的数额较大的工伤赔偿则是概率很小的难以发生的一种风险,那么,这些企业就可能倾向于搏一搏,也许自己运气好到不会发生工伤事故,而且就算发生了工伤事故到时候也可以想出各种办法降低实际赔偿的数额甚至是不赔偿。事实上,由于从上述的后一种角度来评判工伤保险的企业虽然从比例上来讲居于少数,但绝对数量却一点不少,因此,为了保

---

① 参见2004年1月1日起施行的《工伤保险条例》第六十条,用人单位依照本条例规定应当参加工伤保险而未参加的,由劳动保障行政部门责令改正;未参加工伤保险期间用人单位职工发生工伤的,由该用人单位按照本条例规定的工伤保险待遇项目和标准支付费用。

护可能出现工伤的劳动者的权益,强制性地规定企业必须为职工工伤购买保险是符合社会总福利最大化的要求的。

但是,就算强制规定企业必须为职工工伤购买保险具有经济上的合理性,也存在具体找谁购买什么险种的问题。[①] 由于很多类似甲企业所在的地区,对企业是否购买《工伤保险条例》中规定法定工伤保险监管不严,就出现了类似甲企业的这样一个群体,它们既认为有必要为工伤购买保险,但又不将法定工伤险作为自己的唯一选择。商业保险公司正是针对这一企业群体,以团体人身意外险以及企业雇主责任险等方式为他们提供了另外一种分散工伤风险的选择。[②] 当然,商业保险公司对法定工伤保险的费率[③]是非常清楚的,因此其提供的这些替代方案必须要具有相对于法定工伤险的经济优势才有可能具有竞争力,因此,其费率一般都低于法定工

① 根据《工伤保险条例》第三条,"工伤保险费的征缴按照《社会保险费征缴暂行条例》关于基本养老保险费、基本医疗保险费、失业保险费的征缴规定执行。"和《社会保险费征缴暂行条例》第六条,"社会保险费实行三项社会保险费集中、统一征收。社会保险费的征收机构由省、自治区、直辖市人民政府规定,可以由税务机关征收,也可以由劳动保障行政部门按照国务院规定设立的社会保险经办机构(以下简称社会保险经办机构)征收。"这些保险公司不可能向企业出售工伤保险,而且假如《工伤保险条例》得到严格执行,从而绝大多数企业都为其职工购买了法定的工伤险时,这一市场也会为政府完全垄断。

② 从纯粹法律的意义上,企业购买的人身意外险只能算作给员工购买的福利,其受益人在没有指定的情况下为身故者的法定继承人,而工伤赔偿应当是企业支付的,因此理论上讲不能用商业人身意外险来冲抵工伤赔偿,但实际上很多企业都如此行为,一般员工也认可。而雇主责任险则是商业保险公司为不愿意为员工购买法定工伤保险但是又想对工伤事故的风险购买保险的企业量身定做的一种替代法定工伤险的险种。这一保险的受益人是企业,因此可以直接用来赔偿发生工伤事故的员工,而不存在上述意外险法律不承认其为企业支付给员工的工伤赔偿的风险。

③ 根据《工伤保险条例》第八条,"工伤保险费根据以支定收、收支平衡的原则,确定费率。国家根据不同行业的工伤风险程度确定行业的差别费率,并根据工伤保险费使用、工伤发生率等情况在每个行业内确定若干费率档次。行业差别费率及行业内费率档次由国务院劳动保障行政部门会同国务院财政部门、卫生行政部门、安全生产监督管理部门制定,报国务院批准后公布施行。统筹地区经办机构根据用人单位工伤保险费使用、工伤发生率等情况,适用所属行业内相应的费率档次确定单位缴费费率。"法定工伤保险的费率由相关的国家行政部门确定。

伤险保险费率。[①] 而且,商业保险的另外一个优势是,它并不要求公司给所有职工购买全额工伤险,从而拥有比法定工伤险更大的灵活性。因此,在有关部门监管不严违法成本不高的时候,企业选择商业保险而不是法定的工伤保险最为符合企业自身的经济利益。上述张某工伤案例中的甲企业就是一个典型的例子,虽然该企业愿意为可能发生的工伤购买保险,但最终选择的确是商业保险公司的人身意外险,而且只给工伤风险较大的那部分员工购买,购买的保险金额也不足以支付实际发生的工伤赔偿,这也成为后面张某家属同企业对工伤赔偿数额产生较大分歧的根源。行政垄断性的法定工伤保险对企业行为选择的影响如表 2.1 所示。

表 2.1　企业购买有关工伤保险的行为选择模式

企业行为直接成本对比	商业替代险 < 法定工伤险	不购买任何保险 < 商业替代险
企业行为风险对比	风险小,员工、行政机关默认	风险大,道德、法律制裁危险大
企业不法行为收益	购买商业替代险为正值	考虑到风险巨大,实际为负值
企业行为选择	相当部分选择商业替代险	极少部分完全不够买任何保险

以上只是从企业自身利益的角度对强制性的法定工伤险进行分析,结果是相当部分的企业在不违反《工伤保险条例》的立法目的的前提下,因为行政机关的默认,违法成本不高,而选择了商业替代险,只有极少数企业选择直接同法律对抗,完全不购买任何类似的保险。下面再对强制性的工伤保险对社会总福利所起的作用进行分析,进一步了解企业如此行为选择所具备的宏观上的经济意义。强制性的工伤保险对社会

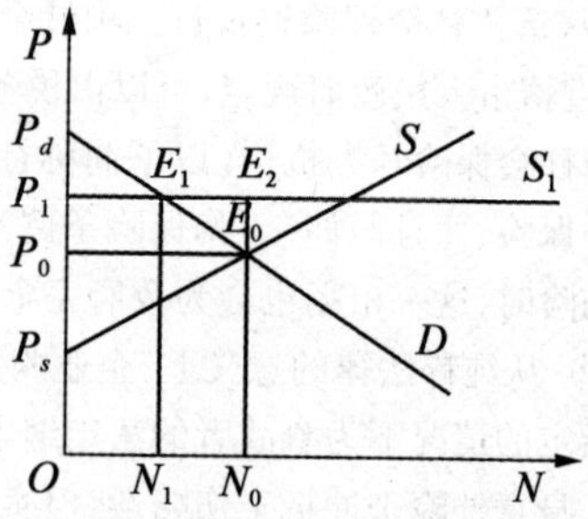

图 2.2　强制性工伤险对社会福利的影响

① 根据当时笔者在企业时了解的情况,当时各大保险公司对此企业的人身意外伤害团体险的报价是 60 元保一年,其中包括 10 万元的意外身故保险。而当时政府规定的工伤保险费率对此企业是工资比例的 1%,按照平均工资 2 000 元计算,平均每人每年 240 元,按照工伤身故平均赔付 24 万元计算,即使购买同样保额的商业保险,工伤保险法定费用也高出商业保险将近一倍。对于人力密集型的企业,购买商业保险,可以省下一笔不大不小的额外开支。

福利所起的作用如图 2.2 所示。

此图中的 S 和 D 曲线分别代表自由市场情况下的工伤保险的供需曲线。两者相交于 E_0 点，在此点时，市场的供需达到平衡，此时对应的消费者数量为 N_0，价格为 P_0。在此点左边，需求曲线 D 位于供给曲线 S 之上，消费者愿意付出的价格大于市场价格 P_0，市场产生由点 P_d，P_0，E_0 构成的三角形区域消费者盈余，而供给者愿意提供的价格低于市场价格 P_0，产生由点 P_s，P_0，E_0 构成的三角形区域的供给者盈余。两者共同构成由点 P_d，E_0，P_s 区域，此区域即自由市场下由于工伤保险此商品的供给产生的社会福利总额。而长方形 $P_0E_0N_0O$ 则构成自由市场情况下工伤保险市场可以达到的规模。

在国家以法律的形式强行规定消费者只能在行政机关自身经营的供给者那里按照规定的价格购买相应的工伤保险之后，此供给者实际上取得了工伤保险市场的绝对垄断地位。在这样的情况下，供给曲线由倾斜向上的 S 变成了价格恒定的平直的曲线 S_1。在不实行强制购买的情况下，S_1 和 D 相交于 E_1 点，此时对应的消费者数量为 N_1，价格为 P_1。很明显，$N_1 < N_0$，$P_1 > P_0$。也就是说，在政府规定的价格 P_1 的情况下，市场真正会购买工伤保险的企业的数量在 N_0 的基础上大幅缩减到 N_1。而消费者盈余则缩小到三角形区域 $P_dP_1E_1$，供给者盈余则不存在，整个社会由于工伤保险的供给产生的社会福利总额削减为 $P_dP_1E_0$。远小于之前自由市场情况下产生的社会总福利 $P_dE_0P_s$ 的数量。而此时长方形 $P_1E_1N_1O$ 则构成此情况下的工伤保险市场的规模。

在供给者和供给价格都以法定形式确定以后，法律进一步对工伤保险实行强制购买，也就是所有的消费者都必须购买此保险。在这样的情况下，法律可以强行将消费者的数量提升到自由市场可能达到的 N_0 的水平，而保持其规定的高于自由市场的 P_0 的价格 P_1 不变。由于同样不存在供给者盈余的问题，此时社会福利总额依然由消费者盈余构成。此时的消费者盈余由两部分构成。一部分是上述构成的三角形区域，此区域中需求曲线 D 位于 S_1 曲线之上，消费者盈余为正值。另一部分是由点 E_1，E_2，E_0 构成的三角形区域，此区域中需求曲线 D 位于 S_1 曲线之下，消费者盈余为负值。总体的消费者盈余则为 $P_dP_1E_1$ 区域减去 $E_1E_2E_0$ 区域后剩下的数值。至于其最后为正还是负值，则视具体情况而定。此时的社会总福利水平 < 不实行强制购买情况下的 $P_dP_1E_1$ < < 自由市场下的 $P_dE_0P_s$。也就是说，此时的社会总福利水平不仅比其他两种情况下都低，甚至有可能为负值。此时的市场规模

$P_1E_2N_0O$虽然比其他两种情况都要大。但这种更大的市场规模是缺乏效率的，违反经济规律的，最终必然导致社会总福利水平的下降。

在这样的情况下，不少企业通过购买价格更低的商业替代险甚至是完全不够买任何类似的工伤保险，相应的行政机关也采取默认的态度在经济上所造成的后果，实际上是使国家要求强制购买的消费者数量 N_0 尽量向市场在制定价格下可能接受的消费者数量 N_1 靠拢，从而减少作为负值的 $E_1E_2E_0$ 的面积，最终导致社会总福利水平的提高。在这种意义上，企业的这种不法行为实际上促进了社会资源的进一步优化，因此是符合资源有效配置的对整个社会福利来说有效率的不法行为。

通过上述分析就会发现，很多企业之所以最终做出不购买法定工伤险的行为选择，是由于法定工伤险费率偏高而选择替代险种。或者说，是由于法定工伤险本身不具有竞争力，在社会资源有效配置的经济规律的作用下，导致很多企业做出了不法行为的选择。在这样的情况下，如果企业购买的商业替代险足以完全支付法定的工伤赔偿的话，这种违法就属于应当值得鼓励的良性违法，因为这种不法选择实际上是对不符合资源有效配置原则的立法瑕疵的矫正，无疑有利于社会总福利水平的提高。

二、双重赔偿规定

一般来说，没有购买《工伤保险条例》规定的工伤保险而且也没购买或没有足额购买替代商业保险的企业，在出现工伤之后又没有按照法律规定对工伤职工或其家属进行法定的足额赔偿的话，其不在乎职工的利益而仅仅考虑企业暂时的经济上的好处的态度是显而易见的。这样的事情和这样的企业受到社会舆论广泛的诘难不仅是理所应当的，而且事实上这种诘难也能增大这类企业如此行为的社会成本，从而迫使其即使仅仅从长期的经济上的利益考虑也必须有所收敛。这里要讨论的《工伤保险条例》的相关规定主要指的并不是其对一般工伤的相关规定，而指的是其中不符合资源有效配置原则的一类特殊规定。

根据《工伤保险条例》的规定，存在一类特殊的工伤，出现这种工伤的时候工伤职工或其家属按照法律应当获得双重赔偿，而且每一重赔偿都是同非双重赔偿的计算方式完全相同，也就是说这一类特殊工伤的职工或其家属可以获得不属于法定双重赔偿范围内的类似受害者的约两倍的赔偿金额。[①] 这是法律规定导致的“同命不同价”的又一个典型例证，因此在法理上引起了广泛的争论。下面仅仅从经济学的角度来分析这一规定的利弊。

首先假设依照《工伤保险条例》和各地的交通事故赔偿标准确定的工伤保险赔偿以及交通事故赔偿都是有效率的，达到了资源的有效配置。这种赔偿既不是过多，多到使普通的行人或者是职工觉得发生交通事故或者是工伤从经济意义上来讲对自己其实很划算，从而不能保持正常的注意力，导致在行人或者职工保持正常的注意的情况下本来可以避免的交通事故或者工伤发生。与此同时，开车的司机或者企业则由于过多的赔偿可能性的存在，则会将自己的注意标准提高到资源有效配置的正常注意力之上，出现过度预防的现象，最终是导致社会资源整体上的无效配置。这种赔偿同样不能过少，少到行人或者是职工发现一旦出现交通事故或者是工伤，自己以后的基本生活都会发生很大的困难，从而出现类似于过多情况下司机或者是企业会做出的过度预防反应，将自己的注意力提高到资源有效配置的正常标准之上，而过少的赔偿的存在，司机或者是企业则会将自己的注意标准降低到符合资源有效配置的正常标准之下，从而导致很多在企业或者司机保持正常注意力时不会发生的交通事故产生，而这样的最终结果同样是社会资源配置的无效率。因此，根据上面讲述过的边际成本递增和边际效益递减的规律，理想的赔偿标准应当是使包括司机、行人或者是企业、职工最后投入的每一单位预防成本刚好能得到由于交通事故或者是工伤的减少所产生的一单位社会收益。

图 2.3 分别表示的是单纯的工伤或交通事故赔偿和工伤以及交通事故双重赔偿对社会总福利的影响。

---

① 根据 2004 年《工伤保险条例》第十四条第六款的规定，“在上下班途中，受到非本人主要责任的交通事故或者城市轨道交通、客运轮渡、火车事故伤害的。”应当认定为工伤。因此，职工在上下班途中因为非本人主要责任的交通事故造成伤害的，按照法律规定可以得到双重赔偿。一是根据交通事故侵权的相关标准获得的交通事故赔偿，二是根据《工伤保险条例》规定获得的工伤保险赔偿。但是，其他情况下发生的交通事故只能获得单纯的交通事故侵权赔偿，而其他情况下发生的工伤则只能获得单纯的工伤保险赔偿。也就是说，法律给予了这种情况下的职工以不同于其他人的特殊待遇。

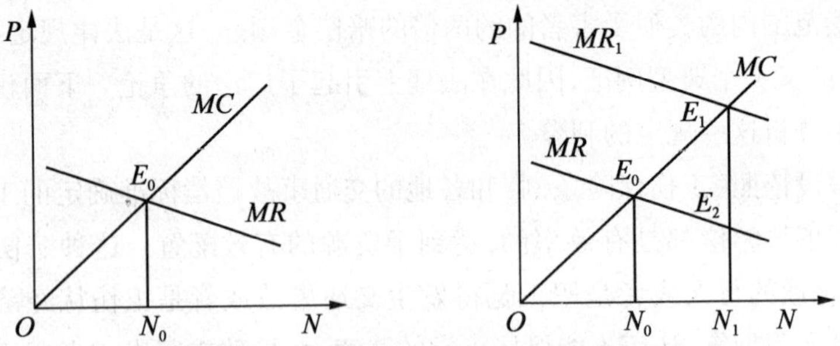

图 2.3　工伤双重赔偿对社会总福利的影响

从左图中可以看出,随着社会注意力 N 的增加,其每新增加一单位的注意力的边际成本如曲线 MC 不断上升,而边际收益则如曲线 MR 所示不断降低。在这样的情况下,社会保持的最佳注意力为 MC 曲线和 MR 曲线相交时的 N_0。此时每单位的新增注意力产生的边际成本和边际收益刚好相等。在单纯的工伤或交通事故赔偿的意义上,即社会每单位新增注意力需要投入的成本等于其避免的工伤或交通事故赔偿。① 社会注意力小于 N_0 时,MR 曲线位于 MC 曲线之上,社会每新增一单位注意力需要投入的成本小于其收益,社会将继续增加其注意。在社会注意力大于 N_0 时,MR 曲线位于 MC 曲线之下,社会每新增一单位注意力需要投入的成本大于其避免的工伤或交通事故所带来的收益,社会将减少其注意。因此,当社会将其注意力保持在 N_0 时,实现了资源的有效配置,社会福利达到最大化水平。

从右图中可以看出,因为双重赔偿的存在,对于此类工伤或交通事故来说,原有的边际收益曲线 MR 上移到 MR_1,也就是原来每单位注意力的投入可以避免的赔偿额变为原来的两倍,即边际收益为原来的两倍。在这样的情况下,对社会最有利的注意力投入不是原来的 N_0,而变成远大于 N_0 的 N_1。但是正如前面所说,最符合资源有效配置的注意力投入实际上为 N_0。因此从 N_0 到 N_1 新增的注意力实际上是不符合正常的成本收益规律的,此部分产生的收益实际为负值,负值的大小为由 E_0,E_1,E_2 三点所构成的三角形区域。由于这一损失的存在,社会总福利在注意力为 N_1 时相较于注意力为 N_0 时有所下降。这一双重赔偿的制度是缺乏效率的。

综合上述假定可以看到,无论是通过单纯的交通事故赔偿还是通过单纯的工

① 这里假设单纯的工伤赔偿在经济上已经能够完全弥补职工所受到的相关损害。社会的收益实际上是对相关损害的避免,反映在金钱上就变成了对相关赔偿的避免。

伤保险赔偿,实际上都可以使在上下班过程中受到交通事故损害的员工得到符合资源有效配置原则的赔偿。那么,使这样的员工获得双重赔偿是不是就能产生双倍的好处呢?或者是上下班员工发生交通事故造成的社会成本同普通的工伤或者是交通事故相比特别大,大到需要双倍的赔偿才能使司机和企业的注意力水平提高到符合资源配置的最优水平,而使上下班职工的注意力水平下降到符合资源配置的最优水平呢?答案都是否定的。双倍的赔偿不会带来双倍的好处,而只会使赔偿过度。没有证据表明上下班员工发生交通事故产生的社会成本要大过其他的交通事故或者是其他的工伤事故,因此不存在需要比普通的交通事故或者是工伤事故加重赔偿的经济学原因。有句古话叫作"过犹不及",对这样的工伤实行双重赔偿就会产生上述的企业和司机对上述情况的过度预防行为,比如企业为了防止这种情况的发生,不惜成本地自己配置专车接送员工上下班,司机会有意识地不在员工上下班高峰上路,而这无疑都会造成社会资源配置的不经济或者是无效率。即使在现在交通事故赔偿和工伤事故赔偿都施行了法定的责任保险的情况下,也避免不了双重赔偿使存在上班途中出现交通事故风险的员工的注意力水平降到符合资源最优配置以下的可能。比如职工在上班途中更敢于做出开快车,抢道等高风险行为。因为职工上下班途中出现的交通事故并不存在相对于其他的交通事故或者工伤更为特别的社会成本,因此对其实行特别保护直接导致上图中正常的边际收益曲线 MR 上移到 MR_1,最终使社会投入的注意力超过有效率的 N_0 而达到过度的 N_1,直接扭曲正常的社会资源配置,从而出现资源配置的无效率。

正是由于上述原因的存在,《工伤保险条例》的这一被称之为"双重赔偿条款"的规定自出台以来就一直受到公众的质疑。一方面为职工购买了法定工伤险的企业必须为此付出更多的保险费,另一方面,没有为职工购买法定工伤险或是足额的替代商业险的企业认为其利益在这条规定中受到了不恰当的损害,甚至在遇到这种情况时,比如像上述张某工伤案中的甲企业,会有意识地抵制这种双重赔偿。这种不法行为经济上的原因正如上述,企业会认为自己承担这种企业本身无法控制的风险是对自己成本的无效率的额外的增加,不符合经济效率的原则。而道德上的正当性则在于遇难者家属所遭遇的不幸实际上在车祸的车主那里已经得到了充分的赔偿,现在的工伤赔偿只不过是法律的一种不一定正确的对交通事故中出现的工伤遇难者的政策倾斜而已。如果根据法律的核心价值之一的"平等"来看待这种法律的话,这种立法无疑对其他得不到双重赔偿的工伤者或是得不到工伤赔偿的交通事故遇害者是不公平的，而在企业没有购买工伤保险的情况下，要企业承担这样的工伤赔偿责任同样是不公平的。因此，正是在这种心理的作用下，很多企业在碰到类似问题时，都会像上述张某工伤案中的甲企业那样，理直气壮地以交通事故工伤者本人或其家属让步太少为由，要求遇难者家属无止境地减少赔偿要求，甚至不惜发展到为此进行劳动仲裁或者劳动诉讼的地步。

第三节　无效率的法律程序

假如说实体法由于其不符合资源有效配置原则的立法瑕疵而直接导致某些守法主体对其的抵制而做出不法行为的选择。那么程序法上的立法瑕疵则是通过其不符合资源有效配置的程序成本的设定，将本来应当得到法律救济的被侵权的弱势群体挡在法律解决的大门之外，从而间接地起到鼓励占据优势地位的强者做出侵犯弱势群体合法权益的不法行为选择。

劳动法部门中，涉及劳动争议解决程序的法律主要有2008年施行的《劳动争议调解仲裁法》及1994年《劳动法》的相关规定。因为1994年《劳动法》中涉及劳动争议解决程序的内容基本上已经被《劳动争议调解仲裁法》所涵盖，因此以下主要分析《劳动争议调解仲裁法》的施行对企业处理劳资关系时守法行为选择的影响。

《劳动争议调解仲裁法》第一条开宗明义地指出《劳动争议调解仲裁法》的立法目的或者宗旨是：为了公正及时解决劳动争议，保护当事人合法权益，促进劳动关系和谐稳定，制定本法。很明显，同样作为劳动法部门的重要组成部分，《劳动争议调解仲裁法》的立法目的和同时期出台的《劳动合同法》以及上面分析过的《工伤保险条例》大同小异，都是为了保护劳动者的正当权益，促进劳资关系的和谐。当然，《劳动争议调解仲裁法》使用的是保护“当事人”的权益，但很明显，在劳动争议中的绝大多数案例都是劳动者而不是企业的权益更需要保护。现在的问题是，《劳动争议调解仲裁法》设计的这一套有别于普通争议解决的程序在施行的过程中是否能够达成其上述的立法目的，从而能够有效地促使企业的守法行为符合劳动法的相关规定。

实际上，《劳动争议调解仲裁法》里的绝大部分内容同普通的争议解决程序大同小异，基本就是按照先协商，后调解，再仲裁或者是诉讼的先后顺序。但是，《劳动争议调解仲裁法》同普通争议解决程序尤其是普通仲裁程序最大的区别在于以下三点：一是劳动仲裁前置程序，即劳动者必须先通过劳动仲裁，对劳动仲裁不服的才能提起劳动诉讼，而不是像普通争议那样，仲裁并不是提起诉讼的必要条件。[①]二是劳动仲裁机构由劳动行政机关主导，而不是像普通的仲裁机构属于纯粹的民间机构。[②]三是劳动仲裁对当事人免费，不像普通仲裁要按照规定收取当事人的仲裁费用。[③]《劳动争议调解仲裁法》设计出不同于普通仲裁的这三大特点的目的，本质上仍然是为了保护劳动者这一弱势群体，通过特别的程序设计平衡劳资双方悬殊的力量对比。如劳动仲裁前置程序，是因为同劳动诉讼相比，劳动仲裁更为方便灵活，效率更高，更能保证纠纷解决的及时性，这对于力量弱小，比企业更不适应持久作战的劳动者来说，无疑比使用冗长刻板的诉讼程序来解决纠纷要更为有利；仲裁委员会由劳动行政机关主导，则能在一定程度上克服工会组织不具真正的独立性而导致劳动者在绝对力量对比方面无法同企业对抗的不利局面；而劳动仲裁免费的规定更是专门针对劳动者经济承受能力较弱而做出的特别规定。因此，《劳动争议调解仲裁法》中对劳动仲裁程序不同于普通仲裁的这三大特点，如果运用得当的话，都可以不同程度上降低劳动者维护自己合法的劳动权益的经济成本，从而降低劳动者维权的门槛，减轻劳动者通过法律程序维权可能遇到的经济上的压力，更好地保护劳动者的合法权益，从而对企图通过劳动侵权的手段为自己牟利的企业起到一定的制衡作用，保证劳动实体法能够被企业很好地遵守。

以上是对《劳动争议调解仲裁法》中特殊设计的一些条款的立法意图的初步分

---

① 参见《劳动争议调解仲裁法》第五条，发生劳动争议，当事人不愿协商、协商不成或者达成和解协议后不履行的，可以向调解组织申请调解；不愿调解、调解不成或者达成调解协议后不履行的，可以向劳动争议仲裁委员会申请仲裁；对仲裁裁决不服的，除本法另有规定的外，可以向人民法院提起诉讼。

② 参见《劳动争议调解仲裁法》第十九条，劳动争议仲裁委员会由劳动行政部门代表、工会代表和企业方面代表组成。劳动争议仲裁委员会组成人员应当是单数。劳动争议仲裁委员会依法履行下列职责：（一）聘任、解聘专职或者兼职仲裁员；（二）受理劳动争议案件；（三）讨论重大或者疑难的劳动争议案件；（四）对仲裁活动进行监督。虽然表面上由劳动行政部门、劳方、资方三方组成，但由于行政机关的强势和劳方工会实际上缺乏权力制衡所必需的独立性，这一机构实际上由劳动行政部门主导。

③ 参见《劳动争议调解仲裁法》第五十三条，劳动争议仲裁不收费。劳动争议仲裁委员会的经费由财政予以保障。

析。假如《劳动争议调解仲裁法》中的这些条款能够按照上述思路运作,劳动者的维权将不再像现在被劳动者视为畏途,企业也不敢大规模的牟取劳动侵权给自己带来的好处,而视劳动法的某些规定如无物。显然,《劳动争议调解仲裁法》在现实中的运作同其立法目的之间出现了相当大的差距。下面将对《劳动争议调解仲裁法》上述三条特别规定在现实中对劳资双方以及劳动行政机关的影响从经济学的角度进行分析,以发现其最终对企业的守法行为模式的选择所产生的影响。

一、效果不彰的不收费规定

这是最直接也是最有效地减轻劳动者通过劳动仲裁维权的成本的条款。虽然不收费条款是针对当事人劳资双方的,但由于劳资双方经济承受能力的悬殊差别,这一条款本身就是专门为劳动者的利益而设置的。但是,这一条款施行了之后,劳动者通过法律维权的成本或者说是价格是否真的有了实质性的降低,从而刺激劳动者对劳动仲裁的需求,使其达到法律期望的正常水平。先来分析一下假如劳动者决定通过法律维权乃至于通过劳动仲裁来维护自己合法的劳动权益需要承担的成本或者说是对于劳动者来说进行法律维权的价格构成:首先,一旦走到和企业对簿公堂这一步,劳动者原来在企业的工作应该是已经没什么指望了,而对于一般的劳动者来说,是否有一份稳定的由工作带来的收入,可是关系到自身生死存亡的大事,致使很多劳动者在维权的过程中必须同时面对失业和重新找工作的巨大压力,如上述变相解雇案中的苏某,就是因为考虑到重新找工作的巨大压力,而改变了法律维权的初衷,这是大多数法律维权的劳动者必须付出的最基本的也是最为沉重的代价。其次,走上法律维权的劳动者除了面对侵犯其合法权益的企业可能做出的对抗性行为的巨大压力外,还必须顾忌自己这样的举动可能产生的对自己后续工作的影响,如前所述,一般的企业是不欢迎喜欢闹事的员工的,而同之前所在的企业打劳动官司,无疑是此人喜欢闹事的铁证,如上述变相解雇案中甲企业的苏某,就差点因为自己要和甲企业对簿公堂而丧失了找到新工作的机会;最后,才轮得到法律维权所需付出的人力物力财力等直接的经济成本,这一成本虽然对于劳动者来说仍然不小,但同前面的两项间接成本相比,应该算是最小的了。而劳动仲裁费用免除的正好是直接的经济成本这一部分,而且只是这一成本里面的一小部分。当然,这里并不是说这种费用的免除没有任何作用或者没有任何必要,对于已经承担着很重的直接成本和间接成本的劳动者来说,很显然,哪怕是再小的成本的增加,都可能成为那压垮骆驼的最后一根稻草,最终导致劳动者对法律维权的彻底放弃。因此,这一费用的免除是非常有必要的,但这并不等于其能起到的作用就非常巨大,这一费用的免除对减轻劳动者的维权成本实际上是杯水车薪,并不能起到真正减轻劳动者维权成本的作用。也就是说,这对于降低法律维权的价格的作用非常微小,不足以真正拉动劳动者对法律维权的需求。其对于劳动者维权以及促使企业守法的效果如表 2.2 所示。

表 2.2　劳动仲裁免费与否对劳动者维权及企业守法的效果

劳动仲裁是否免费	劳动仲裁不免费	劳动仲裁免费
劳动者维权成本	高	降低成本作用微小,高
劳动者维权动机	弱	弱
企业不法行为动机	强	强

二、弱势群体利益的缺位

劳动仲裁委员会由劳动行政机关主导,在缺乏代表弱势群体即劳动者利益的工会存在的情况下,确实有可能能起到制衡企业影响的作用。这要有一个前提,就是劳动行政机关确实适合作为独立的仲裁者而存在,但这是不现实的。并不是说相关的劳动行政机关不履行自己作为仲裁委员会主导者的职责,而是要考虑到劳动行政机关本质上是一个行政机关,其独立性必然受其本身行政职能的影响,从而大大降低了其作为裁决机关必须具有的权威性,这也是为什么现代社会要将司法机关从行政体系中独立出来的根本原因。下面将从利益的角度来分析劳动行政机关主导劳动仲裁委员会可能出现的问题。

首先,作为行政机关的一个组成部分,劳动行政机关在选择劳资关系的具体处理方式的时候必然要考虑到这种选择可能给地方经济带来的影响,以及自己日后具体执法时的难度。因此,劳动行政机关在处理劳资关系纠纷时,必然比法院对企业具有更多的顾忌。比如因为坚决打击企业无补偿地单方面解雇劳动者的行为,一不小心得罪了当地的某一个举足轻重的大企业,导致其一走了之,这会直接影响当地政府整个行政机构的业绩,进而影响到当地所有行政机关的切身利益,可不是简单的劳动行政机关就能够担当得起的事。又或者被处理了的企业对做出处理决定的劳动行政机关心怀不满，在其执法时处处作对，也会给劳动行政机关的日常工作带来很大的困扰，直接增加其执法的经济成本。从经济学的角度来考虑劳动行政机关同企业的关系，就会发现劳动行政机关在相当多的方面同企业实际上有着千丝万缕的利益方面的联系。而劳动行政机关同企业之间的这种利益上的联系必然反映到劳动行政机关对劳资关系进行处理时的行为选择上来，包括劳动仲裁裁决结果的选择。

正如笔者在甲企业所见到的劳动行政部门同企业之间的“良好”关系，这种关系的良好并不是建立在劳动行政机关的严格执法和企业的良好守法基础上的良性法治关系，而是类似于某种利益共同体。一方面劳动行政机关会例行公事地在形式上完成法律所规定的必须的步骤，如劳动合同备案，劳动环境检查等，而企业对于这些形式上的东西也会尽力配合；另一方面涉及企业具体的劳动侵权事件时，则会尽量和企业协调，只要企业不是做得太过分乃至可能威胁到社会稳定，尽量大事化小小事化了。这种表面上看来是和稀泥的协调方式，表面上是不偏不倚，客观上却起到了放任企业侵犯劳动者合法权益的作用。比如甲企业所在的劳动监察机关，在接到劳动者投诉时第一个反应是和企业通气，投诉之后劳动者没有进一步的举动就不了了之，只要企业能给予形式上的解释，而不过问其是否真的按照相关法律行为。如上述的生产线员工最低工资纠纷案中，劳动检查部门之所以要企业采取一定的措施解决问题是因为投诉的员工较多，有可能形成大的群体性事件，从而威胁社会的稳定。而在企业处理了那几个投诉的员工之后，由于事态已经平息，劳动检查部门也就当问题已经解决，而根本就没考虑追究甲企业违反劳动合同相关最低工资条款规定的违法事实。

在这样的情况下，由同企业有着利益关联的劳动行政机关的代表、实际上依附于企业和行政机关的工会组织的代表以及企业的代表三方组成的劳动仲裁委员会，必然由于行政机关在政治上的强势和企业在经济上的强势的结合，并不能真正保证仲裁机构应当具有的独立地位。虽然这并不一定代表着仲裁裁决就会出现不利于劳动者的不公正的结果，但这种不符合力量制衡原则的结构设置，却大大增加了产生不利于劳动者的不公正裁决的机会。对于普通的仲裁机构，假如其经常出现不公平的裁决结果的话，因为当事人有选择的自由，很快就会由于市场的竞争而被淘汰掉，在市场生存的压力下其必然会为自己唯一的产品——仲裁裁决的高质量，也就是裁决的公平和公正而做出最大的努力。但是劳动仲裁机构却是法定的垄断机构,类似于行政机构的设置,当事人根本就没有选择的可能,其本身也没有市场竞争导致的生存的压力,其公平公正很大程度上依赖于其内部构成中各利益代表的势力均衡,而现在劳动仲裁委员会的结构设置明显不能达成所要求的真正的势力均衡,其公平公正的可能性也必然大打折扣。劳动仲裁委员会的设置对劳动者维权和企业行为选择的影响如表2.3所示。

表2.3　劳动仲裁委员会的设置对劳动者维权和企业守法的作用

	法律假设情况	实际情况
劳动仲裁委员会设置	具备劳资行政部门三方代表	劳动者代表缺位
劳动仲裁质量	公平、公正,高	公平公正性大受怀疑,不高
劳动者维权动机	强	弱
企业不法行为动机	受到遏制,强度降低	作用甚微,强

三、适得其反的程序前置

《劳动争议调解仲裁法》之所以规定劳动仲裁程序前置条款。一方面是为了利用仲裁的灵活性和方便的特点来提高劳动争议解决的效率,另一方面也是为了减轻劳动者维权的成本,以较劳动诉讼更为经济的方式解决存在的争议。但是,实行劳动仲裁程序前置,要达到上述目的的前提是,劳动仲裁程序确实成功地解决了绝大多数劳动纠纷案件,从而使劳动仲裁程序不仅是由于法律的强行规定从而成为人们解决劳动纠纷时必须置于劳动诉讼之前的选择,而且也是当人们在碰到劳动争议需要解决的时候,通过对劳动仲裁前置和直接进行劳动诉讼两者之间进行比较,理所当然地将劳动仲裁前置作为比直接进行劳动诉讼更为符合经济效率的选择。否则,劳动仲裁前置程序就变成了叠床架屋,成为法律在劳动诉讼之前强行增加的一道违反资源有效配置的繁琐的程序。不仅达不到上述的灵活、高效,节约劳动者维权成本的目的,反而会产生使劳动争议解决程序更为复杂冗长,提高劳动者维权成本的负面效果。这种负面作用如图2.4所示。

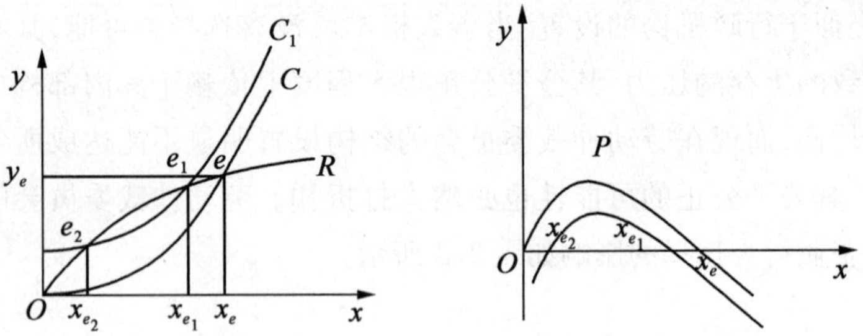

图 2.4 劳动仲裁前置程序的负面作用

图2.4 中的 x 轴代表劳动者维权的程度，y 轴代表维权的价格或收益，R 曲线和 C 曲线分别表示无劳动仲裁前置程序情况下正常的劳动者维权的收益和成本曲线，C_1 表示劳动仲裁前置程序下的劳动者维权成本曲线。按照经济学规律，随着劳动者维权程度的提高，其成本如曲线 C 所示，先是缓慢增加，达到一定程度后急剧增加，收益则如曲线 R 所示，刚开始增速较快，一定程度后增长缓慢甚至停止增长。R 曲线和 C 曲线相交于 e 点，此时对应的维权程度为 x_e，低于 x_e，则维权对于劳动者来说净收益 P 为正值，正常情况下会做出维权的选择，高于 x_e，维权净收益 P 为负值，劳动者会放弃维权。

但是由于劳动仲裁前置程序的设置，导致维权成本曲线 C 上移到 C_1 的位置。此时 C_1 和 R 曲线出现了两个交点。一个是 e_1，一个是 e_2，相对应的维权程度分别为 x_{e_1} 和 x_{e_2}。也就是说，维权程度只有在 x_{e_1} 和 x_{e_2} 之间劳动者净收益 P 才能为正值，劳动者才会选择维权。也就是说，在劳动仲裁前置程序存在的情况下，一方面其为劳动者维权设置了维权程度不得低于 x_{e_2} 的门槛，另一方面又将劳动者有利可图的维权程度从 x_e 缩减到了 x_{e_1}。总体上大大降低了劳动者维权的可能。

结合上述分析，接下来就劳动仲裁同其他劳动争议解决方式各自具有的性价比来分析劳动仲裁是否有前置的经济上的必要。

首先，劳动仲裁之所以有可能具备立法者希望的快捷、高效，并且降低劳动者的维权成本的作用。其前提是劳动仲裁所提供的产品质量，也就是裁决的公正性要能够同劳动诉讼类似，至少能够具有此类产品应当具备的一般质量，即其裁决结果的公正性能够得到劳动者的广泛认可。假如其不具备此类产品应当具备的质量，也就是其裁决的公正性遭到劳动者的广泛质疑的话，劳动仲裁裁决的权威性就会荡然无存，尽管法律强行要求劳动者必须接受劳动仲裁这一产品，但由于劳动者对其质量的不信任，自然会宁可将其舍弃转而购买虽然价格略高，但质量更为可靠的劳动诉讼这一产品。在劳动仲裁的公正性得不到劳动者的广泛认可，进而使劳动仲裁产生真正的权威的情况下，即使存在劳动仲裁前置这一法定条款，劳动者依然会将劳动仲裁的裁决放置一边，转而继续寻求其公正性得到他们认可的劳动诉讼的方式以最终解决劳动争议。只有劳动仲裁的产品质量也就是其裁决的公正性得到了劳动者的认可，劳动仲裁才能真正树立起自己的权威，使其一般的消费者也就是维权的劳动者在得到了此产品后不再考虑比其成本更高，程序更为刻板冗长的劳动诉讼这一替代性产品。也就是劳动仲裁裁决能让一般劳动者信服地接受它而不再考虑继续通过劳动诉讼的方式寻求自己被侵害的合法权利得到真正的保护。法律对劳动仲裁的假定如表 2.4 所示。

表 2.4　法律对劳动仲裁的性价比假定

争议解决方式	成本	质量	性价比	劳动者维权选择
劳动仲裁	低	高	高	劳动仲裁具有最高的性价比，是劳动者维权的最佳选择
劳动诉讼	高	高	一般	
行政执法	低	低	一般	

但是根据上面的分析，由于劳动仲裁委员会的法定结构是由劳动行政部门、工会和企业三方的代表组成。立法者的目的是让利益相关的三方在劳动仲裁委员会中形成力量的均势，从而互相制衡，最终达到保证仲裁结果不偏向其中的任何一方，保证裁决的公平公正的目的。但正如上所述，由于工会事实上不能真正代表劳动者的利益而导致劳动者在这一本应形成的力量均势中缺位，最终使劳动者的利益在仲裁委员会这一机构中得不到应有的体现。从而使此机构的力量对比出现不利于劳动者的失衡，而居于主导地位的劳动行政部门却由于其属于行政机关的这一特性，其行政职能的完成乃至业绩的实现都有赖于企业的配合，因而在利益上同企业有着千丝万缕的联系，因而也不能利用自己的主导地位使这一失衡的结构重新恢复力量的均势。因此，仅仅从理论上进行分析，就可以发现由劳动行政部门主导的劳动仲裁实际上具有行政裁决同样的优点和缺点，其裁决的质量取决于行政机关本身的立场是否公正。而上述分析表明，这种由行政机构主导，缺乏劳动者代表的劳动仲裁委员会组织下的仲裁裁决，其公正性是很值得怀疑的，其质量明显没有劳动诉讼的判决可靠。

其实对于劳动者的法律维权来说,除了劳动仲裁和劳动诉讼之外,还有另外一种选择,就是向劳动行政部门投诉,要求其行使法律规定的对劳动法实施的监督检查职能,劳动行政部门一般也设立了这种专门负责受理劳动者投诉的劳动监察机构,上述提到的几个案例中都出现了劳动监察机构的身影,尤其是在生产线员工最低工资纠纷一案中进行了直接的干预,这种干预在一定的程度上也起到了相当正面的效果,使十个去劳监投诉的员工在被解雇时得到了法定的补偿。假如纯粹从方便、高效和节省劳动者的维权成本的角度,根据法律赋予劳动行政部门行使劳动法的监督检查职能,劳动行政部门对企业违反劳动法侵犯劳动者的合法权益的行为完全可以通过行政执法的方式进行干预,这种选择对于劳动者来说远比劳动仲裁来得直接和快捷,而且几乎不用花费任何经济成本。正是因为劳动监察具有的这种优势,虽然法律并没有规定劳动监察机关的投诉是劳动仲裁或者是劳动诉讼的前置程序,劳动者最终走上法律维权之路的第一选择几乎都是到劳动监察机关那里投诉而不是直接进行劳动仲裁。对于劳动者来说,即使劳动监察部门受理投诉后真正解决争议的比例不高,但相对于其低廉的投诉成本来说,仍然是很值得一试的优先选择。因此,大多数最终走上劳动仲裁之路的劳动者,都有着到劳监投诉的经历。正是由于有着劳动监察投诉这一质量不高,但近乎白送的解决争议的产品的存在,劳动仲裁前置就处于一种非常尴尬的地位。

首先,解决劳动争议的法律途径对于劳动者来说主要存在劳动监察投诉、劳动仲裁和劳动诉讼三种方式。可以从三种不同的劳动争议解决方式所得出的结果,也就是其产品的性价比方面来进行比较。劳动监察基本属于免费供给,而且程序简单到近乎没有,即使使用价值不大但多少会有些使用价值,由于价格近乎为零的优势,其性价比无限大,所以成为劳动者法律维权的必选途径。劳动诉讼质量可靠,但购买的程序繁琐,各方面成本加总价格最高,属于优质优价,是劳动者通过别的途径得不到可靠的产品的情况下的最终选择。而劳动仲裁则质量表面上好像应当比劳动监察要高,但两者一个是劳动行政部门直接执法,一个是劳动行政部门主导下进行的仲裁,实际上两者其决定作用的主体几乎是一样的,这就不由得劳动者不怀疑劳动仲裁的公平性是否能比劳动监察的行政执法有着实质上的提高,即其产品质量真的比劳动监察可靠。而劳动仲裁的购买程序之繁琐以及成本的高昂程度同劳动诉讼相比都有着一定的优势,但这种优势远不及劳动监察的成本和劳动仲裁的成本之间的差距大。假如劳动监察质量在劳动监察的水平上有着实质性的提高，虽然还是比不上劳动诉讼的权威性，但差距已经不是很大，再加上其相对于劳动诉讼成本上的优势，其性价比应该还是具有相当的竞争力的，属于低质低价一类，还是有不少劳动者会选择这种方式的。但是假如其实际质量印证了劳动者的上述怀疑，而同劳动监察的产品质量没有实质区别的话，那么毫无疑问，劳动仲裁就属于完全没有竞争力的那一类产品，属于低质高价。这时候的劳动仲裁就是打着准司法的牌子，生产的却是同行政裁决同类的货色，属于典型的假冒伪劣产品，除了一些对三者毫无了解的劳动者之外，估计很少有人问津。

因此，假如按照正常的市场规律运作，在前一种劳动仲裁的产品质量较好的情况下劳动仲裁会成为对成本敏感，但对质量又有一定要求的部分劳动者的选择，而在后一种劳动仲裁的产品质量和行政裁决差不多的情况下，劳动仲裁肯定竞争不过劳动监察和劳动诉讼而无人问津。按照其事实上的性价比，在正常的市场运作下其作用如表 2.5 所示。

表 2.5　劳动仲裁的实际性价比

争议解决方式	成本	质量	性价比	劳动者维权选择
劳动仲裁	较低	低	差	劳动仲裁具有最低的性价比，很少劳动者主动选择
劳动诉讼	高	高	一般	
行政执法	低	低	一般	

但现在的问题是，劳动仲裁前置程序以法律的形式规定劳动者要购买劳动诉讼这一产品，就必须首先购买劳动仲裁这一产品，而不问劳动者自身的意愿，类似于《反不正当竞争法》里提到的产品搭售行为，从而形成对这一市场的法定的垄断。这样会产生的经济后果是，假如在正常竞争的市场上，只是极少劳动者会选择劳动仲裁的方式解决争议，而按照法律的规定，所有在正常市场上会选择劳动仲裁的劳动者以及所有在正常市场上会选择劳动诉讼方式的劳动者都必须选择劳动仲裁。这对于本来想选择劳动仲裁的劳动者影响不大，但是却给本来不愿意选择劳动仲裁而是劳动诉讼的劳动者带来了很大的麻烦。这一作法实际上是变相提高了本来会直接进行劳动诉讼的劳动者最后购买劳动诉讼这一产品的价格，而且因为必须将劳动仲裁的全部成本计算到最终价格里面，价格提高的幅度非常大，从而必然产

生大幅度地抑制劳动者劳动诉讼的正常需求的结果。这些在正常市场的情况下都会选择劳动诉讼的劳动者,应对这一法律上的强行搭售行为有三种方式可以选择。第一就是接受劳动仲裁这一产品的搭售,最终获得劳动诉讼这一产品,但这样会使劳动者的成本大量增加,从而使境况并不是很好的劳动者在劳动争议中已经处境艰难的劳动者雪上加霜。第二种选择是处于成本承受能力的考虑,接受劳动仲裁而放弃劳动诉讼的初衷,这样的情况下劳动者表面上好像降低了购买最终产品的价格,但考虑到这部分劳动者对产品的质量更为敏感,总的来说其福利水平在做出这样的选择之后比直接进行劳动诉讼有所降低。第三种选择是面对大幅增加的自己难以承受的劳动诉讼的高价,而又不愿意接受质量较低的劳动仲裁的产品,最终选择放弃劳动仲裁,从而得不到劳动仲裁和劳动诉讼本来能够给劳动者带来的福利的提高。上述的还只是劳动仲裁产品质量较高的情况,假如现实是劳动仲裁的质量同劳动监察的行政裁决的质量相差不大,那么在正常的市场情况下,几乎所有的劳动者都不会选择劳动仲裁这一产品,而在法律强行搭售劳动仲裁这一产品的情况下,进行劳动仲裁的所有劳动者在正常的市场情况下的选择几乎都是劳动诉讼,但是并不是所有的在正常市场情况下选择进行劳动诉讼的劳动者都会进行劳动仲裁,实际上这种搭售行为的直接后果就是通过大幅提高劳动诉讼的价格将部分有劳动诉讼需求的劳动者拒之门外。其在现实中所起的作用如表2.6所示。

表2.6 劳动仲裁强制前置的作用

争议解决方式	成本	质量	性价比	劳动者维权选择
劳动仲裁	较低	低	差	劳动仲裁强制前置,使大部分劳动者要么止步于此放弃维权,要么不得不在诉讼之前增加此一过程
劳动诉讼	高	高	一般	
行政执法	低	低	一般	

因此,通过上面的分析可以看出,由于劳动仲裁的性价比事实上不可能具有相对于劳动诉讼的压倒性的竞争优势,因此这一劳动仲裁前置程序的法律规定实际上通过法律的形式强行阻断了正常的市场竞争,大幅提高了进行劳动诉讼的门槛,使大量本来可能通过劳动诉讼得到最终解决的劳动纠纷止步于劳动仲裁的大门之外。这一负面效果的产生,完全违背了立法者试图通过劳动仲裁前置程序降低劳

动者维权的成本,从而更好地保护劳动者合法权益的初衷。其事实上提高了劳动者法律维权的成本,对劳动者法律维权的积极性,即劳动者以法律程序解决争议的需求产生严重的抑制作用,使其低于达到社会资源最优配置的水平,不能对企业违法劳动侵权形成足够的制衡,最终助长了企业做出通过违法劳动侵权获利的行为选择的可能。实际上,在上面所列举的甲企业的关于劳资关系的两个案例中,都可以看到劳动监察的影子,如张某工伤案中,在张某的哥哥就曾经到劳监进行了投诉,生产线员工最低工资争议一案中,劳监更是直接插手了劳动争议的处理。但是,在甲企业所经过的这段时间里,笔者并没有真正看到劳动权益受到侵害的员工通过劳动仲裁或者是劳动诉讼最终解决纠纷的,其中最接近的也许是张某工伤案,但从此例中大家也可以看出劳动者一方在权衡各种利弊之后,要最后做出劳动仲裁的决定是何等的艰难。这一方面说明了劳动者要真正走上法律维权之路必须面对的艰辛,另一方面也验证了前面对劳动仲裁前置程序是否能达到其方便劳动者解决纠纷,保护劳动者利益的质疑。

小　　结

本章主要通过对立法瑕疵必然存在的线性模式分析,指出在以经济发展为优先目标的现代社会,由于资源有效配置的经济原则的制约,法律必然存在一定程度的立法瑕疵。

接着以劳动法部门中的《工伤保险条例》和《劳动争议调解仲裁法》中存在的相关立法瑕疵为例证,说明立法瑕疵必然导致相应的不法行为的产生。

《工伤保险条例》中对工伤保险的强制按指定价格到制定机构购买的规定,实际上造成了对工伤保险的法律垄断,从而损害了社会总福利。在这样的情况下,某些企业受利益最大化原则的驱动而购买替代商业险的行为虽然形式上违法,但实际上达到了法律的立法目的,应归之为良性违法。而其对于上下班途中出现交通事故的"双重赔偿"的规定,不仅扭曲了资源最优配置必需的适度的赔偿价格,从而造成资源配置的不经济,而且也与使受害者得到充分的补偿的目的相悖,从而遭到很多企业的抵制。

《劳动争议调解仲裁法》其立法目的是为了保护劳动者的利益,并高效,便捷的解决劳动纠纷。但实际上劳动仲裁能给合法劳动权益受到侵害的劳动者带来的成本减轻相当微小,而且由于其劳动仲裁委员会的设置中缺少了劳动者利益的代表,其本身的裁决公平性受到劳动者的广泛质疑。最糟糕的是,《劳动争议调解仲裁法》对劳动仲裁程序前置的规定,大幅提高了劳动者通过法律途径维权的成本,进一步阻碍了举步维艰的劳动者的法律维权选择,企业也因此而更加有恃无恐地做出侵犯劳动者合法权益的不法选择。

正是由于在资源有效配置原则支配下的立法瑕疵不可避免,而立法瑕疵又必然导致相应的不法行为的出现,从而导致完全守法理想在现代社会难以实现。

第三章　执法资源受限下的无奈

正如前文所述,社会上主流的守法理论认为守法是每一个守法主体的道德义务。在这样的前提下,守法主体的任何不法行为不仅是应受惩罚的,而且是国家不能容忍的。因此,国家应当运用自己所掌握的一切力量,力保每一个守法主体的守法行为同法律的具体要求相一致。在这种理论的指导下,国家确实一直在朝这个方向努力。那为什么类似上述典型案例中的不法行为仍然一直存在,而且国家也并没有动用自身所有资源来消灭这种不法行为呢? 是国家对这种不法行为的矫正无能为力吗?

在生产线员工最低工资争议案中,劳监部门仅仅一个电话,甲企业就不得不认真对待生产线员工的投诉,从而使其后续行为至少在形式上避免了同法律的直接抵触。而在张某工伤赔偿案中,假如张某家属的合法要求得到劳动监察部门的足够支持,哪怕是像生产线员工争议一案中的类似的一个电话,甲企业的守法行为选择可能都会完全不同。在苏某被变相解聘一案中,假如劳动监察部门能够及时掌握情况,主动干预,相信甲企业也不敢公然违法。因此,执法部门的执法力度对守法主体的守法行为选择的影响毫无疑问是巨大的,只要国家愿意投入相应资源,对各种不法行为的矫正作用是很明显的。那么,是不是只要执法力度足够,就能够真正实现经典理论中的完全守法要求,从而保证守法主体的守法行为选择同法律的规定完全一致呢?

下面将围绕着国家执法投入对守法行为的影响进行经济学分析,并试图找出国家目前在执法领域不能达成完全守法的经济学上的原因。

第一节　执法投入的预期效用函数理论模型

在现代社会是以福利最大化或效用最大化为目标的经济理性人的前提下,按照期望效用函数理论,国家设定的通过执法投入达成的守法程度的目标,应当是能达成最大预期效用的最优守法比例。

设定 Q 为社会的守法程度，$0 \leqslant Q \leqslant 1$，为国家可以选择的变量，那么相应的守法程度对应的执法收益则为以 Q 为变量的 $R(Q)$，执法投入或成本为 $C(Q)$，社会预期的福利或预期效用为 $E(U)$。因为边际收益和边际成本均为正值且边际收益递减和边际成本递增，因此，$R'(Q)>0, R''(Q)<0, C'(Q)>0, C''(Q)>0$。在这样的条件下，假设有最优的守法比例 Q_0 存在，则国家设定的通过执法投入达成的守法程度的目标函数为：

当 $R'(0) \leqslant C'(0)$，因为 $R'(Q)>0, R''(Q)<0, C'(Q)>0, C''(Q)>0$，$\max E(U)=R(0)-C(0), Q_0=0$；

当 $R'(1) \geqslant C'(1)$，因为 $R'(Q)>0, R''(Q)<0, C'(Q)>0, C''(Q)>0$，$\max E(U)=R(1)-C(1), Q_0=1$；

当 $R'(0)>C'(0), R'(1)<C'(1)$，因为 $R'(Q)>0, R''(Q)<0, C'(Q)>0$，$C''(Q)>0, \max E(U)=R(Q_0)-C(Q_0), 0<Q_0<1$。

前两种情况实际上是不存在的。因为在 $R'(0) \leqslant C'(0)$，因为 $R'(Q)>0$，$R''(Q)<0, C'(Q)>0, C''(Q)>0, \max E(U)=R(0)-C(0), Q_0=0$ 的情况下，意味着效用最大化或是福利最大化的社会是没有任何执法投入，法律完全得不到遵守的无序社会，这样的社会是不可思议的；而在当 $R'(1) \geqslant C'(1)$，因为 $R'(Q)>0$，$R''(Q)<0, C'(Q)>0, C''(Q)>0, \max E(U)=R(1)-C(1), Q_0=1$ 的情况下，效用最大化或是福利最大化的社会是通过充分的执法投入，使法律完全得到遵守的理想法治社会，但是事实上，由于在 Q_0 越接近 1 时 $C'(Q)$ 增加得越快，而 $R'(Q)$ 仍在继续减少，要实现 $R'(1) \geqslant C'(1)$ 的条件是非常困难的，对于某一特定的法律领域或许有可能达到，但就社会整体而言，则从来都没有出现过。① 因此，事实上国家执法投入的目标函数为 $\max E(U)=R(Q_0)-C(Q_0)$，此时 $0<Q_0<1$。

满足最优解的一阶条件为：

$$\partial E(U)/\partial Q_0 = R'(Q_0) - C'(Q_0) = 0$$

---

① 因为一旦这样的条件成就，即意味着达成完全守法需要的执法投入的边际成本低于或等于其边际收益，在效用最大化的利益驱动下，国家或社会会很自然地投入充分的执法资源达成完全守法。但事实上，从来没有哪个社会投入如此多的资源以达成过完全守法的目标，说明这一条件在现实中根本不可能达成。

满足最优解的二阶条件为：

$$\partial^2 E(U)/\partial Q_0^2 = R''(Q_0) - C''(Q_0) < 0$$

因为 $R''(Q) < 0$，$C''(Q) > 0$，二阶条件 $\partial^2 E(U)/\partial Q_0^2 = R''(Q) - C''(Q) < 0$ 自动满足。因此只有当 $R'(Q_0) - C'(Q_0) = 0$，即 $R'(Q_0) = C'(Q_0)$ 时，社会获得最优效用 $\max E(U)$。

因此，社会获得效用最大化或者福利最大化时的守法比例 $0 < Q_0 < 1$，此时 $R'(Q_0) = C'(Q_0)$。这意味着社会为了实现福利最大化的经济发展目标，不可能投入充分的执法资源达成完全程度的守法，而且这一目标只有在执法的边际收益同其边际成本相等时才能达到。在社会以预期效用最大化作为目标的情况下，可能投入的社会资源受限于达成最优守法比例 Q_0 需要的程度。

用 MC 曲线表示函数 $C'(Q)$，用 MR 曲线表示函数 $R'(Q)$，TR 曲线表示 $E(U)$ 的变化，上述函数关系可以用图 3.1 表示。

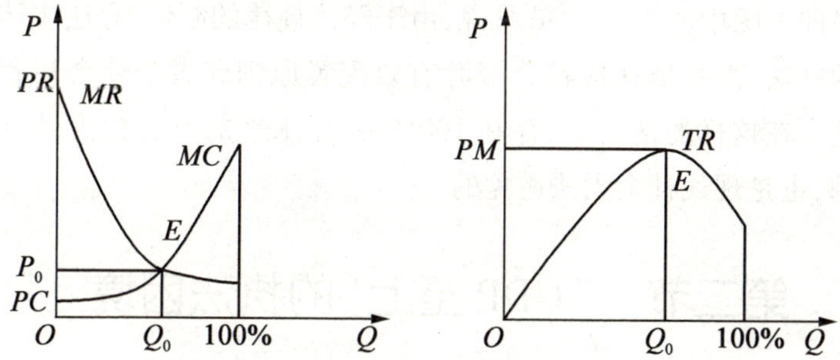

图 3.1 执法投入的预期效用函数线性模型

图 3.1 中，Q 轴表示守法比例，其最高值为 100%。P 轴表示成本或收益。

从左图中可以看出，随着守法比例 Q 的增加，代表每单位守法比例的提高需要的执法成本（或执法投入）的边际成本曲线 MC 不断上升，即边际成本递增，而代表每单位守法比例提高产生的执法收益（或执法效益）的边际收益曲线 MR 则不断下降，即边际收益递减。也就是说，随着守法比例的提高，每继续提高一单位守法比例需要投入的执法资源越来越多，而产生的执法效益越来越少。只要 MR 曲线在 MC 曲线之上，那么，每提高一单位守法比例产生的执法效益就大于其需要的执法投入，在这样的情况下，执法净收益就会增加。也就是说，只要 MR 曲线在 MC 曲线之上，随着守法比例的增加，社会总福利会持续增加，一直到 MR 曲线与 MR 曲线相较于 E 点，此时的守法比例为 Q_0。达到 Q_0 后继续提高守法比例，由于 MR 曲线位

于 MC 曲线之下，此时每增加一单位守法比例的执法投入已经超过其产生的执法收益，执法净收益不升反降。因此，执法净收益在守法比例为 Q_0，MR 和 MC 曲线相交于 E 点时达到最大，此时每提高一单位守法比例需要的社会投入和产生的社会效益刚好相等，均为 P_0。假设将守法比例在 Q_0 的基础上继续提高，一直提高到可能的 100% 的最高水平，则社会会在守法比例为 Q_0 时达到的最大化的执法净收益的基础上，产生相当大的损失。

从右图中可以看出，随着守法比例 Q 的增加，代表执法净收益水平变化的曲线 TP 最初不断上升，一直到最高点 E，此时对应的守法比例为 Q_0，执法净收益达到最高值 PM。守法比例超过 Q_0，执法净收益不断下降，当守法比例达到最高的 100% 水平时，执法净收益会产生相当大的损失。

通过对上图的分析，可以得出的结论是，由于受边际成本递增和边际效益递减的经济规律的支配，使执法净收益最大化的守法水平并不是最大的 100%，而是守法的适度水平即上图中的 Q_0。也就是说，由于经济规律的制约，守法主体不可能达成完全绝对的守法，而只能达成符合资源有效配置原则或者是社会福利最大化原则的守法程度。在这样的情况下，存在 $100\% - Q_0$ 水平的不法行为是符合资源有效配置原则的，也是现代社会无法避免的。

第二节 "GDP 至上"的执法困境

按照上面提供的执法投入对守法行为产生作用的模型，国家在守法比例达到 Q_0 之前，应当持续增加执法投入，以保证最大的执法净收益的实现。而检验守法比例是否符合资源有效配置的守法程度 Q_0 的标准，就是看新增的执法投入是否能产生更多的执法效益，即产生新的执法净收益。那么，现在的守法比例有没达到符合资源有效配置的水平呢？下面来看一下甲企业处理劳资关系时的某些行为。

在生产线最低工资争议案中，由于甲企业生产线上十名员工的联合投诉，使当地的劳动行政监督机关立即给甲企业打电话要求其解决此问题。而甲企业由于行政监督机关的这一个电话，不得不对员工的合法要求做出一定让步，虽然解雇了那十名参与投诉的员工，但也不得不按照法律给予了其相应的补偿。[①]

---

① 参见本文第一章，第三节相关内容。

这里的执法投入及其效果是很明显的。劳监部门一个电话,其需要的执法资源相对于其产生的效益,包括员工的合法权益得到更好的保护以及对社会稳定的促进等方面,肯定要小得多,或者说,肯定是有执法净收益产生的。那么,为什么存在这么明显的执法净收益的情况下,相关执法部门却不继续投入执法资源,提高守法比例,从而产生更多的执法净收益呢?这一问题必须从现今社会的大背景中才能找到问题的答案。

从20世纪80年代改革开放以来,国家实行的就是"以经济建设为中心"[①]的政策。这一政策实施的结果之一,是很多地方政府奉行"GDP至上主义"。[②] 从经济学的意义上来理解"GDP至上主义"对执法所造成的影响,主要表现在两个方面:一是社会资源主要向能直接产生GDP的领域倾斜,这样的领域主要是经济领域,而非经济领域的执法部门相对非"GDP至上"的社会来说只能分到较少的份额;二是执法资源分到的较少部分的份额,还必须主要用于促进GDP增长的部分。因此,对于GDP至上政策下的执法部门来说,如何保证当地企业能对当地GDP做出更大的贡献才是其首要关心的目标,而投入相应的执法资源以提高守法主体的守法比例,从而产生的执法净收益对这些执法部门来说,只要其同GDP不存在直接的关联,那么就不值得更多资源的投入。也就是说,由于"GDP至上主义"的引导,守法比例提高所带来的执法收益获得了比较低的估值,从而扭曲了正常的执法投入产生的边际收益曲线。其作用如图3.2所示。

如图3.2所示,在"GDP至上主义"的影响下,由于执法收益被低估,执法部门眼中的执法边际收益曲线 MR_1 和执法净收益曲线 TP_1 较正常的 MR 曲线和 TR 曲线均向下移动。从而使左图中新的边际收益曲线 MR_1 与边际成本曲线相交于 E_1 点,此时对应的守法比例为 Q_1。而右图中新的净收益曲线 TR_1 的达到最高点 E_1

---

① 指中国共产党在社会主义初级阶段基本路线的中心,是发展中国特色社会主义的工作重点,是兴国之要,是党和国家兴旺发达和长治久安的根本要求。邓小平在1975年主持中央日常工作期间,强调:全党讲大局,把国民经济搞上去。1980年1月16日在中央召集的干部会议上指出:要把经济建设当作中心。参见奚洁人.科学发展观百科辞典[M].上海:上海辞书出版社,2007.

② 指以国民生产总值的绝对值作为衡量经济发展水平唯一指标的观念和政策。相关观点参见查文晔,王建华:《中国一些省份仍需警惕"GDP至上主义"》,载于 http://news.xinhuanet.com/society/2011-01/17/c_12990701.htm,2011年10月11日10:00。

时,对应的守法比例为 Q_1。也就是说,此时执法部门得到的最符合其利益最大化的守法比例不是正常情况下的 Q_0,而是位于 Q_0 左边的 Q_1。在这样的情况下,可以看到,在新的边际收益曲线 MR_1 的作用下,执法净收益的最大值 P_1 明显小于正常情况下的 PM,意味着在 GDP 至上主义的影响下,社会福利受到了较大的损失,损失幅度为 $PM-P_1$。而且,由于 $Q_1<Q_0$,GDP 至上主义影响下的行政执法部门比正常情况下更不愿意通过执法资源的投入来提高守法比例,因此对各种不法行为有着比正常情况下更高的容忍度。

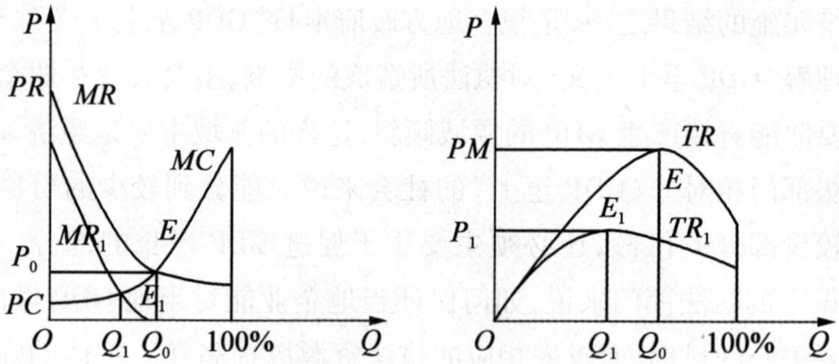

图 3.2 “GDP 至上主义”对执法投入的影响

上述模式可以很好地解释本文中作为例证的甲企业处理劳资关系时,其侵犯员工合法权益的大量不法行为没有受到行政执法部门应有注意的情形。因为类似甲企业对这些员工合法权益侵犯的不法行为,从短期来说,对当地 GDP 增长的影响是微乎其微的。导致这些行为对社会的危害,同时也是矫正这些行为对社会产生的收益,被当地劳动行政部门严重低估。因此,在不影响到 GDP 增长的情况下,对此类不法行为,当地劳动行政部门连打个电话干涉一下都觉得没有必要,如上述甲企业处理劳资关系时做出的一系列不法行为选择,除了个别例外,基本都没受到劳动行政部门的干涉。而上面所述的生产线员工争议案中的劳监那个电话的例外,并不是由于甲企业侵犯员工合法权益本身引起了他们的注意,而是因为员工的数量达到十名,有可能影响社会稳定,进而影响到 GDP 的增长。

正是在“GDP 至上主义”的影响下,执法不严造成的社会成本被严重低估,从而得不到相关部门的应有的重视。而由此造成的直接结果,是守法主体的守法比例大大低于社会福利最大化应当达到的适度水平,一定程度上导致了类似甲企业处理劳资关系的不法行为的泛滥,使社会总体利益受到相当的损害。而在“GDP 至上主义”的影响下,行政执法部门要改变这种情况根本就不符合其自身利益的计算,因而无法摆脱现实中存在的执法投入不足,或者说是执法不严的困境。

小　结

本章根据执法投入对守法行为影响的线性模型,推导出以经济发展为优先目标的现代社会,在资源有效配置原则的要求下,执法投入只能选择达到社会福利最大化的守法水平,而不是可能的最高值100%。因此,在满足社会福利最大化的前提下,必然存在处于100% - 符合社会福利最大化的守法水平 Q_0 的不法行为。

但是,现实中的守法比例看起来比上述模型得出的守法比例要低得多,其根本原因并不是模型本身的问题,而是由于"GDP至上主义"的影响。"GDP至上主义"导致行政执法部门对某些和GDP关系不大的守法行为的社会危害性,即矫正这些行为所产生的执法收益的严重低估,最终导致上述模型中的边际收益曲线和净收益曲线在这些部门眼中较正常情况下移,由此得出最符合其自身部门利益的守法比例 Q_1,而 Q_1 位于 Q_0 的左边,即 $Q_1 < Q_0$。因此,在"GDP至上主义"影响下的新模型里,执法部门能够容许的不法行为较正常模型中社会能容许的不法行为的比例要大,从而造成现实中存在的"GDP至上主义"下执法不严的困境。

因此,正是由于以经济发展为优先目标的现代社会执法资源的有限,执法投入只能选择达到符合资源有效配置的守法程度,从而导致相当多的不法行为难以避免。

第四章 新法适应过程的存在

在苏某变相解聘一案中，甲企业之所以不愿意按照法律规定对苏某进行相应补偿，而是对其进行变相解聘，从而达成其不提供法定补偿的企图，一个重要的原因是对新的《劳动合同法》有关补偿的规定存在抵触心理。而在生产线员工最低工资争议一案中，甲企业同样不愿意完全按照《劳动合同法》的规定，而按照自己的想法自行其是。而甲企业最后决定聘请专职法律顾问，一个很重要的原因就是企业对这几年颁布的新的法律尤其是《劳动合同法》的不熟悉。在第一章的相关分析中，指出了企业做出这些行为选择的根本原因仍然是基于其自身利益的考量。但正如本章将详细论述的，以新的《劳动合同法》为典型的新法的存在，实际上是符合企业的长远利益的，因此企业类似上述的不法行为选择从长远来讲，并不符合其自身的根本利益。那么，类似甲企业的守法主体在面对这些新法的时候，为什么还是做出了类似上述不法行为的选择呢？一个很重要的原因，是因为守法主体面对新法的实施，必然存在一个从心理认同再到自觉遵守的新法适应过程。

新法律的实施，由于其直接打破了原有的利益分配格局，而建立起符合其立法目的的新的利益分配格局，必然造成部分群体的既得利益受损，从而遭到其从心理上到行为上的抵制。与此同时，由于其具体效果尚需时间来证明，也必然遭到某些守法主体的怀疑和误解。要使新法真正为社会接受，必然需要一个过程。本文将其称为新法律的适应过程。而由于上述因素的存在，在新法律的适应过程中就会出现相应的不法行为。

虽然可以通过加大投入来缩短这一过程，但在以经济发展为优先目标的现代社会，受经济规律的制约，这种缩短仍然有着自己的极限。因此，相应的不法行为选择的出现难以避免。

本章首先通过对新法适应过程的线性分析说明新法适应过程存在的必然，接着以新的《劳动合同法》的适应过程为例证，分析此过程导致不法行为的原因，从而证明此过程中不法行为出现的必然。

第一节　新法适应过程的期望效用函数理论分析

在现代社会是以福利最大化或效用最大化为目标的经济理性人的前提下，按照期望效用函数理论，社会设定的新法适应过程减少程度的目标，应当是能达成最大预期效用的最优新法适应过程的减少比例。

设定 Q 为社会的新法适应过程的减少程度，$0 \leqslant Q \leqslant 1$，为社会可以选择的变量，那么相应的新法适应过程的减少程度对应的收益则为以 Q 为变量的 $R(Q)$，成本为 $C(Q)$，社会预期的福利或预期效用为 $E(U)$。因为边际收益和边际成本均为正值且边际收益递减和边际成本递增，因此，$R'(Q)>0, R''(Q)<0, C'(Q)>0, C''(Q)>0$。在这样的条件下，假设有最优的新法适应过程的减少比例 Q_0 存在，则社会的目标函数为：

当 $R'(0) \leqslant C'(0)$，因为 $R'(Q)>0, R''(Q)<0, C'(Q)>0, C''(Q)>0$，$\max E(U)=R(0)-C(0), Q_0=0$；

当 $R'(1) \geqslant C'(1)$，因为 $R'(Q)>0, R''(Q)<0, C'(Q)>0, C''(Q)>0$，$\max E(U)=R(1)-C(1), Q_0=1$；

当 $R'(0)>C'(0), R'(1)<C'(1)$，因为 $R'(Q)>0, R''(Q)<0, C'(Q)>0, C''(Q)>0, \max E(U)=R(Q_0)-C(Q_0), 0<Q_0<1$。

前两种情况实际上是不存在的。因为在 $R'(0) \leqslant C'(0)$，因为 $R'(Q)>0, R''(Q)<0, C'(Q)>0, C''(Q)>0, \max E(U)=R(0)-C(0), Q_0=0$ 的情况下，意味着新法适应过程不需要进行任何使其减少的投入，就能达成效用最大化或福利最大化，这样的状况是不可思议的；而在当 $R'(1) \geqslant C'(1)$，因为 $R'(Q)>0, R''(Q)<0, C'(Q)>0, C''(Q)>0, \max E(U)=R(1)-C(1), Q_0=1$ 的情况下，只有完全消灭新法适应过程，才能达成效用最大化或是福利最大化，但是事实上，由于在 Q_0 越接近 1 时 $C'(Q)$ 增加得越快，而 $R'(Q)$ 仍在继续减少，要实现 $R'(1) \geqslant C'(1)$ 的条件是非常困难的，对于某一特定的法律领域或许有可能达到，但就社会整体而言，则从来都没有出现过。[①] 因此,事实上社会的目标函数为 $\max E(U)=R(Q_0)-C(Q_0)$,此时 $0<Q_0<1$。

满足最优解的一阶条件为:

$$\partial E(U)/\partial Q_0 = R'(Q_0)-C'(Q_0)=0$$

满足最优解的二阶条件为:

$$\partial^2 E(U)/\partial Q_0^2 = R''(Q_0)-C''(Q_0)<0$$

因为 $R''(Q)<0$, $C''(Q)>0$,二阶条件 $\partial^2 E(U)/\partial Q_0^2 = R''(Q)-C''(Q)<0$ 自动满足。因此只有当 $R'(Q_0)-C'(Q_0)=0$,即 $R'(Q_0)=C'(Q_0)$ 时,社会获得最优效用 $\max E(U)$。

因此,社会获得效用最大化或者福利最大化时的新法适应过程的减少比例 $0<Q_0<1$,此时 $R'(Q_0)=C'(Q_0)$。这意味着社会为了实现福利最大化的经济发展目标,不可能完全消灭新法适应过程,而且这一目标只有在新法适应过程减少比例的边际收益同其边际成本相等时才能达到。在社会以预期效用最大化作为目标的情况下,可能投入的社会资源受限于达成最优新法适应过程减少比例 Q_0 需要的程度。

用 MC 曲线表示函数 $C'(Q)$,用 MR 曲线表示函数 $R'(Q)$,TR 曲线表示 $E(U)$ 的变化,上述函数关系可以用图 4.1 表示。

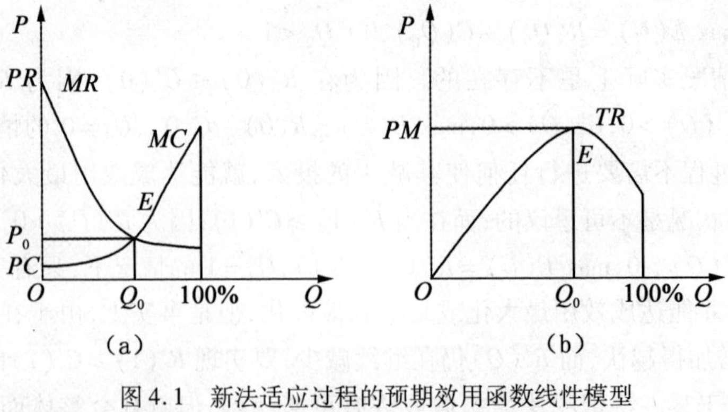

图 4.1　新法适应过程的预期效用函数线性模型

① 因为一旦这样的条件成就,即意味着彻底消灭新法适应过程需要的边际成本低于或等于其边际收益,在效用最大化的利益驱动下,国家或社会会很自然地达成这一目标。但事实上,从来没有哪个社会能够完全消灭新法适应过程,说明这一条件在现实中根本不可能达成。

图4.1中,Q 轴表示新法适应过程的减少比例,其最高值为减少100%。P 轴表示成本或收益。

从图4.1(a)中可以看出,随着新法适应过程减少比例 Q 的增加,代表每单位新法适应过程减少需要的相关成本(或相关投入)的边际成本曲线 MC 不断上升,即边际成本递增,而代表每单位新法适应过程减少产生的相关收益(或相关效益)的边际收益曲线 MR 则不断下降,即边际收益递减。也就是说,随着新法适应过程减少比例的提高,每减少一单位新法适应过程需要投入的相关资源越来越多,而产生的相关效益越来越少。[①] 只要 MR 曲线在 MC 曲线之上,那么,每减少一单位新法适应过程产生的相关效益就大于其需要的相关投入,在这样的情况下,相关净收益就会增加。也就是说,只要 MR 曲线在 MC 曲线之上,随着新法适应过程的减少,社会总福利会持续增加,一直到 MR 曲线与 MC 曲线相较于 E 点,此时的新法适应过程减少比例为 Q_0。达到 Q_0 后继续减少新法适应过程,由于 MR 曲线位于 MC 曲线之下,此时每增加一单位新法适应过程减少比例的相关投入已经超过其产生的相关收益,相关净收益不升反降。因此,相关净收益在新法适应过程减少比例为 Q_0,MR 和 MC 曲线相交于 E 点时达到最大,此时每提高一单位新法适应过程减少比例需要的社会投入和产生的社会效益刚好相等,均为 P_0。假设将新法适应过程减少比例在 Q_0 的基础上继续提高,一直提高到可能的100%的最高水平,则社会会在新法适应过程减少比例为 Q_0 时达到的最大化的相关净收益的基础上,产生相当大的损失。

从图4.1(b)中可以看出,随着新法适应过程减少比例 Q 的增加,代表相关净收益水平变化的曲线 TP 最初不断上升,一直到最高点 E,此时对应的新法适应过程减少比例为 Q_0,相关净收益达到最高值 PM。新法适应过程减少比例超过 Q_0,相关净收益不断下降,当新法适应过程减少比例达到最高的100%水平时,相关净收益会产生相当大的损失。

通过对图4.1的分析,可以得出的结论是,由于受边际成本递增和边际效益递减的经济规律的支配,使相关净收益最大化的新法适应过程减少水平并不是最大

① 比如将新法适应过程从减少20%提高到减少21%所需要的相关投入肯定小于将新法适应过程从减少70%提高到71%所需要的相关投入。但是,将新法适应过程从减少20%提高到减少21%所产生的相关效益肯定大于将新法适应过程从减少70%提高到71%所产生的相关效益。

的100%，而是新法适应过程减少的适度水平即上图中的Q_0。也就是说，由于经济规律的制约，不可能追求完全消灭新法适应过程，而是会容许新法适应过程在一定程度的存在。本章下面以甲企业处理劳资关系时涉及到新《劳动合同法》为例证，说明由于新法适应过程的存在，必然导致相应的不法行为的出现。

第二节　新《劳动合同法》

本书第一章里面所列举的那些案例所揭示的甲企业的各种守法行为的选择，其实都有一个共同的背景，就是近几年各种新的劳动法的陆续出台，其中影响最大的就是2008年1月1日，我国新《劳动合同法》正式实施。苏某变相解雇案和生产线员工最低工资争议案实际上就是由于新的《劳动合同法》的实施而产生的新问题。而张某工伤赔偿案主要涉及的法律是2004年《工伤保险条例》，也是在社会开始关注弱势群体利益，建设法治国家的大背景下制定的。正是由于国家政策和法治环境的这一巨大变化，才促使甲企业做出聘请专职的法律顾问这一行为选择。新的《劳动合同法》在原《劳动法》及相关的法律的基础上，进行了大幅度的修改。新《劳动合同法》在原《劳动法》基础上的修改主要表现在三个方面：一是加强劳动合同的规范化管理，规定了若干法定条款和不签订劳动合同企业应当承担的责任。[①②]

---

① 参见2008年《劳动合同法》第十七条：劳动合同应当具备以下条款：(一)用人单位的名称、住所和法定代表人或者主要负责人；(二)劳动者的姓名、住址和居民身份证或者其他有效身份证件号码；(三)劳动合同期限；(四)工作内容和工作地点；(五)工作时间和休息休假；(六)劳动报酬；(七)社会保险；(八)劳动保护、劳动条件和职业危害防护；(九)法律、法规规定应当纳入劳动合同的其他事项。

劳动合同除前款规定的必备条款外，用人单位与劳动者可以约定试用期、培训、保守秘密、补充保险和福利待遇等其他事项。

② 参见2008年《劳动合同法》第八十一条：用人单位提供的劳动合同文本未载明本法规定的劳动合同必备条款或者用人单位未将劳动合同文本交付劳动者的，由劳动行政部门责令改正；给劳动者造成损害的，应当承担赔偿责任。

第八十二条：用人单位自用工之日起超过一个月不满一年未与劳动者订立书面劳动合同的，应当向劳动者每月支付两倍的工资。

用人单位违反本法规定不与劳动者订立无固定期限劳动合同的，自应当订立无固定期限劳动合同之日起向劳动者每月支付两倍的工资。

二是加强对劳动者的合法权益的保护，比如拖欠和克扣工资，劳动合同法规定可以向法院申请支付令并承担相应补偿；[①]解除劳动合同时，大多数情况下企业应当提供经济补偿。[②] 三是订立无固定期限合同的相关规定。[③] 那么，新的《劳动合同法》为什么要进行这些修改呢？这样修改会产生哪些经济学上的效果，从而对企业的守法行为产生相应的影响呢？下面将对此进行具体分析。

一、劳动法的线性分析

（一）自由市场下的"无为而治"

在纯粹自由市场的情况下，国家是以社会的"守夜人"[④]的角色出现的有限政府。奉行私人财产神圣、契约自由和人人平等三大原则。因此，国家对社会的控制主要是以调整平等主体之间各种关系的民法为主，尽量减少国家对市民社会的干预。下面以纯粹自由市场情况下劳动力市场中守法主体的守法行为做一具体分析。

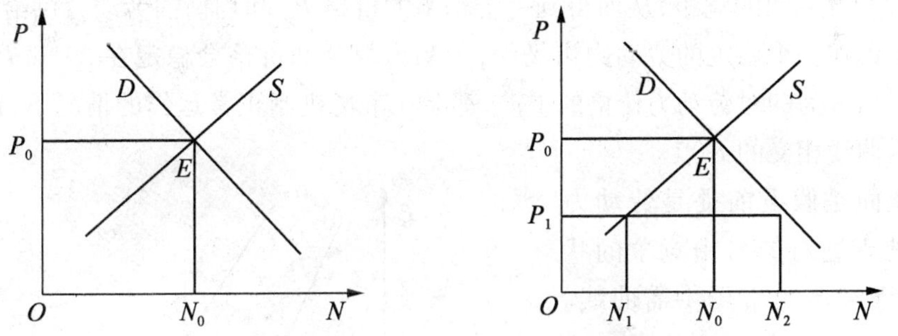

图 4.2　纯粹自由的劳动力市场供需曲线

---

① 参见 2008 年《劳动合同法》第三十条：用人单位应当按照劳动合同约定和国家规定，向劳动者及时足额支付劳动报酬。

用人单位拖欠或者未足额支付劳动报酬的，劳动者可以依法向当地人民法院申请支付令，人民法院应当依法发出支付令。

② 参见 2008 年《劳动合同法》第四十六条、第四十七条相关内容。

③ 参见 2008 年《劳动合同法》第十二条、第十四条和第八十二条相关内容。

④ 指以亚当·斯密为代表的古典自由主义经济学家的有限政府思想，认为社会应当由市场这只"看不见的手"来调节，国家政府不应干预市场的自由运作，其主要职能是起到保护国民安全的类似"守夜人"的作用。即管得最少的政府是最好的最有效率的政府。

图4.2是经典的供需曲线在纯粹自由的劳动力市场的应用。其中 OP 轴代表的是价格，ON 轴代表的是劳动力数量。D 是劳动力需求曲线，可以看到，随着价格的上升，劳动力需求逐渐递减。S 是劳动力供给曲线，随着价格的上升，劳动力供给逐渐上升。在一个正常的自由劳动力市场上，需求曲线 D 和供给曲线 S 必然相交于 E 点。当劳动力价格 P 低于 P_0 点到达 P_1 时，则必然导致劳动力需求过剩超过 N_0 到达 N_2 而供给不足只有 N_1 的情况，这时候就会出现市场上劳动力的供不应求，在这样的情况下，劳动力购买者之间必然互相竞争导致劳动力价格上升，从而导致供给需求下降而供给增加，这一趋势一直持续到价格重新回到 P_0 点，劳动力供给稳定在 N_0 点为止。当劳动力价格高于 P_0 点，则刚好相反，劳动力需求缩减而供给增加，劳动力供给方必然互相竞争从而导致劳动力价格下降抑制供给而需求增加，最终仍然回到 P_0 点。劳动力价格低于 P_0 则企业得不到足够的劳动力而市场上有部分劳动力由于不愿工作而失业，价格高于 P_0 则意味着企业缩减劳动力需求而大量劳动力面临过度的市场竞争而找不到工作。上述两种情况都必然导致市场上买方或者卖方之间的竞争，从而得到一个均衡的价格 P_0 和均衡的劳动力供给量 N_0。也就是说在一个稳定的劳动力市场中，劳动力数量和价格会稳定在 N_0 和 P_0 的水平。任何人为的对劳动力价格的干涉，都会在市场机制正常运作的情况下，最终回到供需曲线相交的 E 点。

上面是假设前提是劳动力市场处于绝对的自由竞争的状态，属于经典的市场供需曲线。实际上，由于劳资双方力量对比的严重失衡，劳动力市场是不符合自由竞争市场的基本定义的。这种失衡主要表现在劳动力的需求方资方为了保证自身的经济效益而尽量压低劳动力价格，而劳动力供给方的劳动者则为了保持自己最低的生活标准而不得不出卖自己的劳动力，在此标准之上则无法同资本的力量相抗衡。① 反应在供需曲线上，就是需方曲线正常，而供方曲线毫无弹性，即在最低生活

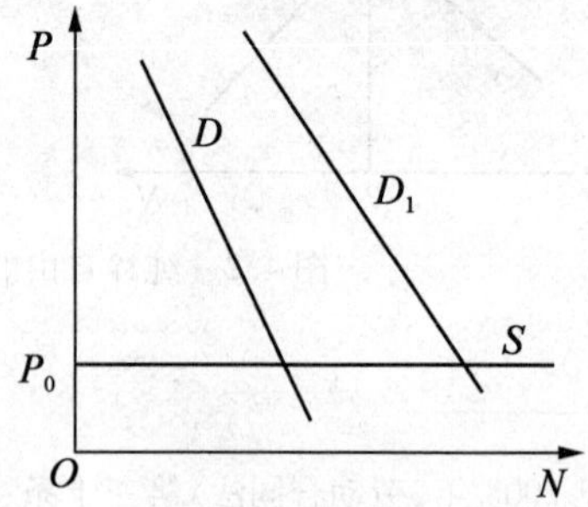

图4.3　供方曲线无弹性时的劳动力市场

① 马克思认为，工人的最低工资是由工人必需生活资料的价格决定的。参见马克思. 马克思恩格斯全集[M]. 北京：人民出版社，2001，6：643－645.

标准之上近乎无限的劳动力供给。如图 4.3 所示。

图 4.3 中，由于 S 曲线在价格 P_0 的情况下毫无弹性，因此，无论需求曲线怎样变化，如图需求曲线 D 和需求曲线 D_1 虽然完全不同，但其同供给曲线相交后的均衡劳动力价格始终维持在 P_0 的水平。

按照典型的自由资本主义市场经济理论，只要保持市场的自由竞争，市场会自发的保持在供需平衡的均衡状态，偶尔的波动也很快会因为市场自身的矫正作用而回归平衡，因此政府的作用是保持市场的自由竞争。在这样的情况下，政府对劳动力市场的干预应该保持在保证市场自由或者说契约自由的程度，而不对实际的市场运作包括劳动力价格进行干预。而在法律上的表现就是这一时期没有专门的干预劳动力市场的法规，而是包括在更广范围的保证契约自由的相关法律里。但是，契约自由或者说市场自由对于大多数的商品市场是适合的，但是劳动力市场却有着不同于其他市场的特殊性。市场自由或者契约自由的一个最基本的前提条件是市场相关方或契约相对方的地位基本平等，而实际上，市场主体之间经常性地出现力量不均衡而导致的实际上的地位不平等，劳资关系即是此方面的一个典型例子。对劳动力市场实行自由竞争和契约自由，是导致资本主义初期劳动者劳动条件恶劣，劳动时间长而工资却非常低的法律原因。这不仅大大损害了劳动者的利益，导致各种反压迫反剥削的斗争此起彼伏，从而对资产阶级的长远利益构成致命的冲击，而且扼杀了劳动者素质提高的可能，从而阻碍生产效率的提高，不仅有碍于生产力的发展，而且从根本上损害了资产阶级自身的利益。[①] 最终的结果是，由于自由资本主义导致的经济危机的不断加深和劳动者此起彼伏的反抗，导致了资产阶级政府不得不纠正之前的市场自由和契约自由的准则，而开始采取一定程度上保护劳动者的政策，制定相应的法律法规，以改变劳动力市场中明显不利于劳动者的力量对比。

因此，在纯粹的自由市场的情况下，市场并不存在专门的法律进行规范，市场主体只需依照相关的民法和契约法行事即可。在这样的情况下，只存在对很少的相关法律的遵守问题，相应的守法主体进行不法行为选择的可能性就要小得多。

① 自由资本主义导致的劳资双方尖锐的阶级对立，与其另一后果，即不断加深的经济危机一起，最终导致了马克思主义和共产主义运动的诞生，从根本上动摇了资本主义社会的根基，也导致了自由资本主义思想在战后的式微。

但是,这一情况仅仅存在于进行简单再生产的生产阶段以及以保护资方利益为主要目的的自由资本主义时期。对应于我国劳资关系的情况,最接近于自由市场的时期是新的《劳动合同法》出台之前。上述的甲企业在此阶段就凭借企业相对于劳动者的强势,有恃无恐地侵犯劳动者合法权益,不能不说与之前的劳动法在立法和执法上的缺位有关。当然,在这样的情况下,由于法律规制的缺乏甚至干脆不存在,守法主体就没有进行是否遵守法律的行为选择的前提,因此不存在是否守法的问题。但是,这种表面上的良好守法状况是以牺牲像劳动者这样的弱者的利益为代价的。随着生产力的发展,这种弱肉强食的市场格局显然不利于社会的稳定和进步,社会必然进入控制垄断和扶持弱者的发展阶段,这一类似于中国古代所谓的"无为而治"的状况必然被打破,从而进入国家干预市场的阶段。

(二)劳动法下的"双赢"

随着自由资本主义的发展,具有各种优势的守法主体必然凭借其有时在市场上逐渐取得了相对于其他市场主体的优势地位,并且由于利益最大化的驱动,必然利用自己的这种优势谋取经济利益,从而出现各种形式的垄断。[①] 垄断的形成会扭曲市场机制的作用,从而造成所谓的市场失灵,导致资源配置的无效率。因此在此一阶段,国家为了保证资源配置的有效配置,必然采取各种措施对失灵的市场进行矫正。而这些矫正措施中最有力也是最普遍的手段就是制定各种干预市场的法律。而这些法律的出台,必然对相关守法主体的守法行为选择造成相应的影响。下面以国家干预下的劳动力市场为例来分析这种影响。

国家对劳动力市场的干预,主要是通过一系列的法律制度对劳动力的最低价格(最低工资)以及劳动者的最低工作条件和相关的其他劳动保障措施进行规制。从经济学的角度进行观察,就会发现无论是对劳动力的最低价格(最低工资)的规定,还是对劳动者的最低工作条件(如最高周工作时间,最高周加班时间)的规定,以及其他劳动保障措施(如工伤保险,失业保险以及其他具体工作条件)的规定,最后在企业的运作过程中都表现为企业成本的增加。国家干预下的劳动力供需曲线

---

① 垄断是自由竞争状态下占优势地位的竞争主体扩大其优势的必然结果。垄断并不必然有害于社会的进步和发展,比如适度的知识产权保护。但总的来说,垄断由于垄断主体的利益不可能同社会总体利益一致,如果不加以适当限制,必然会出现垄断主体为了自身利益而损害社会总体利益的情况。

如图 4.4 所示。

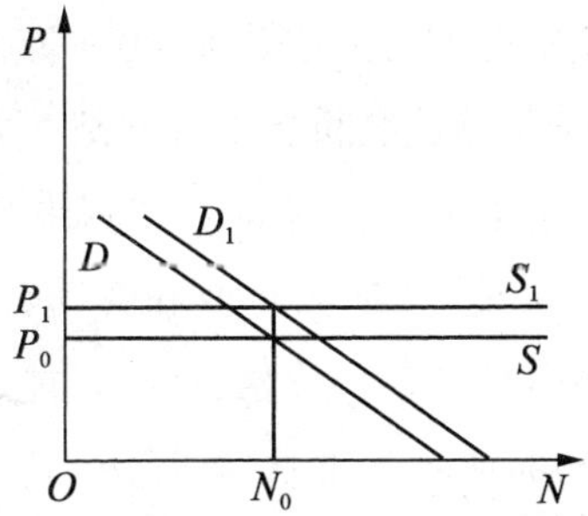

图 4.4　国家干预下的劳动力供需曲线

首先,在自由市场的情况下,劳动力市场的供需曲线分别为 D 和 S,这时候的劳动力价格为 P_0,市场雇佣的劳动力数量为 N_0。大家注意的是,这里的劳动力雇佣数量 N_0 实际上就是整个社会就业适度的数量。因为假如雇佣数量 N_0 低于适度就业数量,就会导致部分劳动者找不到工作,为了生存的需要,从而不得不降低自己的最低工资要求,而由于这部分人的存在,必然导致整体工资水平下降,从而导致需求扩大,以使这部分人就业。而假如 N_0 大于适度就业数量,由于缺乏足够的劳动力供给,则必然导致劳动力价格的整体上升,由于劳动力供给无法扩大,所以只能是通过价格上升抑制劳动力需求,使需求数量保持在适度就业的水平上。也就是说,在完全自由竞争的劳动力市场上,最终达到的均衡劳动力市场价格必然是保证适度就业的水平。实际上,从整体上来看,由于经济发展的一个重要的标志就是人力的节省,而对于某一特定行业,经济规模的扩大导致的劳动力增加的数量,一般来说,要低于科技发展导致的人力节省的数量,从而导致劳动力需求不足,迫使社会创造出新的行业,产生新的劳动力需求。因此在自由竞争的劳动力市场上 N_0 大于适度就业数量也就是劳动力需求大于供给的可能性是很小甚至不存在的,最终导致自由竞争的劳动力市场的劳动力均衡价格 P_0 就是维持劳动者最低生活水平的价格。

然后,由于国家对劳动力市场进行法律规制,政府通过最低工资水平,最高工作时间以及劳动保障措施的限制,将劳动力最低价格强行提高到高于劳动者简单再生产的 P_1。如果其他条件不变,就会发现在 P_1 的劳动力价格条件下,供给曲线整体上移,从原来的 S 变成 S_1。此时 S_1 和 D 曲线相交于 N_0 的左上方,也就是说此时的雇佣数量低于适度就业的 N_0,从而导致部分有就业需求的劳动力失业。在这样的情况下,一方面相当数量的劳动力无法就业,另一方面市场却由于法律的原因无法通过劳动力价格的降低使供给曲线重新下移回到 S,从而达成市场的均衡。在这样的情况下,短期内由于劳动力成本的提高,一些刚好收支平衡的企业会转而亏损甚至倒闭,导致大量劳动者失业;长期内企业和劳动者为了各自的利益,即劳动者为了就业,企业为了获得更低的劳动力价格,就有可能通过各种规避甚至是直接违反劳动法律的手段,使供给曲线重新下移,按照 P_0 的价格形成事实上的雇佣关系。[①] 这样的结果就是法律由于不能真正保护包括企业主和劳动者在内的绝大多数人的利益,从而形同虚设。不仅使宝贵的立法资源白白浪费,而且会产生守法主体的违法或者规避法律的成本,从而使社会资源配置出现无效率的情况。更严重的是,这样的情况会使法律本身的权威大大降低,从而对法治体系总体造成损害。那么,为什么立法者还是要进行这种将最低劳动力价格强行提高到劳动者最低生活水平以上呢?那是因为随着劳动力价格提高到 P_1 的时候,不仅劳动力供给曲线 S 上移,同时上移的还有需求曲线 D。D 曲线的上移实际上就意味着企业主愿意比原来花更高的价格雇佣同样多的劳动力。为什么会出现这种情况呢?那是因为在价格提高到 P_1 的情况下,劳动者的生活水平已经高于简单再生产的水平,也就是说,劳动者可以将 P_0 到 P_1 之间的差价用于提高自己的素质,从而提高自己的劳动生产率水平,从而使企业主在效益不变的情况下,愿意以更高的价格购买同样多的劳动力。这样,通过法律的作用,劳动者价格的提高不仅改善了劳动者的生活水平,而且通过这种生活水平的改善,同时提高了自己的劳动生产率,使企业主愿意付出更高的价格来雇佣原来的劳动者。这样的结果就是使劳动力市场的供给曲线和需求曲线同时上移,在一定的条件下,就可以在将提高劳动力价格由 P_0 提高到

---

① 在2008年开始实施的新的《劳动合同法》颁布之时,一些经济学家也持此种看法。认为新的《劳动合同法》是国家将劳动力价格强行提升到市场价格之上,从而违反了经济规律,最终可能会导致企业大批破产,从而最终损害法律要保护的劳动者的利益。实际上他们只看见法律将供给曲线上移,而没发现与此同时,需求曲线同样出现了上移的情况。参见张五常:《新劳动法养懒人,恐会搞垮经济》,http://oxford. icxo. com/htmlnews/2008/01/08/1237955_0. html,2011 年 8 月 6 日 16:00。

P_1 的同时使劳动力就业水平保持在适度的 N_0 水平。

毫无疑问，国家适度地利用法律的手段对劳动力市场进行规制，在使劳动者的生活水平有了真正的提高的同时，不仅保证了劳动者的适度就业，而且也保证了企业主的利益。从而使社会的整体福利有了实质性的增加。但是，假如法律规定的劳动力市场的最低价格低于 P_1 但是高于 P_0 时，由于劳动者生活条件改善导致的生产率的提高给企业主带来的好处要超过劳动力价格的提高，从而使企业主愿意接受最低劳动力价格的进一步提高，直到最低劳动力价格达到 P_1 为止。这时，在劳动力雇佣数量不变的情况下，劳动者由于生活条件的改善带来的生产率提高的好处刚好同企业主由于劳动力价格的提高增加的成本相当，从而达成了新的条件下的均衡。而当法律规定的最低劳动价格高于新的均衡价格 P_1 时，则会出现劳动者生活条件改善带来的生产效率的提高不足以抵消劳动力价格提高给企业主带来的成本的情况，从而导致企业对劳动力的需求不足，进而导致部分需要就业的劳动力失业，而由于法律的强行规定，市场又没有办法通过降低劳动力价格以达成新的均衡。于是，同上面所讲的劳动力法定最低价格上升而其他条件不变的情况类似，这种法律实际上同时损害了企业主和劳动者双方的利益。为了自身的利益最大化，必然导致企业主和劳动者达成默契，规避相关的法律甚至是直接违反相关法律，从而使实际劳动力降格下降，最终达成新的均衡。同样，这样的结果不仅会使社会资源配置无效率，而且会对法律权威本身产生伤害。

通过上述分析，可以看出国家干预劳动力市场的必要性，国家实行这种干预的主要方式是进行相关的劳动立法，即国家通过劳动法对劳动力市场的适度干预，比如规定最低工资标准，最高工作时间标准，其他的劳动保障措施等强制性法律规范，人为提高劳动力市场的最低劳动力价格。但是，这种提高并不是简单的劳动力成本的增加，而是以此为手段，使劳动力的生活水平能在简单再生产的基础上有所改善，从而提高劳动力的素质及其工作效率，而这种工作效率的提高足以抵消企业在劳动力成本上的增加，最终达到社会福利的总体提高。在这样的情况下，假如实际最低工资标准高于最低生活水平而低于适度最低工资标准，则企业主通过劳动力效率提高所得的好处大于其劳动力成本的增加，从而使其能够接受更高的最低工资标准，一直到现实最低工资标准提高到适度最低工资标准为止。假如现实最低工资标准大于适度最低工资标准，则会造成企业雇佣需求不足，劳动力不能达成适度就业，部分需要就业的劳动力失业的现象，因此过高的最低工资标准实际上不仅损害了企业的利益，同样也损害了其试图保护的劳动者的利益。在这样的情况下，劳资双方就会达成默契，通过企业采取规避甚至是违反相关法律的方式，达成事实上的最低工资标准下的就业。从而导致社会成本的增加和法律的虚置。

因此，在国家对劳动力市场进行干预的情况下，企业的守法行为是否符合法律要求的关键，是法定的最低劳动力价格 P（法定最低工资标准 + 其他法定劳动力成本）适度，使其对劳动者生活条件的改善所带来的劳动者生产效率的提高刚好能抵消企业劳动力成本的增加。最低劳动力价格 P 低于这一标准，则立法机关不能完全达到自己保护劳动者利益，提高社会整体福利的目的。而最低劳动力价格 P 高于这一标准，则不仅损害了企业的利益，实际上也通过价格的提高压缩了企业对劳动力的需求，从而同时对其试图保护的对象劳动者本身造成了损害。在这样的情况下，劳资双方出于保护自己利益的立场，就会有意识地规避甚至违反相关法律，从而使法律虚置。

与此类似，在国家通过法律对市场进行干预的情况下，守法主体对自身守法行为的选择，取决于国家附加的守法成本的适度。由于国家干预市场的目的，是限制主要以垄断为表现形式的市场失灵，因此限制的对象或者说守法的主体主要是在市场中居于优势地位的企业。因此，要使这些居于优势地位的企业心甘情愿接受法律的干预，就必须保证这种干预造成的市场情况的改善给守法主体能够带来的效益刚好能抵消其守法成本，从而实现守法主体和社会利益的双赢。低于这一标准，则国家不能达到矫正市场失灵，保护市场弱势群体的目的。而高于这一标准，则不仅损害了守法主体的利益，而且这种成本的增加必然会导致市场整体的萎缩，从而最终损害社会的总体福利。在这样的情况下，由于经济规律的作用，市场的守法主体和被保护的群体必然会采取相应的规避甚至违反法律的措施，从而使法律虚置，不法行为剧增。这样的情况下守法主体对法律的盲目遵守显然是不符合社会总体利益的。

二、出台背景

原《劳动法》及相关法律同新的《劳动合同法》相比的主要特征之一就是规定过

于原则，可操作性差。由于之前国家以经济增长作为最高目标，保护企业利益成为各地政府执法时的优先考虑，因此，以保护劳动者利益为出发点的《劳动法》的实际执行情况更差。在这样的情况下，虽然原来的劳动法也规定了最低工资标准和各种劳动保障措施，但主要是在国有企业实施，私营企业基本不受约束。[①] 也就是说，劳动力市场的状况实际上处于接近纯粹自由市场的情况。实际上的最低工资水平就维持在劳动力简单再生产的水平，甚至低于简单再生产水平的状况。[②]

因此，在新的《劳动合同法》出台之前，法律的遵守实际上出现了很大的问题。一方面是国有企业比较严格地遵守相关劳动法的规定，另一方面是私有企业遵守情况很差或根本不遵守。这样造成的一个直接后果是，在劳动密集型行业，私有企业的血汗工厂大量出现，而国有企业由于受到法律一系列规定的制约，其劳动力成本大大高于相应的私有企业的血汗工厂。由于这些企业实际上处于同一国内市场，其结果显而易见，在这些劳动密集型行业，私有企业很快在市场竞争中战胜了国有企业，原来此行业的国有企业要么破产，要么卖给私有企业，要么就改制成私有企业，或者是经营方式向私有企业靠拢，也就是企业经营私营企业化。这是法律执行不严的情况下，遵守法律的主体为不遵守法律的主体驱逐，最后都同化为不遵守法律的主体，类似于“劣币驱逐良币”[③]的一个典型例子。当然，国有企业竞争力不足的原因不仅仅是对法律的遵守，还包括其他的复杂的经济原因，但是法律遵守方面的不同带来的成本差异肯定是一个重要的方面。这种状况下的劳动力市场情

① 比如，旧的《劳动法》第十六条，“建立劳动关系应当订立劳动合同”，第十九条，“劳动合同应当以书面形式订立”，要求用工需要签书面合同，但是，实施十多年来私营企业的书面劳动合同签约率极低，个体行业几乎没有书面劳动合同。

② 这方面的一个重要表现是沿海发达地区外地农民工的状况。作为发达地区血汗工厂的外地农民工，辛勤劳动的实际收入根本无法维持其工作所在地的最低生活水平，导致其无法在当地落地生根。虽然这也同中国的户籍制度以及其他原因有关，但关键是经济上无法维持其工作所在地基本的吃穿住行的水平，即其收入实际上还低于当地的简单再生产的水平。

③ 劣币驱逐良币（Bad money drives out good）为16世纪英国伊丽莎白造铸局长提出，也称“格雷欣法则”（Gresham'sLaw）。该定律是这样一种历史现象的归纳：在铸币时代，当那些低于法定重量或者成色的铸币——“劣币”进入流通领域之后，人们就倾向于将那些足值货币——“良币”收藏起来。最后，良币将被驱逐，市场上流通的就只剩下劣币了。“劣币驱逐良币”是经济学中的一个著名定律。

况如图 4.5 所示。

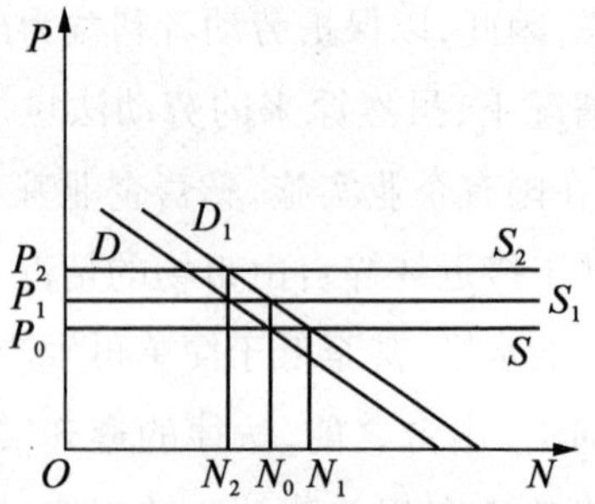

图 4.5 《劳动法》不被遵守时的劳动力市场

由图 4.5 可以看出,旧的《劳动法》力图通过将最低工资标准从最低生活标准的 P_0 提高到 P_1,从而在保证充分就业 N_0 的情况下,使纯粹自由的劳动力市场供需曲线整体上移,即 S 曲线变成 S_1 曲线,D 曲线变成 D_1 曲线,最终提高社会的整体福利水平。但事实上,由于以私营企业为主的不法企业普遍存在,真正守法的只有部分国有企业,旧的《劳动法》力图形成的 S_1 并没有真正出现。国家为了保证 S_1 的形成,只能将法定最低工资标准提高到 P_2 的水平,以抵消不守法企业造成的最低工资水平的下降,使社会整体最低工资水平回到 P_1,从而保证整体上的 S_1 和 D_1 的存在。但是事实上,由于以私营企业为主的不法企业实际承担的最低工资 P_0 和以国有企业为主的守法企业实际承担的最低工资标准 P_2 之间的差距,在统一的市场需求曲线 D_1 的作用下,以私营企业为主的不法企业形成了以 S 曲线和 D_1 曲线构成的劳动力市场,对劳动力的需求 N_1 超过正常的充分就业水平 N_0,从而竞争力大增,出现高速增长的趋势。而以国有企业为主的守法企业则相反,则形成了以 S_2 曲线和 D_1 曲线构成的劳动力市场,对劳动力的需求 N_2 低于正常的充分就业水平 N_0,竞争力削弱,增长缓慢甚至倒闭。最终的结果是以私营企业为主的不守法企业在竞争中取得不对称的优势,整个市场出现不守法企业为主的局面。

实际上,私营企业在守法上的不佳记录不仅仅表现在劳动法方面,为了最大限度地减少企业用工风险,达到最终降低成本的目的,很多私营企业甚至直接侵犯劳动者的基本人权。20 世纪 90 年代笔者在珠三角的某血汗工厂打工的过程中,就亲眼见识了这个企业扣留普通员工身份证,每月扣押 100 元工资作为押金,工资延迟两个月发放的所谓人事制度。[①] 当然，这家企业还不算最坏的，至少比那些拖欠半年员工工资之后一走了之，或者对工厂实行监狱式管理，完全剥夺员工的人身自由，根本不在乎员工死活的老板要好了不少。其中所反映的问题已经不仅仅是企业是否遵守《劳动法》，极端点的已经触犯了《刑法》。在法律不能保护普通员工，劳资双方力量对比又极其悬殊的情况下，劳动者尤其是农民工的正常权益基本得不到保障，劳资关系日趋紧张又没有正常的解决之道。在劳资关系最紧张的 20 世纪末期，就经常有企业出于减员增效的目的，甚至在劳动者最低生活水平都无法维持的情况下任意裁撤员工，不给任何补偿或者是象征性地给予极少的补偿。很多生活无着的被裁员的员工不得不冒着触犯法律的危险，集众抗议，给社会的正常秩序造成很大的冲击。笔者当初在外面出差的时候，就亲眼见过几起这样的事件。从经济学的意义上这虽然给企业带来了有限的好处，但不仅造成劳动力的极大浪费，而且会引起社会动荡，增加社会运行成本，再加上此部分受害员工的消费能力不足，对经济增长也造成了一定的损害。因此从社会总体福利的角度来考虑，是得不偿失的。而实际最低工资的低下，加上资方通过企业内部的规定，将一系列不平等的义务强加到员工头上，[②]结果就是使员工的实际收入进一步降低。企业不合理的减负的结果，必然就是劳动者和社会不合理的负担的增加。

因此，这段时期，实际上出现的劳资矛盾不仅多而且程度也比较激烈。但是，由于法律本身以及法律执行和劳动者力量不足的原因，员工想通过法律途径保护自己的权益是非常困难的，甚至企业的一些很不道德而且法律明文规定违法的行为，由于缺乏可操作性的规定根本就没有受到法律实质性的约束，上文所说的甲企业在新的《劳动合同法》和《工伤保险条例》出台之前的做法就是一个典型例子。虽然当时企业根本不同员工签订合同，解雇也是毫无补偿而且随心所欲，但这并没有造成什么大的麻烦，所以劳动纠纷的处理，只要公司最高层兼顾一下就可以了。因

---

① 实际上，由于这种情况在当时的当地普遍存在，很难想象相关的劳动行政部门对此毫不知情。很明显，由于当地政府上世纪对促进经济增长的投资的过度偏重，类似的不法行为没有得到相关部门的足够重视。当然，笔者在这里呆了不到几天之后一看形势不对立马就溜了。由于自己还算管理人员，所以没享受到扣押身份证的待遇，但工资就别想了。

② 比如交纳押金、工资压后发放，甚至限制员工正常的人身自由，如扣押身份证，这样发展的极端例子，就是山西黑煤窑的出现。法律不能有效地限制企业欲望的结果，是企业可以不顾社会和员工的利益，片面追求自身的私利，这也是此类企业引发舆论道德诘难的直接原因。

此,虽然员工的正常权益受到损害的程度无论是广度还是深度都较现在厉害得多,但实际上能演变成劳资纠纷的案例却很少。但在这样的情况下,一旦劳资纠纷出现,往往非常严重非常棘手,因为其对员工造成的伤害在这时候已经超过了员工维权需要承担的各种风险和成本的总和。所以甲企业董事长在这一时期干脆就将此类纠纷的解决直接归入自己的职责范围。

综上可以看到,原有的劳动法律通过制造出一种接近于完全自由的劳动力市场,某种程度上偏重于促进经济发展,重视企业的利益而忽视了劳动者正常权益的保护。这在一定程度上适应了中国改革开放之初经济发展和工业化优先的战略。但这样的政策所造成的负面效果也是很严重的,一方面企业通过规避甚至是违反法律实现了自己的减负增效,另一方面却是劳动者和整个社会背负着本应由企业承担的沉重的负担。而且现实中最低工资长期在工人的简单再生产的水平徘徊,不仅不能使人民最大限度分享到经济增长的利益,而且使处于最底层的人民逐渐丧失了改善生活条件,提高自身素质,从而寻求自身的发展,更好地为社会服务的机会,造成人力资源的浪费。最后,这种状况还造成了法律的虚置,使法律的权威不能真正树立,对法治社会的建设造成了很大的损害。而随着国民经济的起飞,资本的原始积累阶段基本完成,旧的劳动法律的实施状况却使国民经济由于高素质人才的缺乏而不能迅速实现产业升级,企业也由于最低工资水平的过低而使最底层的劳动者消费市场难以启动而发展受阻,最终从根本上威胁着国民经济的可持续增长的能力。正是在这样的历史背景下,新的《劳动合同法》出台了。

三、立法目的及其影响

正是由于旧《劳动法》实施中存在上述问题,新的《劳动合同法》开宗明义,在第一条即明确指出本法的立法目的是:“为了完善劳动合同制度,明确劳动合同双方当事人的权利和义务,保护劳动者的合法权益,构建和发展和谐稳定的劳动关系,制定本法。”从这里可以看出新的《劳动合同法》的目的主要包括三方面:一是完善和明确原有的劳动法,使之能更好地适应现实情况并得到真正的执行;二是保护劳动者的合法权益;三是构建和发展和谐稳定的劳动关系,以保证企业最终是国民经济的可持续发展。这句话实际上包含着立法者对立法时的劳资关系的几点基本判定:一是劳动者同资方对比处于明显的弱势,从而需要专门的法律保证其正当权益的实现,这其实是劳动法存在的根本原因,这里再次加以强调;二是原有《劳动法》

并没有得到真正的执行，并且原有《劳动法》的很多规定已经不适合现有的社会情况，而由于第一点情况的存在，这样的结果必然是劳动者的利益受损；三是上述两种情况结合起来，已经造成了劳资关系不和谐甚至影响稳定的结果。这种情况的出现，实际上意味着整个社会主要关系之一的劳资关系已经出现了一定的问题，如果不能得到及时有效的解决的话，就会影响整个社会的和谐和稳定。

结合上述的旧的《劳动法》实施时的劳动力市场供需曲线图。很明显，国家已经意识到了以私营企业为主的不法企业不遵守法定最低工资标准，从而导致法律将纯粹自由的劳动力市场的供需曲线 S 和 D 上移到 S_1 和 D_1 的失败。而新的《劳动合同法》的实施，就是要使此立法目的得到落实，通过制定更为科学的法律和更严格的执法，使法律得到适度的遵守，从而解决以私营企业为主的不法企业大量搭便车[①]的问题，使劳动力市场的供需曲线由 S 和 D 重新回到 S_1 和 D_1。其效果如图 4.6 所示。

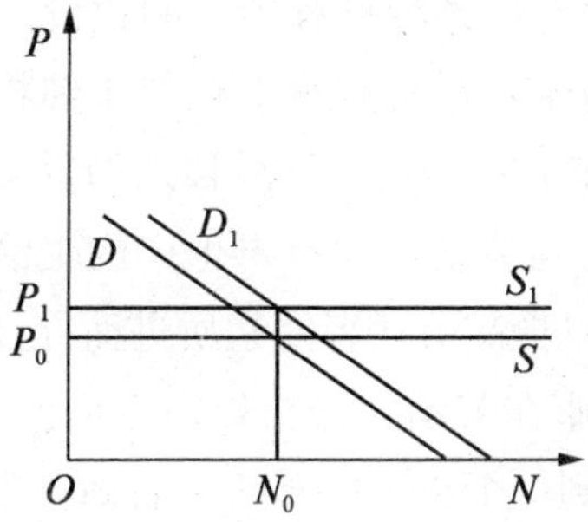

图 4.6 新的《劳动合同法》对劳动力市场的影响

很显然，无论是新《劳动合同法》的立法目的或者是由此而推出的立法者对当时劳资关系的三点判定，应该说都是符合事实并且经过了认真考虑的。

有的学者认为，新劳动合同法存在错误的人性假设，假设的条件是企业是强势的，企业主基本是黑心的；劳动者是弱势的，劳动者基本是善良的。[②] 显然，企业主未必全部都是黑心的，劳动者中也不缺无赖和坏人，根据法律主体的经济地位来判断其道德上的优劣，毫无疑问是很荒谬的。虽然无从知道立法者本身是否有这样不合逻辑的认知，但就新的《劳动合同法》来说，是不存在这种荒谬的假定的。新劳

① 关于搭便车的问题，详见本书第五章的详细叙述。

② 沈宗南. 新劳动法下企业的应对研讨[J]. 世新期刊，2007(10)：14.

动合同法的基本假定是企业是强势的,劳动者是弱势的,正是因为这样,作为弱势群体的劳动者才需要法律的特别保护。这是劳动法存在的前提,也是现实中和学术界公认的事实。假如此前提不存在的话,比如计划经济时期,企业主要为全民所有,职工直接参与企业管理,劳动者和企业不存在利益上的对立,不存在谁强势谁弱势的问题,劳动法的存在也就没有任何必要,而且事实上那段时期也确实不存在所谓的劳动法。强势群体在市场经济的条件下,会自然而然地运用自己的优势地位,从而获取更多的资源。这不是黑心不黑心的问题,而是经济规律使然。同样,劳动者作为弱势的一方,在市场规律的作用下,必然在力量上同强势的企业难以竞争,从而处于利益容易受损的地位。这也不是劳动者善不善良的问题,而是其弱势地位使然。而某些学者想当然地从强势和弱势就推导出所谓的黑心和善良的问题,才是真的不合逻辑。

因此,新的《劳动合同法》在其立法目的或者是立法宗旨上是没有问题的,也并不存在某些学者认为的对人性的某种一分为二的预设。实际上在新的《劳动合同法》实行之前,中国的劳动力市场某种程度上近似于纯粹的自由劳动力市场,按照之前讲述过的理论,在这时通过一定的立法手段对劳动力市场进行干预,从而人为适度地抬高劳动力市场价格到劳动力简单再生产的生活水平之上,不仅可以改善劳动者的生活水平,而且可以提高劳动者的素质进而提高劳动生产率,达成提高社会生产力水平的结果,而企业在劳动力价格提高方面的损失可以通过劳动生产率的提高得到补偿,还可以得到一个更为广阔的产品销售市场,以及和谐的有利于企业的持续发展的劳资关系。很显然,这是一种劳资双方和社会均受益的三赢局面。那么,新的《劳动合同法》运行的事实是否如此呢?

在第一章讲述的几个案例之中,就有两个是涉及《劳动合同法》的。一个是苏某变相解聘案,一个是工人最低工资争议案。假如企业严格按照法律执行的话,苏某应该得到劳动合同法规定的经济补偿然后很平和地离开企业,而生产线上的工人即使在停工期间也应该得到合同上规定的最低每月 1 800 元的工资。但事实上是苏某被明明想炒掉他的企业“调动”到了一个他无法忍受的新的岗位,最终在对企业的极度不满中没得到任何补偿就离开了,而生产线上的工人同样没有拿到合同上规定的每月 1 800 元的最低工资,而是进行投诉的十人被企业解聘而剩下的员工继续拿公司决定给他们的法定最低工资。很显然,《劳动合同法》在其实际施行阶段出现了一些问题,企业的守法行为同法律的规定大相径庭,法律在很大程度上并没有达到其保护劳动者的目的。在上面讲述这两个案例的时候,已经从作为一个理性的经济人的角度分析了案例涉及的具有利害关系的三方,劳资双方及相关执法机关的利益考量和理性选择。也就是说,在国家的相关行政机关不能投入足够的执法资源以保证新的劳动合同法的立法目的达成的情况下,没有得到足够法律监督的大多数企业必然充分利用这一条件,在不付出应有的守法成本的情况下搭其他守法企业的便车。[①]

四、对《劳动合同法》的误读

由于上述的新的《劳动合同法》产生的原因和背景,其实施必然对企业之前的利益分配格局产生影响,从而引起很多企业从舆论到实际行为方面的抵制。当然,这些抵制不仅仅是由于既得利益的影响,相当程度上还是由于对相关规定的误读。下面将从受企业批评的主要条款入手,分析新《劳动合同法》实施对企业行为选择的真正影响。

(一)《劳动合同法》中受到企业批评的主要条款

《劳动合同法》中广受企业批评的条款主要包括以下几方面:

1. 关于订立无固定期限劳动合同

《劳动合同法》第二章劳动合同的订立中第十四条规定:无固定期限劳动合同,指用人单位与劳动者约定无确定终止时间的劳动合同。用人单位与劳动者协商一致,可以订立无固定期限劳动合同。有下列情形之一,劳动者提出或者同意续订、订立劳动合同的,除劳动者提出订立固定期限劳动合同外,应当订立无固定期限劳动合同:(1)劳动者在该用人单位连续工作满十年的;(2)用人单位初次实行劳动合同制度或者国有企业改制重新订立劳动合同时,劳动者在该用人单位连续工作满十年且距法定退休年龄不足十年的;(3)连续订立二次固定期限劳动合同,且劳动者没有本法第三十九条和第四十条第一项、第二项规定的情形,续订劳动合同的。用人单位自用工之日起满一年不与劳动者订立书面劳动合同的,视为用人单位与劳动者已订立无固定期限劳动合同。

这是《劳动合同法》关于签订无固定期限劳动合同的具体规定。认真分析本条

---

① 详见本书第五章有关搭便车理论的叙述。

的三个子条款规定的签订无固定期限劳动合同的三个条件,其中的第一款和第二款签订无固定期限劳动合同针对的对象是在企业工作满十年以上的劳动者。应当说,这两款的争议是比较小的,因为假如某个劳动者在同一个企业工作满了十年的话,企业和劳动者彼此之间契合度已经相当高了,劳动者在称职方面应当是没有任何问题的,签订无固定期限劳动合同无论是对于劳动者还是企业本身应当都是可以接受的。

因此问题的关键就在第三款的规定,按照这一规定,劳动者同企业连续续签两次固定期限的劳动合同后,再次续签劳动合同的,如果劳动者提出签订无固定期限劳动合同的,用人单位必须同意。这就意味着如果企业选择一年一签劳动合同,那么两年后,企业只有两种选择,要么选择不续签合同,支付经济补偿金后,与劳动者分道扬镳;要么选择续签劳动合同。选择分道扬镳,可能会使自己培养的员工流失,等于为他人做嫁衣;选择续签,可能面临签订无固定期限劳动合同的风险。客观来讲,这条的订立是为了稳定社会就业,保护劳动者,但是对于企业来说也确实增加了一定的风险,最终表现为一种新的负担。因为一旦签了两次劳动合同后,只要劳动者愿意而企业又不想将其解雇的话,就自动升级为无固定期限合同。如果不出现特殊状况或其辞职,企业就要让他工作到退休。而在这期间如果劳动者一直都能很好地同企业契合那就一切好说,但是总会出现某些风险,比如企业很难通过解雇这样的员工的手段达到减员增效的目的,由于没有解雇的压力员工可能进取心减弱从而不利于企业经济效率的提高等。

2. 关于终止或解除劳动合同需支付经济补偿金

《劳动合同法》第四章劳动合同的解除和终止中第四十七条规定:“经济补偿按劳动者在本单位工作的年限,每满一年支付一个月工资的标准向劳动者支付。六个月以上不满一年的,按一年计算;不满六个月的,向劳动者支付半个月工资的经济补偿。劳动者月工资高于用人单位所在直辖市、设区的市级人民政府公布的本地区上年度职工月平均工资三倍的,向其支付经济补偿的标准按职工月平均工资三倍的数额支付,向其支付经济补偿的年限最高不超过十二年。本条所称月工资是指劳动者在劳动合同解除或者终止前十二个月的平均工资。”《劳动合同法》第四十八条规定:“用人单位违反本法规定解除或者终止劳动合同,劳动者要求继续履行劳动合同的,用人单位应当继续履行;劳动者不要求继续履行劳动合同或者劳动合同已经不能继续履行的,用人单位应当依照本法第八十七条规定支付赔偿金。”

《劳动合同法》第八十七条规定,"用人单位违反本法规定解除或者终止劳动合同的,应当依照本法第四十七条规定的经济补偿标准的两倍向劳动者支付赔偿金。"

根据以上条款,新的《劳动合同法》规定的用人单位辞退劳动者的条件较之前更为严格、程序更为复杂、违法辞退的成本成倍增加。用人单位与劳动者签订劳动合同后,无论是合同的解除还是终止,用人单位都必须支付经济补偿金。不论该员工在企业的工作表现如何,都需按劳动者在企业工作的年限支付经济补偿金。新法的一系列规定都旨在引导建立长期、稳定的劳动关系,倾向性保护弱势劳动者的利益。但是对于劳动合同的企业一方,即使是按照劳动合同事先的约定解除或终止劳动合同关系,企业没有任何违约行为的情况下仍然必须单方面向被解除或终止合同的劳动者提供经济补偿。这在一定程度上违背了契约自由的原则,也同日常的有劳才有所得的道德原则相悖,而且最关键的是,这一条款毫无疑问会给企业雇佣劳动者的自由度带来很大的限制,同时增加了企业的人力成本。因此,这一规定同样受到企业界的广泛批评。

3. 只能上不能下的劳动者待遇条款

新《劳动合同法》第四十六条的第五项:"除用人单位维持或者提高劳动合同约定条件续订劳动合同,劳动者不同意续订的情形外,依照本法第四十四条第一项规定终止固定期限劳动合同的需要支付经济补偿金。"此条款的意思是说,企业在同员工续签合同时,假如其没有维持原合同的待遇或者有所提高,那么员工就可以按照合同终止的规定,要求企业提供经济补偿。企业作为一种市场主体,在激烈竞争的市场中优胜劣汰是在所难免的。在充满无数变数的市场活动中,盈余亏损是不可预知的。企业获利增长,管理者必然会自觉提高员工待遇,否则的话企业自身对于员工也会逐渐失去吸引力和凝聚力。企业获利微薄甚至亏损,员工的工资和福利有所下降也是正常的。如果让一个利润有所减少,甚至面临亏损边缘的企业"打肿脸充胖子"在续聘员工时必须维持或提高劳动合同约定条件,这对企业来说无疑是雪上加霜,很多企业可能会被拖垮。

以上是新的《劳动合同法》最受企业争议的一些条款,当然还有其他的一些新的规定也引起了人们的广泛争论,但对企业成本的影响远远比不上上述的三方面的规定,如必须签订书面劳动合同的条款,主要是个形式问题,对企业的成本影响不大,这里略过不提。

根据上述的企业界对新的《劳动合同法》的分析,企业界认为在新的《劳动合同法》真正施行后,企业的自由雇佣权受到极大限制,劳动力成本居高不下,而劳动者却由于不再时刻面临被解雇的压力而不思进取,导致企业效率低下,由于“劣币驱逐良币”的效应,“懒人”会越来越多,新的《劳动合同法》成为一部名副其实的“养懒人”的法律。最终的结果是企业劳动力成本大幅增加,而不仅不能带来效益的提高,反而因为懒人的增多而导致企业失去活力,效率低下。

因此,新《劳动合同法》出台前后,在社会上引起了的强烈的反响。一些经济学界和企业界的名人,纷纷就新《劳动合同法》发表自己的看法。比如经济学家张五常,不仅直接指出这是“养懒人”的法律,甚至认为有可能“搞垮经济”。[①] 联想集团创始人柳传志,也认为“企业发展大了的话,这方面负担弄得太重”。[②] 世界品牌顶级新定位方法“一字定位”首倡者张道奎则认为新《劳动合同法》大大增加了企业运营成本。无固定期限劳动合同规定,如果没有相应细则配套,很容易“惯”出惰性员工和“浑水摸鱼”员工,这会大大降低企业活力。[③] 当然这些人还只是发表评论,说说自己的看法而已,相当多的企业,由于担心新《劳动合同法》可能带来的企业成本的增加,纷纷采取各种措施以规避《劳动合同法》的这一规定,而其中最有名的是任正非领导的华为出现的“辞职门”事件。[④] 新《劳动合同法》对企业行为选择的冲击之大,由此可见一斑。

(二)上述条款对企业行为选择影响的经济学分析

到目前为止,上述对新的《劳动合同法》的分析都是站在企业的立场上做出的

---

① 张五常:《新劳动法养懒人,恐会搞垮经济》,载于 http://oxford. icxo. com/htmlnews/2008/01/08/1237955_0. html,2011 年 8 月 6 日 16:00。

② 柳传志:《新劳动对企业发展不利》,载于 http://oxford. icxo. com/htmlnews/2008/01/08/1237948_0. html,2011 年 8 月 6 日 16:00。

③ 张道奎:《你赞成柳传志认为新劳动法对企业不利的观点吗》,载于 http://www. boraid. com/darticle3/list1. asp? id = 91231&pid = 1485,2011 年 8 月 6 日 16:00。

④ 据报道,从今年(2007 年)9 月底开始,国内外颇有影响力的通讯设备制造商——深圳华为技术有限公司共计 7 000 多名工作满 8 年的老员工,相继向公司提出请辞自愿离职。这次大规模的辞职是由华为公司安排的,辞职员工随后即可以竞聘上岗,职位和待遇基本不变,唯一的变化就是再次签署的劳动合同。全部辞职老员工均可以获得华为公司支付的赔偿,这就是轰动全国的华为“辞职门”事件。载于 http://baike. baidu. com/view/1257761. htm,2011 年 8 月 6 日 16:00。

结论。虽然说作为整个劳动法体系重要组成部分的《劳动合同法》,其立法目的就是为了保护劳动者的利益,适当的对企业的强势进行某种程度的限制是应有之义,但是劳动法对企业强势的限制并不是无条件的,而是以总体上对社会福利的增加有利为前提的。假如一部法律不能使总体社会福利增加,那么这部法律就是无效率的,或者说是失败的。新的《劳动合同法》的施行为了达成保护劳动者正当权益这一主要目的,可能确实会对企业造成一定的负面影响,但这必须是在可接受的范围之内,而且必须对总体社会福利的增加有所贡献。

从经济学的角度来讲,上述企业的观点虽然都有一定的道理,那就是劳动合同法的上述条款毫无疑问地增加了企业在劳动力方面的成本。在企业界对新的《劳动合同法》的反对者看来,新的《劳动合同法》对劳动力市场的影响如图4.7所示。

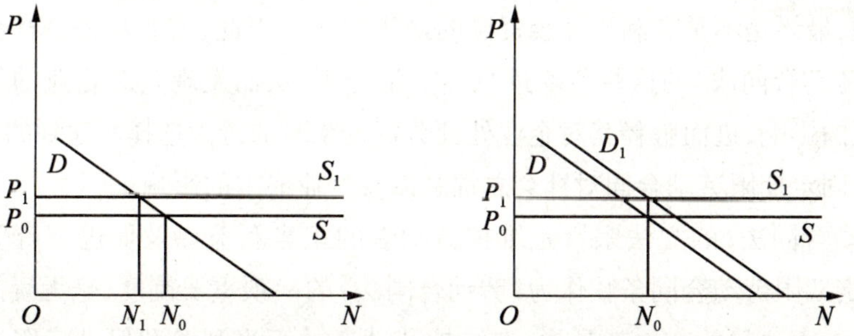

图4.7　新的《劳动合同法》在反对者眼中及事实上对劳动力市场的影响

如左图所示,企业界的反对者认为,原有的劳动力市场供需曲线 S 和 D 存在的基础是最低工资 P_0 的存在,在市场的作用下,这一劳动力价格刚好保证了劳动者的充分就业 N_0。但是新的《劳动合同法》通过人为将最低工资从 P_0 提高到 P_1,从而使 S 曲线上移成为 S_1,在这样的情况下,S_1 和 D 达成平衡的劳动者就业水平为低于充分就业水平 N_0 的 N_1。如果市场的运作确实如此,在新的《劳动合同法》执法力度加大,从而使企业无法像之前那样无视法定最低工资标准从而将 P_1 重新拉回到 P_0 的情况下,就必然出现就业萎缩,企业增速变缓甚至亏损,乃至于大批倒闭的现象。从而不仅不能增进社会福利,保护劳动者的合法权益,反而会使经济受阻,发展倒退。如果确实如此,那么新的《劳动合同法》就是一部典型的不符合社会资源有效配置的,在立法上有重大瑕疵的法律。

然而事实上,劳动力市场的运作并不是这样,而是如右图所示。在新的《劳动合同法》通过将最低工资标准 P_0 提升到 P_1 的时候,不仅仅使 S 曲线上移到 S_1,同

时也将 D 曲线上移到了 D_1，其作用的方式在前面论述劳动法提到法定最低工资的作用时已经具体分析过。在这样的情况下，达成 S_1 和 D_1 曲线平衡的就业量不再是比充分就业 N_0 小的 N_1，而是仍然保持在充分就业的 N_0 的水平。在这样的情况下，不仅劳动者通过最低工资水平的提高而受益，企业同样通过劳动者素质的提高以及更和谐的劳资关系、更大的消费市场获得了好处，整个劳动力市场进而是国民经济进入良性循环的轨道。

因此企业的这种成本的增加并不是只有投入没有产出的毫无意义的浪费，而是总体上对社会的福利增加有利，而且企业作为社会的关键组成部分，社会总体福利的这种增加归根到底对企业的长期的可持续发展有利。而且，在评价一种制度到底合不合理的时候，最关键不是看它是否给相关主体增加了责任成本，而是看它合不合理，最终是不是有利于社会资源的最优配置。因此，需要从整个社会的角度对新的《劳动合同法》的这些条款进行经济学分析，从而发现其对企业的经济效益可能造成的影响，进而解释其对企业处理劳资关系时的行为选择所起到的作用。

1. 无固定期限劳动合同对社会总福利以及企业成本的影响

《劳动合同法》的立法宗旨是维护劳动者的正当利益以及促进劳资关系的和谐，无固定期限劳动合同条款作为《劳动合同法》的一项重要制度，毫无疑问很好地体现了这一立法目的。也就是说，在维护劳动者的正当利益和促进劳资关系的和谐方面，无固定期限合同条款的正面作用是毋庸置疑的，而这一作用的实现，实际上就是整个社会福利的增加。这种福利的增加表现的一个主要方面自然是劳动者工作的安定性增加，从而减少了其不断适应自身环境的改变而形成的社会总成本。但是，由此受益的不仅仅是劳动者，这种福利的增加同样表现在企业方面，无固定期限合同可以明显地增强劳动者对于企业的归属感和向心力，而这会增加劳动者和企业之间的契合度，从而最终达到增加企业效率的目的。实际上，早在 2008 年新的《劳动合同法》正式施行之前，很多国有企业就根据 1994 年《劳动法》第二十条的规定同老员工签订无固定期限合同。而国有企业中很多员工存在的“以厂为家”的思想，同其具有的这些待遇息息相关。[①] 当然，这在一定程度上也可能具有企业所

① 参见 1994 年《劳动法》第二十条：劳动合同的期限分为有固定期限、无固定期限和以完成一定的工作为期限。劳动者在同一用人单位连续工作满 10 年以上，当事人双方同意续延劳动合同的，如果劳动者提出订立无固定限期的劳动合同，应当订立无固定限期的劳动合同。

宣扬的降低了劳动者就业的压力，从而使其缺乏自我提高和发展的动力的后果。但根据发达国家实施无固定期限合同的经验，对企业的这种消极后果是不足以抵消上述的积极后果的，发达国家企业普遍存在无固定期限劳动合同制度就是最好的证明。[①] 而且，这种消极后果是可以通过其他一系列的手段来消除的，毕竟企业管理的各种激励和惩罚措施中解雇的方式只是一种极端的因此也很少真正使用的手段。[②] 另外，就算是已经签订了无固定期限劳动合同的劳动者，企业仍然可以援引《劳动合同法》的相关终止和解除劳动合同的条款以解除劳动合同，当然企业要提供相应的补偿，从而增加了企业的劳动力成本，但是这种情况总体上来说对于正常的企业应该比较少见，因此增加成本的幅度也不是很大。而且，《劳动合同法》只是规定在企业连续工作十年以上的员工才应当签订无固定期限劳动合同，而连续签订两次合同以上的员工只有在劳动者要求签订无固定期限劳动合同的时候，企业才应当签订无固定期限劳动合同。也就是说，假如劳动者不要求的话，就不用签订无固定劳动期限合同，而企业应该有的是合法手段，让企业不愿意同其签订无固定期限劳动合同的劳动者不要求签订无固定期限劳动合同。因此，无固定期限劳动合同条款总体上是通过限制企业的解雇权从而达到保护劳动者，促进劳资关系和谐的目的。虽然同《劳动合同法》实施之前相比，其成本有一定程度的提高，但对企业的成本影响其实并不是很大，而且假如企业能够对其加以合理的运用，应该不仅能克服其不利的一面，而且可以对企业的可持续发展有着相当正面的影响。因此企业理性的行为选择应当是在遵守《劳动合同法》的前提下，应因法律环境发生的变化，对企业内部的劳资关系处理方式进行调整，充分发挥这一条款对企业能够

---

① 发达国家中实行无固定期限劳动合同最有名的是日本的终身雇佣制。随着日本经济的崛起，这种制度也被世界各国广泛仿效。当然，由于这种制度固有的缺陷，已经被日本和其他国家进行了大幅度的改革。但由于其本身具有的以增强员工归属感为主的各种优点，类似制度仍广泛存在于这些国家的企业中。详情参见秦宗荣，李宝荣. 日本企业的终身雇佣制[J]. 宏观经济管理，1988(7):40-41；赵文斗. 日本企业告别终身雇佣制[J]. 航天工业管理，2001(10):40-41.

② 实际上，由于培训新的替代员工需要的高额成本以及由此带来的不确定的风险，企业只有在该员工行为对企业造成的负面效应超过培训新的员工造成的成本增加以及由此带来的不确定的风险的时候才是符合经济效率的。因此，对于正常经营的企业来说，解雇是对员工实行惩罚的终极手段，对于解雇都是慎之又慎的。参见高金旺. 企业如何避免因解雇造成的负面影响[J]. 企业活力，2007(7):46.

产生的正面作用,削弱其消极作用。

2.《劳动合同法》中关于企业解除或者终止劳动合同的经济补偿的规定

因为直接涉及企业的净支出,经济补偿问题也就成为了整个新的《劳动合同法》产生争议的核心,包括上述的无固定期限劳动合同条款和企业续聘降低待遇员工可以终止合同要求补偿的问题,其实根本原因还是因为企业终止或者解除劳动合同需要付出相应的经济补偿。站在整个社会或者是国民经济的角度,作为整个社会的最基本也是最关键的经济细胞,企业的各种行为都不再是其自身的单独的行为,而是会对整个社会产生各种各样的影响的行为。当然,这些影响可以是正面的,如促进社会就业,提高人民收入水平,促进科技进步等。但是在很多时候,企业的行为对社会的影响却可能是负面的,如企业裁员造成大量的失业,企业的运作造成的各种各样的环境污染等。按照庇古的观点,导致市场配置资源失效的原因是经济当事人的私人成本与社会成本不相一致,从而私人的最优导致社会的非最优。由于企业某些行为的这种负外部性的存在,造成了社会资源配置上的低效率与不公平的事实,这促使人们去设计一种制度规则来校正这种外部性,使外部效应内部化。一般来说,纠正外部性的方案可以是政府通过征税或者要求企业提供补偿来矫正导致外部性的当事人的私人成本。这种外部性的效果如图 4.8 所示。

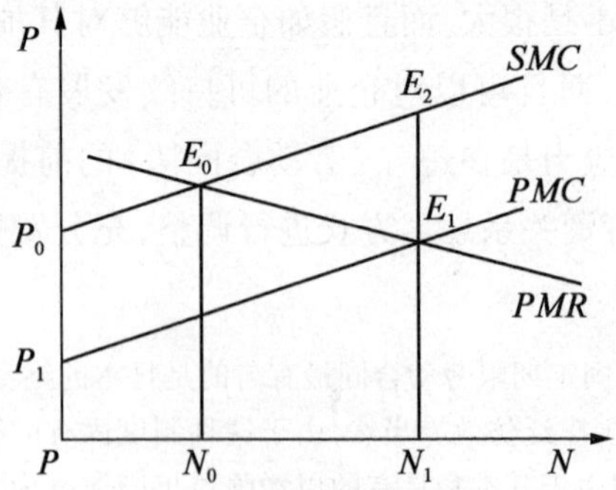

图 4.8　外部效应内部化

图 4.8 中,N 轴代表企业外部性行为的数量,P 轴代表成本或者收益的数量,*PMC* 曲线代表企业的私人边际成本曲线,*SMC* 代表社会边际成本曲线,*PMR* 代表企业的私人边际收益曲线,这里假设社会的边际收益等同于企业的私人边际收益,即企业的私人边际收益曲线 *PMR* 和社会边际收益曲线 *SMR* 重合。可以看出,由于企业行为的外部性的存在,其私人边际成本小于真实的社会边际成本,*SMC* 曲线位

于 *PMC* 曲线之上。由此形成的最符合企业利益的外部行为数量为 N_1,而最符合社会利益的企业外部行为数量为 N_0。当企业的行为数量为 N_1 时,虽然企业自身的边际成本等于其边际收益,但社会边际成本已经大于其边际收益,数量为直线 E_2E_1,由此给社会福利造成的损害为三角形区域 $E_0E_1E_2$。此时政府就有必要采取措施,使企业外部性行为的 *PMC* 曲线上移,使其与 *SMC* 曲线重合,以保证社会福利最大化的实现。也就是说,只要政府采取措施使得私人成本和私人利益与相应的社会成本和社会利益相等,则资源配置就可以达到帕累托最优状态。而政府实际上能够采取的措施主要分成两种形式。

一种是按照庞古[①]的传统,经济学家主张使用税收的方法迫使厂商实现外部性的内部化:当一个厂商施加一种外部社会成本时,应该对它施加一项税收,该税收等于厂商生产每一连续单位的产出所造成的损害,即税收应恰好等于边际损害成本。这种纠正外在性的方法也称为"庇古税"方案。[②] 但是庇古税有一个受人诟病的缺点,就是这些收费直接变成了国家收入,而不是直接给予了这种负面效应的受害者,也就是说庇古税虽然能够使企业的外部性内部化,但却不能使受害者受损的利益得到补偿,因此受害者对这种外部性的容忍度相对来说会比其得到合理的补偿的情况下要低,最终导致资源配置的无效率。当然,政府也可以通过将这部分税收转移到受害者手中以实现资源的有效率配置,但实际上,由于信息的不充分以及成本高昂,政府要在代价很小的前提下给予受害者合理的补偿几乎是不可能的。比如在企业解雇劳动者造成的社会负效应的矫正,政府虽然可以通过对征收一种类似于解雇税的税种,并且通过制度性的规定将这一税收补偿给被企业解雇的劳动者,但是,政府在征税环节和给劳动者发放补偿环节的成本是很高的,并不能实现资源的最有效配置。因此,经济学家们提出了第二种解决方案。

第二种方案是由企业直接给予受害者以补偿。当然,最理想的是根据科斯第

---

① 庇古(Pigou, Arthur Cecil,1877—1959),英国经济学家,新古典经济学派代表。庇古在研究环境污染产生的外部性的过程中,提出了解决外部性的税收方法,即征收庇古税。其代表作为《福利经济学》。

② 这里所讲的"庇古税"中的"税"是一个学术概念,实际应用时既可以是税收,也可以是收费,如环境资源税,环境污染税,排污收费等。参见方福前. 福利经济学[M]. 北京:人民出版社,1994:97;【英】庇古. 福利经济学[M]. 金镝,译. 北京:华夏出版社,2007.

一定理的谈判的方式得到最佳的解决方案。但是前面已经讲过,劳资关系和一般的民事关系相比最大的特点之一,就是双方力量的不均衡,从而造成劳资双方事实上的地位不对等。而科斯定理的实现,则有赖于谈判双方地位的基本对等。在这样的情况下,纯粹依靠劳资双方自己协商得出企业给予被解雇者适当的补偿几乎是不可能的,最终结果必然是劳动者得不到充分的补偿而使企业行为的外部性得不到适当的矫正,导致资源配置的无效率。正是在这样的情况下,新的《劳动合同法》要求企业直接按照法律的规定给予劳动者法定的补偿。虽然这种法定补偿不一定达到了帕累托最优配置的要求,但肯定是比政府通过向企业征税转移支付或者是劳资双方直接谈判决定补偿金额的解决方案要优越得多,也就是说达到了事实上的帕累托次优配置的要求。因此,《劳动合同法》要求企业对被解除劳动合同的劳动者提供经济补偿是符合资源有效配置的要求的。而且,长期来说,企业完全可以根据经验数据将这一成本纳入总的劳动力成本核算之中,通过不同的劳动力成本之间结构的调整来减轻对企业总体成本的影响。现在的问题是法定的补偿额度是否合适的问题,因为企业和劳动者的个体差异,实际上制定任何统一的补偿标准都不可能符合帕累托最优配置的要求而只能达到次优的状态。

3. 只能上不能下的劳动者待遇条款

这一条款之所以受到企业的指责,个人认为很大程度上是因为误解,然后就是对有关解除和终止劳动合同必须提供经济补偿的条款的抵触。因为这一条款并没有说企业不能降低员工的待遇,而只是在企业降低员工待遇的时候给员工终止合同要求法定补偿的选择权。这一条的目的其实并不是要阻止企业在非常特殊的情况下下浮劳动者的劳动待遇,而是为了保证前面的企业解除或者终止劳动合同时要依法提供经济补偿。否则此条款就不应当是现在这样,而应当是直接说明劳动者的待遇一旦确定就不能下浮而只能维持或者提高。因为假如不规定劳动者在续签合同时待遇下浮的情况下有权终止合同,同时获得法定的经济补偿的话,企业就可以随心所欲地解雇任何一个员工而不用提供任何经济补偿,从而导致前面的企业终止和解除劳动合同时必须提供法定的经济补偿的条款形同虚设。那么会不会出现上面所谈到的企业即使效益很差甚至亏损的情况下也只能维持甚至是提高员工的待遇而不能灵活应变,最终成为企业摆脱窘境的包袱呢?当企业确实决定和员工续签劳动合同时,假如企业正好处于效益不佳的时候,那么企业通过耐心地同员工解释企业目前的困难,指出待遇的降低只是暂时的,并承诺效益好转的话就恢复原有待遇甚至是还有所提高，一般来说员工都会接受一定程度的待遇下浮的。当然不排除部分员工会拒签合同并要求提供经济补偿，但只要企业待遇下浮合情合理而不是很过分，这样的情况应当不会很多，对企业的成本影响应该也不是很大。而且考虑到转换工作需要的成本，对于大多数人来说，只要企业提供的待遇没有降低到这样的程度，即劳动者可以找到的替代工作提供的待遇减掉转换工作产生的成本以下，即使企业是在没有特殊原因的情况下恶意地降低工作待遇，也不会拒绝续签劳动合同。假如这样的情况居然成为多数的话，只能说明员工已经普遍对企业的前途丧失了信心，估计不降低他们的待遇他们也在企业待不了多长时间了，法律要不要求企业提供补偿对企业经济效益的影响都差不多，因为这个企业已经让大多数员工看不到希望了。[①] 因此，这一条款的主要作用只是为了防止有的企业通过降低待遇的形式变相解雇员工，正如上述甲企业对苏某所做的那样，而不是员工的待遇只能上不能下。从劳动合同法施行之后都出现这样的变相解雇的作法，可见这一条款对于确保劳动者被解雇后得到正常经常补偿的重要性。因此这一条款的施行后对企业经济上的影响其实仍然是上面所述的经济补偿问题，对企业行为的影响同样附属于上面的经济补偿条款。

（三）企业的现实行为选择

通过上述分析可以得出的结论是，从理论上来讲，新的《劳动合同法》中引起企业界广泛批评的无固定期限合同条款、解除劳动合同提供经济补偿的条款以及员工可以拒绝续签待遇降低的劳动合同并要求相应补偿的条款，不仅保护了劳动者的正当的利益，促进了劳资关系的和谐发展，而且在总体上有利于社会资源的最优配置，提高了社会整体的福利水平。就算完全站在企业利益的角度，劳资关系的和谐也有利于企业效益的提高以及企业的可持续发展，而且在得到这些好处时，由于遵守《劳动合同法》中的条款对企业成本的影响并没有某些经济学家和企业界人士所说的那么大，总体上来说对企业仍然是得大于失。按照行为经济学理论，企业之所以反应强烈，是由于前面讲到过的禀赋效应的影响，企业对自己既得利益估价过

① 这种情况可以对照本文前面所述的甲企业生产线员工最低工资争议一案。此案中，虽然企业在没有同员工协商的情况下单方面降低了员工的待遇，但大多数员工并没有公然抵制企业的这一行为。而参与投诉的十名员工实际上已经做好了离开企业的打算，也就是说他们对企业的前途已经丧失了信心。

高,而对法律规定用来交换这种损失的劳资关系和谐的估价过低,最终促成了这种不符合理性经济人假设的过度反应。这种反应的直接体现,就是在《劳动合同法》已经施行了多年的今天,无固定期限合同条款和经济补偿条款仍然遭到了很多企业的顽强抵制。[①] 其中上述甲企业应对无固定期限合同条款中“签订两次固定期限合同后,劳动者要求签订无固定期限合同的,应当签订无固定期限合同”这一条款的办法是:当企业同这样的劳动者续签合同时,会直接告诉劳动者,在他面前只有两种选择,要么签订固定期限合同,要么就直接解除合同。也就是说,劳动者实际上只有一个选择,就是签订固定期限合同。要求签订无固定期限合同的后果不是法律上规定的企业必须签订,而是劳动者直接被解雇,而且,这种解雇还是合法的。应对降低待遇续签合同时员工有权拒签并要求相应经济补偿条款的做法则是在签订初始合同时所有员工的待遇都按照最低工资标准签署,续签时依此类推,这样就不存在续签合同时降低劳动待遇的问题。而且这并不是甲企业自己想出来的解决之道,而是模仿的其他企业的类似行为。也就是说,这实际上变成了企业界的一种通行的作法。而对解除劳动合同法定的经济补偿,以甲企业为代表的很多企业则是干脆不管不顾,反正到目前为止,并没有因为自己的这种违法行为带来真正的法律制裁。其他企业一般也会打个折扣,能省则省。当然一般的知名企业大多数都是严格依法办事的,因为社会舆论对它们的经济效益影响太大了,但是在任何地方,知名企业都只是少数而已,其行为并不能代表大多数企业的选择。

小　结

新法律的实施,由于其直接打破了原有的利益分配格局,而且其具体效果尚需时间来证明,必然遭到某些守法主体的怀疑和误解。而这些怀疑和误解,必然导致新法适应过程中守法主体的各种不法行为。

通过对新法适应过程的期望效用函数理论的分析,论证了新法适应过程存在的必然,接着以新《劳动合同法》为例证,对其出台引起企业做出各种不法行为选择

① 这种情况主要出现在私营企业之中。如上所述,很多国有企业在2008年新的《劳动合同法》正式施行之前,已经按照1994年《劳动法》第二十条的相关规定同符合条件的劳动者签订了无固定期限合同。

的原因进行详细的经济学分析,证明这些不法行为的出现并不是由于新法的立法目的或者具体的法律规定存在瑕疵,而主要是由于既得利益受损者的抵制和不明真相者的误解,也即本章所述的新法适应过程造成。由于必须符合资源有效配置,新法实施过程必然存在,与此相对应的不法行为也难以避免。

第五章　不法行为选择的博弈分析

在第一章的几个案例中，无论是张某工伤赔偿案中的张某家属，苏某变相解聘案中的苏某，生产线员工最低工资争议案中的生产线员工，其在维护自己的合法权益时的直接对手，毫无疑问都是其必须面对的甲企业。在一定的程度上，上述案例中甲企业最终的行为选择，实际上就取决于张某家属、苏某以及生产线员工同甲企业的互动过程。当然，甲企业同样不得不顾忌到外部因素的影响，尤其是劳动监察部门对其行为的反应。如生产线员工最低工资争议案中，甲企业虽然已经做出了有利于己身利益的不法行为选择，但劳动监察部门的一个电话，它就不得不迅速调整自己的行为，从而做出相应的合法选择。但是，在大多数的此类纠纷中，劳动监察部门都没有施加实际的影响，如张某工伤赔偿案和苏某变相解聘案，张某家属和苏某只能单独面对甲企业做出相应的不法行为选择。当然，甲企业的同行也能影响到甲企业的行为选择，比如就甲企业的不法行为向劳动监察部门举报，或者对其联合抵制，但是在所有的案例中，都没看到甲企业的同行对其不法行为选择做出了类似的制约行为。这里需要思考的是，为什么在劳动监察部门影响不到的地方，上述案例中甲企业的员工维权的结果，总是甲企业取得最终的胜利，而甲企业的同行对此也熟视无睹，没有任何制约的行为，甚至在苏某变相解聘一案中，还有意促成这种行为呢？这就涉及甲企业的同行以及相关案例中的员工同甲企业的博弈过程，也就是在国家影响力不足的情况下，强势侵权者同类似主体以及弱势的被侵权者之间的博弈过程。

正如本书前面所述，国家在达到一定的守法比例之后，继续增加国家投入以提高守法比例就会产生负的净收益，守法主体在达到一定的守法比例后，继续增加自己的资源耗费以保证守法比例的提高同样不合算。在这样的情况下，国家就会由于经济上的原因，为保证社会福利的最大化而不能继续加大法律方面的投入，而守法主体也会做出一定程度的不法行为选择以保证自身利益最大化。

本章所要讨论的问题，正是在国家由于经济规律的制约而不继续增加国家投入，而守法主体也会做出一定程度的不法行为选择以保证自身利益最大化的时候，守法主体是如何在国家影响力不足的情况下做出自己的不法行为选择的。

对于特定的守法主体来说，对其最终守法行为选择的成本 C 影响最大的外部因素是其他利益相关主体对其不法行为做出制约，从而增加其不法行为成本的能力。这种外部限制，除了国家执法之外，还包括其他的利益相关者，如同类主体或者是受到保护的弱势群体，可能做出的对其不法行为进行制约的各种行为。在劳动力市场，同类主体主要是其他企业，受保护的弱势群体则为普通劳动者。一般来说，国家的力量是企业无法抗衡的，在国家执法严格的情况下，守法主体是很难承受不法行为所带来的后果的，因此几乎不存在企业进行不法行为选择的空间。但是，由于上章所述的国家在宏观上受边际收益递减和边际成本递增的经济规律限制，总是存在执法资源有限从而不足以保证某些守法主体的行为选择符合法律要求的地方。在国家执法缺位的情况下，同类主体和被侵权的弱势群体同特定守法主体的博弈，将直接决定特定守法主体的是否做出不法行为的选择。下面本文即通过搭便车理论和独木桥理论两种博弈模式，以劳动力市场为例，对国家影响力不足的情况下，守法主体面对同类主体和受保护的弱势群体做出不法行为选择的原因进行分析。

第一节　搭便车理论[①]

每一种法律的制定，其立法目的或者是立法宗旨肯定是以社会福利的增加为依归的。也就是说，一部正常的良法，通过其具体实施，就能给社会整体带来福利的增加。而这种整体福利的增加，毫无疑问对组成社会的每一个守法主体都会带

---

① 搭便车理论首先由美国经济学家曼瑟尔·奥尔森于 1965 年发表的《集体行动的逻辑：公共利益和团体理论》(*The Logic of Collective Action Public Goods and the Theory of Groups*)一书中提出的。其基本含义是不付成本而坐享他人之利。搭便车理论的基本逻辑是由于集体行动产生的利益针对集体中的每一个人，在一部分人承担了集体行动的全部成本的情况下，其他人可以不用付出任何成本取得相应的利益。参见【美】曼瑟尔·奥尔森. 集体行动的逻辑[M]. 陈郁，等译. 上海：上海三联书店，1995.

来相应的好处或者是利益。现在的问题是,既然法律的施行对所有守法主体最终都会带来好处,而守法主体作为理智的经济人,没理由不按照利益最大化的原则进行自己的行为选择,为什么还需要国家在执法和司法上投入那么多稀缺的资源进行监督和威慑,而且在这种监督和威慑不足的时候就会出现那么多的守法主体做出类似甲企业的不法行为选择呢?这就涉及经济学上的搭便车理论。假设初始状态下所有成员都是守法的,守法成本为1,收益为2,在国家影响力不足的情况下,搭便车理论下的守法主体行为选择如表5.1所示。

表5.1　搭便车理论下的守法主体行为

法律实施过程	特定个体成本	大多数个体成本	特定个体收益	大多数个体收益
初始状况	1	1	2	2
一段时间后	0	1	1 < 收益 < 2	1 < 收益 < 2
较长时间后	0	0	略大于等于0	略大于等于0
最后状态	0	0	0	0

根据搭便车理论,在表5.1中假设的最初的100%守法状态过去后,由于国家影响力不足,某些特定守法主体发现,假如其不遵守相关法律,就可以不用付出任何守法成本而得到其他守法主体能得到的同样好处,虽然此时由于这些个体的不守法,给其带来的好处已经小于初始状态的2,但是其大于1小于2的净收益仍然大于其初始状态下2-1=1的净收益。随着国家影响力的进一步下降,其他守法主体纷纷仿效,结果绝大部分守法主体均选择不继续守法,此时个体搭便车行为能给自己带来的好处已经只是略大于零,远小于初始状态下2-1=1的净收益。最后的结果是,所有守法主体或者不守法或者承担由于守法带来的成本劣势从而被淘汰,整个社会守法主体全部选择不守法,法律实施带来的收益荡然无存。因此,为了保证法律实施所带来的社会福利的存在,就必须将这种搭便车的现象控制在一定的范围之内。

在搭便车理论的逻辑下,由于法律实施带来的好处是针对所有守法主体的,因此,假如某一守法主体能够不用遵守相关法律,也就是能够不用付出遵守法律需要的成本,而同样能够享受同其他付出此类成本的守法主体一样的好处,那它就会选择不遵守相关法律,从而享受搭便车的好处。当然,搭便车成功的前提是国家没有

对这种不法行为进行相应的惩罚，否则其搭便车就不会成功。而根据本文的基本理论模式，在守法比例达到 Q_0 之后，国家继续投入资源来提高守法比例已经不划算了，从而容许一定程度的不法行为的存在，这就为某些守法主体提供了搭便车的空间。下面以劳动法的实施为例，具体分析搭便车理论对守法主体行为选择的影响。

前面已经说过，通过劳动法对自由的劳动力市场的介入，将仅能维持简单再生产劳动力的最低价格提高到适度的水平，就能提高劳动者的素质，进而增加劳动者的生产效率，而这种生产效率的提高则足以抵消企业劳动力成本的提高，而且还能使企业的市场扩大并且构建和谐的劳资关系。在这里大家要特别注意的是，劳动法施行所导致的劳动者素质的提高并不是仅仅针对某一个企业的，而是指的整个劳动力市场。在这样的情况下，假如部分企业遵守劳动法提高了劳动者的收入而另外一些企业却没有按照劳动法的要求遵守劳动法，并不会出现只有遵守了劳动法的企业劳动者素质提高而没有遵守劳动法的企业劳动者素质原地踏步的局面。也就是说，不按照劳动法提高劳动者收入的企业可以享受到同遵守法律的企业不一定相同但至少是差不多的劳动者素质提高所带来的生产率提高的好处，这就为某些企业通过各种非法手段投机取巧提供了可能，[①]形成劳动力市场的搭便车的现象。

这种搭便车现象的出现如果得不到及时有效的遏制，就会出现类似于前面讲述新的劳动合同法出台之前的情况。即搭便车的企业由于不用像遵守劳动法的企业那样为了提高劳动力的素质而按照法律规定增加劳动成本，从而获得了相对于守法企业的不正当的竞争优势，而守法企业则恰好相反，其守法行为反而成为了其参与市场竞争的劣势，从而出现类似于“劣币驱逐良币”[②]的局面，最坏的结果就是

① 比如说由于劳动者收入的提高，可以有对后代的教育有更大的投入，而这种投入也促成了全民素质的迅速提高，而这些素质更高的劳动者进入劳动力市场之后，不遵守劳动法的企业同样可以享受到劳动力素质提高带来的好处。

② 劣币驱逐良币（Bad money drives out good）为16世纪英国伊丽莎白造铸局长提出，也称“格雷欣法则”（Gresham'sLaw）。该定律是这样一种历史现象的归纳：在铸币时代，当那些低于法定重量或者成色的铸币——“劣币”进入流通领域之后，人们就倾向于将那些足值货币——“良币”收藏起来。最后，良币将被驱逐，市场上流通的就只剩下劣币了。“劣币驱逐良币”是经济学中的一个著名定律。

像劳动合同法出台之前那样，守法企业要么由于竞争力的劣势而破产，要么不得不像搭便车的企业那样，同样加入不守法的企业行列。最终导致相关法律虚置，最低工资无法达到适度高于简单再生产的水平，从而导致资源的无效配置。其造成的后果如图5.1所示。

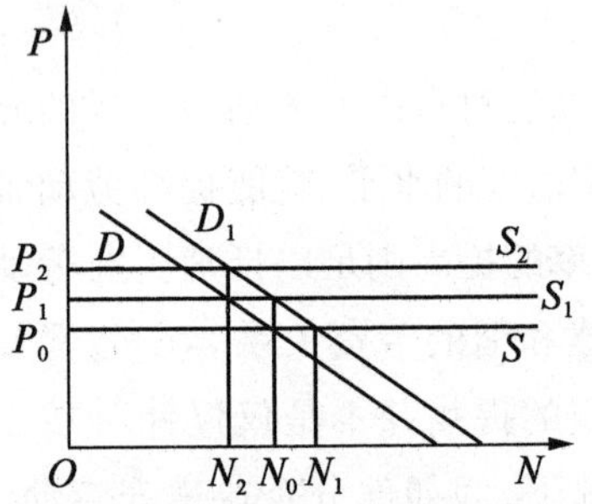

图5.1　搭便车现象泛滥对劳动力市场的影响

如前所述，为了提高社会总体福利水平，保护弱势群体劳动者的利益，在生产力发展到一定水平的时候，国家必然通过立法的方式强行将法定最低工资水平 P_1 提升到维持最低生活水平 P_0 之上。此时，为了保证市场达到充分就业 N_0 的水平，由 P_1 形成的位于自由市场形成的供给曲线 S 之上的供给曲线 S_1 以及由此产生的位于自由市场形成的需求曲线 D 之上的需求曲线 D_1 必须相交于（P_1，N_0）点。此分析是建立在法定最低工资水平能够得到所有企业遵守的基础上。事实上，由于类似甲企业的私有企业的广泛存在，在新的《劳动合同法》施行之前，上述搭便车的现象非常普遍，从而使这部分企业的实际工资水平低于法定最低工资水平 P_1 而向完全自由市场的 P_0 靠拢，而实际的供给曲线和需求曲线也向自由市场的 S 和 D 曲线靠拢，从而使整体劳动力市场的供给和需求曲线重新回到接近于纯粹自由市场的情形，从而使国家提高社会总体福利水平，保护弱势群体劳动者利益的立法目的不能达到。在国家没有下定决心通过提高执法水平使此类企业的守法水平提高到使供需曲线重新回到 S_1 和 D_1 的情况下，为了保证市场的整体供给曲线和需求曲线上移到 S_1 和 D_1 的水平，国家必然进一步提高最低法定工资标准到 P_2，以使市场的平均最低工资水平回到 P_1 的水平。在这样的情况下，守法企业和不守法的企业就形成了两个不同的劳动力市场，守法企业的劳动力市场供需曲线由 S_2 和 D_1 组成，由于承担了过高的法定最低工资水平，此市场的就业水平 N_2 达不到充分就业的 N_0 的水平。而不守法企业的劳动力市场供需曲线则由 S 和 D_1 组成，其就业水平 N_1

要高于充分就业水平 N_0。在这样的情况下，守法企业必然由于劳动力水平提高带来的收益不足以抵消最低工资标准的提高带来的成本增加而导致净收益减少，利润降低甚至是亏损，而不守法企业则相反，由于搭便车带来的劳动力水平提高的收益而不用支出相应的成本而导致净收益增加，竞争力增强。在产品市场自由竞争的情况下，守法企业处于明显的劣势，结果要么守法企业也变成不守法企业，要么守法企业倒闭或被不守法企业吞并，最后形成不守法企业一统天下，"劣币驱逐良币"的局面，最终促使市场的总体需求曲线 D_1 下移向纯粹自由市场下的 D 曲线靠拢。整个劳动力市场的供需曲线由于法定最低工资标准被绝大多数企业无视，而最终重新回到纯粹自由市场的 S 和 D 的位置，导致社会的总体福利水平降低，国家制定最低法定工资标准的立法目的化为泡影。

当然，以上所述的"劣币驱逐良币"，最终劣币一统天下的局面属于法律运行过程中守法主体行为的极端状况，也是搭便车现象如果得不到有效遏制的最坏的结果。这种情况只在之前法治建设不健全，法律权威基本没有树立的旧《劳动法》时代存在过。在改革开放的前 20 年，部分由于私有企业不遵守相关劳动法律所获得的这种相对于国有企业的不对称优势，导致相当多的行业国有企业大批破产倒闭，而私有企业一统天下，剩下的国有企业为了生存也不得不同私有企业一样不遵守相关法律。[①] 法治建设的主要目的或者说主要作用之一，就是要尽可能遏制这种搭便车的现象，从而为所有守法主体提供一个公平的法律环境。包括新的《劳动合同法》的出台，就是新的法治建设过程中的一个重要步骤。按照其第一条开宗明义的说法，其首要目的就是为了完善原有的法律制度，改变原有劳动法施行过程中搭便车现象普遍存在，最终导致劳动法形同虚设的局面。因此，新的《劳动合同法》无论在可操作性和实际执法的严格程度上，相较于原有的劳动法均有相当大的进步。而这也对原有的普遍性的搭便车现象起到了强有力的遏制作用。但是不可否认的是，在任何时期的任何组织中，由于搭便车可能带来的相较于严格遵守规定的主体的不对称竞争优势，搭便车的动机在任何时候都是存在的，而这种动机是否能变成

① 改革开放以来国有企业在国民经济中所占份额逐渐缩小而民营企业份额有所增加的所谓"国退民进"现象是很难三言两语解释清楚的。虽然很多学者都将其归因于某种历史的必然，但这种必然也是由很多因素综合形成的，本文所说的在守法上取得的不对称优势就是民营企业相对于国有企业竞争力更强的一个重要原因。

现实,就在于守法主体能否找到搭便车的机会。应该注意的是,不管法律的执行有多么严格,由于监督和制裁违法行为的成本递增的难题,都不可能真正严格到完全杜绝搭便车现象的存在。因此,很多企业尤其是私有企业存在搭便车的动机并在可能的情况下将其付诸实施是在经济规律作用下必然出现的事情。

正是由于上述因素的存在,甲企业在新的《劳动合同法》出台之前无论是企业主还是公司员工,对劳动法的存在根本没有什么感觉,更没有人想到要利用劳动法来维护自己的权益。而甲企业在习以为常地做出违反原有劳动法的行为时,也并没有给自己带来什么不良后果。寥寥无几的偶然出现的劳动纠纷,与其说是劳动者运用法律来保护自己的正当权益,不如说是这些纠纷中企业的所作所为已经严重触犯了一般员工的道德底线。而部分由于甲企业获得的这种不用执行原有劳动法律的待遇,才保证了甲企业在之前的市场竞争中一直立于不败之地。但是新《劳动合同法》的出台,由于法律在操作性上有了很大的改善,国家也相应完善了劳动执法的机制,甲企业不仅认识到了新的《劳动合同法》的存在,而且也明白不能直接同代表国家意志的法律相对抗。因此,甲企业针对新的《劳动合同法》,是做了相当多的工作的。至少在劳动合同签订的形式上,尽量同法律保持一致。而且,在出现解雇之类的事件时,同样意识到不能直接违反《劳动合同法》的有关补偿的规定,从而在苏某变相解雇案和生产线工人最低工资纠纷案中至少从形式上还是没直接违反法律的相关规定的。但是,这只能说更严格的执法在相当程度上遏制了甲企业搭便车的行为,而并不意味着甲企业搭便车动机的消失。实际上,在实际操作上,只要存在降低劳动力成本,而劳动监察部门不会发现,或者是虽然发现也不能或不愿处罚企业的可能,甲企业是不在乎实质上规避甚至是违反《劳动合同法》的。也就是说,虽然现在搭便车没有以前方便了,但只要有可能,甲企业还是很愿意能搭上便车的。因此,甲企业继续对大多数不懂法律的普通员工不提供任何补偿地解雇。而对苏某这样懂法律的员工则不能这么直接,而在形式上以调动工作的名义避免同法律直接相抵触,而实际上则是以这种形式掩盖其不提供任何补偿解雇苏某的目的。在生产线员工最低工资纠纷案中,其开始不认为员工会寻求法律保护,于是违反合同的相关规定,只给员工发法定最低工资,而在有员工投诉劳监干预的情况下,一方面按照法律的规定,解雇投诉员工并提供相应补偿,而对没有投诉的员工仍然只发法定最低工资,而不是劳动合同上约定的最低工资。因此,在法律执行严格且容易造成法律后果的部分,如合同的形式、不签正式劳动合同、对懂法的员工直接解雇不给补偿等行为,虽然能够节约公司的部分成本,但受到法律制裁的可能性太大,企业基本依法行事,无法搭别的企业的便车。而在法律只做原则上的规定,而没有严格的形式要求,或者员工寻求法律保护的机会不大的情况下,企业则是毫不犹豫地将这部分成本节约下来,如以调动工作的名义变相解雇,对不怎么懂法律的员工无补偿地直接解雇或者是擅自降低工资水平等,既节约了公司的成本,又没有很大的受法律制裁的风险。在这样的情况下,企业可以不用冒多大风险就搭上便车。以上博弈过程可以用表 5.2 表示。

表 5.2　国家执法力度对企业搭便车行为选择的影响

企业行为选择	守法	不法
导致的后果	收益不足以抵消成本增加	收益增加,无成本或很小
竞争力变动	竞争力下降	竞争力增强
企业的行为对策	倒闭或变更为不守法	继续其不法行为
导致的社会后果	选择不法行为的企业占据市场主导地位,社会总体福利降低	

国家执法力度适度,搭便车风险大——→企业行为选择,守法——→社会总体福利增加。

国家执法力度不足,搭便车风险小甚至没有。

因此,可以得出的结论是,作为劳动法律守法主体的企业在现实中经常存在的守法行为偏离正常的搭便车的情况,原因实际上来自两方面:一是企业出于增强竞争力的目的,因为搭便车带来的收益 R 的存在,主观上有搭便车的动机;二是法律在实施过程中,由于国家可能投入的资源有限,在很多时候对这种搭便车的现象不能做到及时有效的惩罚,使搭便车者受到有效惩罚的成本 C 不足以抵消上述的收益 R,从而为搭便车者提供了搭便车的客观条件。

第二节 独木桥博弈[①]

中国有句古话,叫作“狭路相逢勇者胜”,这句话正好可以用于经济学博弈理论中的独木桥博弈。假设两头牛同时从独木桥的两端走来,最终在中间相遇,由于桥只能容许一次一头牛通过,所以必须有一方先让步。正常情况下,由于博弈的双方都承担不起在桥中间一直僵持下去的后果,双方都有比对方先让步的动机。但与此同时,先让步的一方同对方相比,肯定是吃亏的一方,出于最大化自身利益考虑,双方也同样都有逼迫对方先让步的动机。那么最后到底是谁先让步呢?肯定是更有勇气,更能坚持到最后的一方在这种博弈中取得胜利。至于谁是那头更有勇气的牛,那纯粹是运气而已。这一博弈理论在现实中的体现,主要是对立的双方在讨价还价的过程中,由于双方都承受不起僵持下去的代价,因此在取得最后的解决方案的时候,最能坚持自己要求的一方在讨价还价的过程中就能得到最大的好处。其博弈过程如表5.3所示。

值得注意的是,更有勇气的一方获得最终胜利是有前提条件的,那就是博弈的双方力量大体平衡,正如最开始隐藏的假设,在独木桥中间相遇的是两头力量基本相同的牛。这样,双方才会遵循讨价还价的独木桥规则,而不会采用规则外的手段

---

① 此博弈又称斗鸡博弈(Chicken Game),Chicken在美国口语中为“懦夫”之意。指两者狭路相逢时,怯懦的一方先让步。试想有两人狭路相逢,每人有两个行动选择:一是退下来,一是进攻。如果一方退下来,而对方没有退下来,对方获得胜利,这人就很丢面子;如果对方也退下来,双方则打个平手;如果自己没退下来,而对方退下来,自己则胜利,对方则失败;如果两人都前进,那么则两败俱伤。因此,对每个人来说,最好的结果是,对方退下来,而自己不退。赢利矩阵(payoff matrix)如下:

甲/乙	前进	后退
前进	(-2, -2)	(1, -1)
后退	(-1,1)	(-1, -1)

上表中的数字的意思是:两者如果均选择“前进”,结果是两败俱伤,两者均获得-2的支付;如果一方“前进”,另外一方“后退”,前进者获得1的支付,赢得了面子,而后退者获得-1的支付,输掉了面子,但没有两者均“前进”受到的损失大;两者均“后退”,两者均输掉了面子,获得-1的支付。当然表中的数字只是相对的值。

解决问题。反映在现实中,力量基本对等的双方一旦发生利益上的纠纷,那么其可以做出的行为选择只可能有两种:一是双方通过协商,最能坚持自己要求的一方在讨价还价的过程中就能得到最大的好处;二是僵持不下,要么通过昂贵的司法途径解决问题从而两败俱伤,要么大家各退一步,偃旗息鼓。但是,无论是哪一种情况,都不存在其中一方可以通过无视对方的合法权益而取得胜利的可能,即通过不法行为选择获利的可能。其博弈过程如表 5.4 所示。

表 5.3 两牛相遇的独木桥博弈

独木桥

牛甲 < = = = = = = = = = = = = = = = = > 牛乙

勇气	牛甲 > 牛乙	牛甲 = 牛乙	牛甲 < 牛乙
结果	牛甲胜,牛乙让步	两败俱伤或同时后退	牛甲让步,牛乙胜

表 5.4 力量基本对等的双方发生纠纷时的独木桥博弈

纠纷

当事人甲 < = = = = = = = = = = = = = = = = > 当事人乙

勇气	甲 > 乙	甲 = 乙	甲 < 乙
结果	甲获得更大利益	法律诉讼或偃旗息鼓	乙获得更大利益
行为的合法性	合法	合法	合法

但是在现实中,当事人双方的力量经常是不对等的,有的时候这种不对等的情况还非常严重。那么双方博弈的情况就会大不相同。下面就以劳资纠纷的处理过程中劳资双方的博弈为例证来分析这种力量严重不对等的独木桥博弈的具体情况。

如果还原到最初的独木桥的情况中,在独木桥中间相遇的对立双方不是两条力量基本差不多的牛,而是一头强壮的牛和一头小牛犊,甚至更厉害的是,是一头牛和一只兔子。那么在这种力量不均衡的情况下,两者在独木桥上相遇还会仅仅限于讨价还价吗?假如答案是否定的话,那么又会遇到什么样的情况呢?

假如双方力量对比差别不大的话,双方在讨价还价的过程中除了考虑对方的耐心是否真的比自己更能坚持，自己需不需要先让步之外，基本上不需要顾虑诸如对方不遵守独木桥讨价还价规则，而采用破坏规则的方式解决的情况，因为在双方力量基本对等的时候，这样做是非常不理智的，在对方的报复下，基本上除了两败俱伤之外没有其他的可能性，而这样的代价是远远超出发起方先让步所造成的损失的。但是，假如换了一头强壮的牛和一头小牛犊，那情况就完全不同了。那头强壮的牛完全有可能凭借自己在力量上的压倒性优势，无视什么讨价还价的独木桥规则，直接将小牛犊从独木桥上撞下去，而自己则基本不用付出什么代价或只需付出非常轻微的代价。假如换成一头牛和一只兔子，那问题就更简单了，基本上牛对兔子让路甚至是讨价还价的可能性是不存在的，假如兔子不赶快落荒而逃的话，就直接被牛撞下桥了。同样的道理，在发生纠纷的双方力量不均衡的情况下，比如劳资双方关系出现问题的时候，由于问题必须解决，按照独木桥讨价还价规则的要求，这也是法治国家的基本要求，那么双方必然明里暗里有一个讨价还价的过程。在没有第三方干预或者第三方不能进行有效干预的情况下，真正参与此博弈的只有劳资双方，局面正如上面所说的一头强壮的牛同一头小牛犊，甚至是一头牛和一只兔子在独木桥上相遇，而企业正好就是那头强壮的牛，劳动者就是那头可怜的小牛犊或者是那只兔子了。劳动者讨价还价的可能性是很小的，最终基本上是按照企业主的意思解决这种争议。比如前面所述的甲企业，在相关执法机关不能进行有效干预的情况下，它在解雇劳动者的时候，基本上是不会同劳动者讨价还价的，单方面决定且不提供任何法定补偿。绝大多数劳动者对此也只能忍气吞声，而极少真的走上法律程序，同企业对抗到底。比如在前面所述的生产线员工最低工资争议案中，虽然工人的最低工资在正式的劳动合同中白纸黑字写得清清楚楚，但甲企业仍然单方面按照自己的意志，将其大幅下调到法定最低工资标准，而大多数员工也是选择默默承受。而意识到自己权利而进行投诉的十名员工，则变成了在独木桥上不让路而被强壮的牛直接顶下桥去的小牛犊或者被牛干掉了的兔子，直接被公司解雇。当然，这里由于有第三方即政府劳监部门一定程度的介入，他们被解雇的时候还是取得了一定的补偿，比可怜的小牛犊或者兔子要幸运得多。在这样的情况下，具有绝对优势的一方就会充分利用自己的这一优势，以直接侵犯弱势一方合法权益的不法行为的方式获取利益。此博弈过程如表 5.5 所示。

表 5.5 力量对比不均衡的双方相遇时的独木桥博弈

独木桥

(企业)牛 < = >兔子(劳动者)

实力对比	牛对兔子,企业对单个劳动者具有绝对优势	
勇气	(企业)牛 > 兔子(劳动者)	(企业)牛 < 兔了(劳动者)
结果	(企业)牛胜,兔子(劳动者)让步	(企业)牛胜,兔子(劳动者)让步
行为的合法性	不法	不法

当然,上面所说的独木桥上的强壮的牛毫不犹豫地将小牛犊或兔子顶下桥是有前提条件的。那就是没有能够制约强壮的牛使用暴力而不是通过讨价还价解决独木桥僵局的第三方势力,或者虽然有这样的第三方势力,但是第三方出于各种原因,对强壮的牛这种违反独木桥规则的行为由于各种利益的考量,或干脆不知情,而没有理会。在现实的劳资关系处理中,毫无疑问是存在这样的第三方的,这个第三方就是国家劳动法的执法机关。这一执法机关是以国家力量作为后盾的,就算对强壮的牛都具有压倒性的力量优势,完全具有制约强壮的牛试图破坏独木桥讨价还价规则意图的能力。而且更重要的是,劳动法的相关执法机关具有制约强壮的牛试图利用自己相对于小牛犊或者兔子的力量优势从而采取破坏独木桥讨价还价规则意图的法定义务。现在就来看一看在具有绝对力量并且具有守护独木桥讨价还价规则的第三方存在的情况下独木桥博弈的可能情况。

由于具有绝对优势力量的第三方不允许独木桥讨价还价的机制被破坏,理论上来说强壮的牛应该对将小牛犊或者兔子撞下桥的想法死心了,而小牛犊或者是兔子也不用担心撞下桥的威胁,放心地同强壮的牛讨价还价,然后比拼谁更有耐心。而且,双方也不用担心最后谁都不让路的问题,因为协商解决不了的话,还可以由具有绝对力量和权威的第三方作为裁判,获得一个双方都必须接受的结果。这样,就不会出现恃强凌弱的问题,讨价还价的独木桥规则得到了良好的遵守。对于产生矛盾的劳资双方,在不破坏法律的强行性规定的前提下,法律本身或者是执法机关都是鼓励双方通过讨价还价的方式协商解决的,至于具体利益怎么分配,只要不违反法律强行性规定,就看双方讨价还价时的技巧和耐心了。假如问题能通过这样的讨价还价式的协商解决,显然是成本较低而且又能维持劳资双方的良好关系的理想结果。而且就算最终协商不成,依然可以找相关的执法机关进行仲裁,不存在矛盾无法解决的问题，因此不会存在某一方无视对方的合法权益而做出不法行为选择的现象。如表5.6所示，具有绝对权威的第三方作为仲裁者的独木桥博弈模式。

表5.6　理想中的具有绝对权威的第三方作为仲裁者时的独木桥博弈

具有绝对权威的第三方

↙　　独木桥　　↘

（企业）牛 < = > 兔子（劳动者）

实力对比	牛对兔子，企业对单个劳动者具有绝对优势，第三方对（企业）牛具有绝对优势	
勇气	（企业）牛 > 兔子（劳动者）	（企业）牛 < 兔子（劳动者）
结果	（企业）牛胜，兔子（劳动者）让步	兔子（劳动者）胜，（企业）牛让步
行为的合法性	合法	合法

上面是初步分析的结果，并没有涉及讨价还价的具体过程及其结果。假如再深入分析下去，就会发现现实远没上面所述的那么美好。这是因为，在讨价还价的时候，双方都会对自己和对方所拥有的讨价还价的长处及不足有一个基本的判断。因此，实际情况对小牛犊或者是兔子的一方是非常不利的。强壮的牛拥有更强的力量，更大的体积和更灵敏的反应速度，甚至是发声器官都远较小牛犊或者是兔子更强。这样，一开始双方的讨价还价的过程就处于不平等状态，强壮的牛本身就拥有相对于小牛犊或者是牛的生理和心理上的优势。如果不出现意外，肯定是强壮的牛比小牛犊或者是兔子更有勇气，这样的讨价还价还没真正开始，小牛犊或者兔子就先让路了，而强壮的牛取得胜利。因此，拥有绝对优势的一方依然可以通过侵犯对方的合法权益的不法行为选择获利。如5.7表所示。

当然，事情的发展也可能不是这个样子的。比如说那头小牛犊正好是“初生牛犊不怕虎”里面的小牛犊，出于对强壮的牛的力量优势的无知，还真的就和强壮的牛对上了。而那只兔子或者正好就是父母也被牛欺负了的，对牛怀着仇恨的兔子，这时候和牛狭路相逢，化悲痛为力量，坚决不买牛的帐。在这时候，上面所述的强壮的牛的力量上的优势就开始在现实中发生作用了。可以想出来的比较有效的发挥其优势的手段至少可以有以下几种。

表 5.7　现实中具有绝对权威的第三方作为仲裁者时的独木桥博弈(1)

具有绝对权威的第三方

↙　　独木桥　　↘

(企业)牛 < = > 兔子(劳动者)

实力对比	牛对兔子,企业对单个劳动者具有绝对优势,第三方对(企业)牛具有绝对优势
勇气	(企业)牛 > 兔子(劳动者)
结果	(企业)牛胜,兔子(劳动者)让步
行为的合法性	不合法

首先,是恐吓,强壮的牛会对小牛犊或者兔子说,假如你再不给我让路的话,我就将你顶下桥去,你以为负责维护独木桥规则的第三方会管这事吗?告诉你,我和它的关系好着呢,你就别做指望了。而且就算它会管,那时候你已经在桥下了,划得来吗?当然,上面已经说过这只不过是恐吓,因为假如强壮的牛真的这么做的话,就得冒非常大的被第三者制裁的可能,而这肯定是强壮的牛不愿意看到的,所以这种恐吓只会停留在口头上。小牛犊或者兔子如果识时务的话,就会本着好汉不吃眼前亏的原则让步算了。

如果这一招不灵,比如兔子对牛说:“我从小就是被吓大的,别诈唬了。”那么接着就是耗时间了。反正强壮的牛后面有一大帮小弟,就算走不了,照样有人照顾,吃香喝辣,耗下去对其影响不大,而小牛犊或兔子呢?势单力孤,无人照看,而且家里让它出来,还指望其带点东西回去补贴家用呢?拖下去保证它连饭都没得吃了,而且还连累到家人。到了这一步,小牛犊或者兔子本来就不多的勇气也就所剩无几了,本着留着青山在,不怕没柴烧的原则,现在退走未尝不是一个明智的选择。

但这一招依旧有失灵的时候,这时候强壮的牛碰到的就是不碰南墙不转弯的那种倔脾气的小牛犊或者是兔子了,这头小牛犊或者兔子居然仅仅靠着自己微薄的一点存粮,在家人的支持下撑下来了。在这样的时候,有的强壮的牛也会感到真正的压力了,这样下去不仅耗费宝贵的体力,而且传出去说它恃强凌弱,对名声影响不好。于是少数强壮的牛就会给自己找个台阶,摆出一副不屑于和弱小的小牛犊或者兔子在这样的小事上计较的样子,让下步,让小牛犊或者兔子走了算了。但是相当部分的强壮的牛会进而恼羞成怒,它会对对面的小牛犊或者兔子说:“你看见我那帮小弟还有好友了吧。再不让路,明天,你会发现你家房子莫名其妙着火了，后天，你爸妈会突然失足掉到悬崖下了，大后天，你兄弟在任何地方都找不到食物了，最后，你离开这里之后，你也别想在别的地方混了。你自己看着办吧。”然后在第二天，当小牛犊或者是兔子家的房子莫名其妙地着火之后，这只不碰南墙不转弯的小牛犊或者兔子就只能让路了。就算有个别特别坚强的，也只能立刻求助于第三方了。当然到了这种程度，一般来说就意味着独木桥上对立的双方的关系彻底破裂了，这对于双方来说都是协商不成之后的无奈选择。因此，在这样的情况下，具有绝对优势的当事人一方一般来说仍然可以通过其绝对优势的发挥，侵犯对方当事人的合法权益而获利，除非碰到特别难缠的对手，否则其仍可以通过做出不法行为选择而获利。如表 5.8 所示。

表 5.8　现实中具有绝对权威的第三方作为仲裁者时的独木桥博弈(2)

具有绝对权威的第三方

↙　独木桥　↘

(企业)牛 < = > 兔子(劳动者)

实力对比	牛对兔子，企业对单个劳动者具有绝对优势，第三方对(企业)牛具有绝对优势		
勇气	(企业)牛大于兔子(劳动者)	兔子(劳动者)等于或略大于(企业)牛	兔子(劳动者)远大于(企业)牛
结果	(企业)牛胜，兔子(劳动者)让步	(企业)牛胜，兔子(劳动者)让步	兔子(劳动者)惨胜，(企业)牛让步
行为的合法性	不合法	不合法	合法

当然以上的描述并不意味着独木桥上力量对比相差悬殊的对立双方讨价还价的形式仅仅限于上面几种情况，也不是说只有走到上述的最后一步才会由弱小的一方申请第三方裁判，而只是列举几种最有可能出现的情况。事实上，由于思维和行为的复杂性，双方不仅可能出现其他的一些博弈方式，而且在任何时候，只要任何一方愿意，都可以申请第三方裁判。但这些例外并不影响上述分析对博弈结果的基本判定。

新《劳动合同法》下的劳资双方纠纷的解决过程就类似于上述的有第三方存在的独木桥博弈。劳资双方的力量对比同强壮的牛和小牛犊或者牛和兔子基本相同，而劳动执法机关则类似上述的具有绝对力量优势的独木桥讨价还价规则的维护者和仲裁者。劳资双方解决纠纷时同样会出现类似上述独木桥博弈的进程。

在劳动纠纷发生的时候,双方同样会评估彼此的讨价还价的力量对比。这种力量对比评估的结果一般来说应当是显而易见的。正常情况下劳动者肯定处于非常不利的劣势。企业一方有广泛的关系网,可以高薪聘请法律专家和谈判专家,可以充分利用企业方在信息和经济能力方面的优势,而且在陷入僵局之后对损失的承受能力也远较劳方为强,而劳动者一方则往往势单力孤,而且缺乏足够的经验和专业知识,在信息和经济能力上更是无法同企业相比。在明显的力量对比的劣势面前,理性的劳动者一般在经过初步的权衡后就会立即妥协,虽然可能会提出自己的一些意见,但基本上会接受企业的解决方案。正是由于对这种劳资双方悬殊力量的认识和恐惧,所以上述甲企业的普通员工在被无补偿地解除劳动合同之后,基本都接受了这一事实,虽然一肚子不满,但也只好忍气吞声地走人。甚至连苏某这样的地位较高的员工,也在再三权衡之后选择了放弃同企业打官司的意图。

但是,依然会有部分劳动者经过初步的考虑之后不是妥协而是选择继续找企业讨个说法。原因可能有多种,比如有的劳动者最初根本就明白上述的巨大力量差距在讨价还价的过程中到底意味着什么,有的劳动者出于对企业强烈的反感,有的则仅仅为了争一口气,不能让企业将自己看扁了。那么,企业就不得不真正面对这种独木桥博弈了。这时候,企业上述的优势开始发挥作用了。那么企业在这时候可能采取什么手段呢?

首先,是恐吓。企业会告诉劳动者,再找企业要什么补偿的话,就干脆工资和奖金都不给了。不要指望执法部门,企业和它们有着良好的关系。而且就算执法部门最后干预,那也是要经过相当长的时间,在这之前连正常工资都没有。当然这只不过是企业恐吓员工而已,毕竟这种做法太明显了,员工几乎肯定会投诉,执法部门毫无疑问会立刻干预,所以正常的企业是不会真的这么做的。但到了这种程度,员工自己就得认真考虑了,和企业关系搞得太僵,对员工本身利益是非常不利的。于是,坚持要和企业较劲的员工大多数也就屈服了。

然而,还会有员工对企业这种只能停留在口头上的恐吓不当回事,企业就开始耗时间了。一般企业都有自己专门负责处理劳动关系的人员,既然有员工要闹事了,正好让他们去应付。企业的态度是很明确,我们非常愿意协商,至于什么时候能协商出什么样的结果,这本身就是一个需要协商的问题。反正这种马拉松式的协商不仅不会给企业带来额外的负担,还可以锻炼相关人员,只要员工愿意,那就一直耗下去。而员工一般根本没有那么多精力和企业耗下去,家里还盼望着自己工作的收入呢。因此,这样耗下去的话,急于解决问题的还是处于弱势地位的员工,最后只能向企业妥协,以企业的方案为基础达成最终的协议。

但是,员工中还是会有一些人真的和企业耗上了。时间一久,虽然企业具有上述的不怕耗时间的优势,但经常有人来闹事,影响肯定很不好,而且要是引起执法部门的注意,那麻烦就更大了。所以,一部分企业就可能退一步将问题解决了算了。但是部分企业却会选择另外的方式来结束这种马拉松式的讨价还价,比如说它会对闹事的员工说:"假如你再不接受企业提供的条件的话,那么,你记住我现在说的话。明天,你在本企业工作的弟弟就会被炒鱿鱼,后天,你在另外一个企业工作的老婆就会被那个企业降职,大后天,你的小孩就会莫名其妙地受伤住院。"于是,即使这位员工再坚强,在企业关于明天的话兑现之后,也就是他的弟弟真的被企业炒鱿鱼之后就肯定妥协了,最多附加一条企业收回将其弟弟炒鱿鱼的决定的意见。就算这位员工不妥协的话,他也不敢再和企业耗下去了,只能去找劳监部门,按照法律程序来解决。当然,这位员工能不能坚持着将法律程序一直进行下去,那是另外一个需要讨论的问题。

上面这些情况除了最后最为激烈的那部分之外,在张某工伤案中都有具体体现。在此案的处理过程中,甲企业不仅一再声称企业同劳动执法部门的良好关系,意图打消张某家属用法律保护自己的企图,而且在时间上也是一拖再拖,虽然不否认张某家属要求的合法性,但就是不答应张某家属的正当要求,甚至在张某家属一再让步之后,依然不同意张某家属的条件,虽然最后张某家属终于决定通过正式的法律途径解决问题,但无形中增加的成本却使张某家属按照法律可能得到的补偿根本不可能真正实现。

因此,虽然法律在理论上规定了企业不得侵犯员工的合法权益,但是在员工向企业实际争取这些权益的时候,劳资双方力量对比的巨大差距成为了员工取得胜利的最大障碍。而正是由于这种障碍的存在,企业在大多数时候才敢于做出不法行为选择,通过侵犯劳动者的合法权益获利。因此,要从根本解决这一问题,除了像现行劳动合同法和工伤保险条例那样在法律上增强对弱势一方的劳动者加强保护之外,更重要的是如何解决劳资双方力量不均衡的问题。劳资双方的独木桥博弈可以用表 5.9 显示。

表 5.9　现实中劳资纠纷发生时的独木桥博弈

劳动行政、司法机关

↙　　　劳动争议　　　↘

资方 < = > 劳方

实力对比	资方对单个劳动者具有绝对优势，行政、司法机关对资方具有绝对优势		
勇气	资方大于劳方	劳方等于或略大于资方	劳方远大于资方
结果	资方胜，劳方让步	资方胜，劳方让步	劳方惨胜，资方让步
行为合法性	不合法	不合法	合法

与此类似，当力量对比严重不对等的双方发生纠纷的时候，虽然存在着以国家强制力为后盾的相应行政和司法机关，强势的一方在大多数情况下仍可以通过其力量优势的发挥，通过侵犯对方的合法权益的不法行为选择而获利，只有在弱势群体意志力很强的情况下，才不得不选择依法行事。其独木桥博弈模式为。

表 5.10　现实中力量严重不对等的双方发生纠纷时的独木桥博弈

国家行政、司法机关

↙　　　利益纠纷　　　↘

强势群体方 < = > 弱势群体方

实力对比	强势方对弱势方具有绝对优势，行政、司法机关对强势方具有绝对优势		
勇气	强势方大于弱势方	弱势方等于或略大于强势方	弱势方远大于强势方
结果	强势方胜，弱势方让步	强势方胜，弱势方让步	弱势方惨胜，强势方让步
行为合法性	不合法	不合法	合法

小　　结

通过经济学上的搭便车理论以及独木桥模式等博弈理论，可以看到在国家受资源有限的束缚而影响力不足的情况下，守法主体在法律运行的守法阶段所做的行为模式选择取决于其与同类主体及受法律保护的弱势群体的博弈结果。

根据搭便车理论，搭便车带来的成本优势使企业不可能放弃搭便车的努力。

根据独木桥模式,在受限制的守法主体和受保护的弱势群体双方力量差异悬殊的情况下,往往在执法机关还没介入之前,受侵害的被保护方已经向做出不法行为的守法主体屈服,这些原因都促使守法主体在国家影响力不足时,为了自身的利益最大化,而做出规避甚至是公然违法的不法行为选择。正是因为这些博弈形式的存在,国家在受资源有效配置的经济原则的约束下而对守法主体某些行为选择影响不足的时候,必然促使守法主体为了自身利益的最大化而做出相应的不法行为选择。要改变这些博弈模式的存在,需要国家进一步的投入,[①]在以经济发展为优先目标的现代社会,受资源有限的制约,搭便车和独木桥博弈模式造成的不法行为选择就有了存在的空间。

① 比如搭便车现象,要使守法主体搭便车的收益消失,必须国家更严厉的执法,这需要进一步的执法投入。而独木桥博弈中,要防止强者的不法行为:一是加强法律监督,二是组织弱势群体。无论哪一种措施,同样都需要国家的进一步投入。

第六章　强化不法行为选择的行为经济学[①]

在第一章所列举的案例中，虽然对甲企业不同的行为选择进行了初步分析，并在其后的几章中从不同方面进行了详尽的论述。并指出发生劳动争议的甲企业同被侵权的员工所做出的行为选择，基本上都符合传统经济学对社会主体所作的“经济人”假定，即其行为选择基本上都符合其自身的利益。但实际上很多地方仍然是传统经济学难以解释的，如由于被侵权员工个体的差异，甲企业实际上是很难估计被侵权员工维权的真正决心的，虽然多数被侵权的员工最终选择退让而不是通过劳动仲裁和劳动诉讼来解决问题，但事实上，也经常可以看到被侵权的职工起诉企业的案例存在。而一旦被侵权员工的决心被低估的话后果往往很严重。比如张某工伤赔偿案中，一旦张某家属真的提起劳动仲裁甚至是劳动诉讼，甲企业胜诉的可能性是很小的，苏某变相解聘案中同样如此。而一旦败诉，甲企业不仅要承担法定补偿或赔偿，还要承担巨大的声誉方面的无形损失，这对于处于信息社会中的企业来说是很严重的问题。那么如何解释甲企业在这些案例中对被侵权员工不敢启动劳动仲裁或者劳动诉讼程序的一如既往的确信，而且这些个体存在很大差异的被侵权员工也如甲企业确信的那样，一如既往地不敢也不愿启动劳动仲裁或者劳动

---

① 行为经济学：作为实用的经济学，它将行为分析理论与经济运行规律、心理学与经济科学有机结合起来，以发现现今经济学模型中的错误或遗漏，进而修正主流经济学关于人的理性、自利、完全信息、效用最大化及偏好一致基本假设的不足。狭义而言，行为经济学是心理学与经济学分析相结合的产物。广义而言，行为经济学把五类要素引入经济学分析框架：(1)“认知不协调－C－D gap”；(2)“身份－社会地位”；(3)“人格－情绪定势”；(4)“个性－偏好演化”；(5)情境理性与局部知识。心理学家 Daniel Kahneman(下称卡勒曼)和经济学家 Vernon L. Smith 由于对此理论的贡献而分享了 2002 年的诺贝尔经济学奖，行为经济学从此正式进入人们的视野。以上内容参见【美】凯斯 R 桑斯坦. 行为法律经济学[M]. 涂永前，等译. 北京：北京大学出版社，2006；孙惟微. 赌客信条—你不可不知的行为经济学[M]. 北京：电子工业出版社，2010.

诉讼程序呢？很明显除了传统经济学上的考量之外，还存在其他方面的一些因素。这就涉及本章要讨论的行为经济学。

传统经济学理论有一个必不可少的假设前提，即参加经济活动的主体必须是一个能够完全按照理性进行选择的经济人。这种理论能够很好地解释绝大多数经济现象，犹如牛顿的经典理论对于物理世界的解释作用一样，具有不可替代的重要意义。但是事实上，现实中人们的经济选择行为并不完全符合经济人的假设，而是或多或少地带有一定的偏差，因为正常的人在行为时的心理活动过程同经济人的假设存在相当的差别。通过对人行为时的心理选择过程对传统的经济学理论的经济人假设进行修正，就形成了一系列的更符合人的日常经济行为的行为经济学理论。在对企业守法行为进行具体分析的时候，引进行为经济学的分析显然能使我们对企业守法过程中的种种行为选择有着更为清晰和深刻的认识。

行为经济学以丹尼尔·卡纳曼等人提出的前景理论（Prospect Theory）①为基础，包括了直观推断和偏见（Heuristics and Biases）理论、估值（Valuation）理论、框架效应（Framing effect）理论、心帐（Mental Accounting）理论等。本章选择了能够适用于分析企业守法行为的若干理论，主要包括极端规避（Extremeness Aversion）、确定效应（Certainty Effect）和反射效应（Reflection Effect）、基于案例决策（Case - based Decesions）理论以及损失规避（Loss Aversion）理论下的禀赋效应（Endowment Effect）理论。下面本文将使用行为经济学的一些理论，结合第一章所述的案例，对守法行为的选择模式进行进一步的分析。

第一节　极端规避理论

一般情况下，由于信息不足和成本的原因，人们在进行决策时，是不可能像传统经济学理论中假设的经济人那样进行精密且无错误的计算的，而是在直观推断和经验法则的基础上做出自己的选择。在大多数情况下，这种选择虽然同假定的经济人的理想选择存在一定的差距，但大体上还是差不多的，这也是建立在经济人

① 前景理论（Prospect Theory），是卡尼曼（Kahneman）和特韦斯基（Tversky）在 1979 年提出的。所有关于行为经济学的著作，都绕不开这个理论。也有学者将“前景理论”翻译为“预期理论”或“展望理论”，即在不同的风险预期条件下，人们的行为倾向是可以预测的。

假设上的经济学能够解释大多数经济现象的原因。但这也意味着在相当多的时候，人们在做决策时会受各种引起不正确认识的偏见的影响，从而在行为时做出不正确的选择，产生所谓的偏见效应。①

偏见效应最重要的一种表现形式就是对极端的规避，即避免走极端。这种效应在以中庸之道作为传统文化主要核心之一的中国，表现尤为明显。如提倡“无讼”的理想境界，“人生在世和为贵”的信条，以及对喜欢以打官司解决问题的人冠之以“讼棍”称号等，都显示了在中国传统文化中，几乎将所有的争讼乃至争议都一刀切地归到极端的名下。而极端行为是明显同传统的中庸之道相悖的，是大家要尽量避免的。因此，社会舆论对那些争取自身权益的人的行为，一方面可能会对其遭遇表示同情，另一方面却又毫不犹豫地将其行为归入带有贬义的“闹事”一类。

从以上的叙述中，极端规避看起来好像属于一种只对人类的行为选择起负面作用的效应。事实恰好相反，极端规避是人类在漫长的进化史上通过一次次的极端行为选择带来的灾难和伤痛，总结出来的极为宝贵的经验和教训。其实只需要注意一下人类的历史和周边的现实，就会发现极端行为可能带来的害处。比如国家极端行为的最典型形式——战争，轻则造成人民财产的巨大损失，民生凋敝，社会动荡，重则国家灭亡，民族消失。而个人的极端行为则往往给他人和自己都带来惨痛的损失，往往还要受到复仇或者是法律的惩罚。当然，极端行为带来的也不一定是负面的社会效果，历史上的一些飞跃式的进步或者是个人的发展，往往就是通过一些极端行为的选择而实现的，如进步的革命行动，个人的发愤图强等。但总的来讲，极端行为会剧烈地改变当前的状况，从而增大行为人本身和他人相对于正常改变进行适应的成本，甚至会造成本人和他人无法适应这种剧烈改变的巨大负面影响。因此，即使是能促进社会和个人发展的极端行为，都会造成相当大的负面后果，如革命带来的动荡，个人发奋努力给身体或精神带来的伤害等。整体上来讲，极端行为产生负的社会效果的可能性远远大于其产生正的社会效果的可能性。这一经验甚至不约而同地为东西方的先哲们所宣扬，西方有古希腊的亚里士多德，东

---

① 偏见效应一般来说分为：1. 对极端的规避，即人们不愿意走极端；2. 后见偏见，即从事后的角度，认为已经发生了的事情其实是不可避免的；3. 乐观偏见，人类偏向于乐观；4. 现状偏见，同变化相比，人们更倾向于喜欢现状。参见【美】凯斯 R 桑斯坦. 行为法律经济学[M]. 涂永前，等译. 北京：北京大学出版社，2006：4－9.

方有中国春秋时代的孔子,都将反对走极端,实行中庸之道作为理想行为的标准。因此,人们普遍形成的极端规避的行为选择模式是有其深厚的历史和社会基础的。一般来说,由于信息的不完全,人们不能真正了解不同的行为选择最终会引起的后果,极端规避无疑是最符合经验法则的行为选择模式。

极端规避意味着当人们在进行行为选择时,假如在给定的两个选择之间,还存在其他折中的选项,则大部分人会选择折中的选项,而规避做出位于选择两端的极端选择。可能每个人都有这样的经历,当你到超市去买某一种商品时,假如存在三种不同价格的商品,那么你最可能的选择往往就是中间价格的商品。因此,极端规避对于我们理解信息不完全状态下的多项行为选择具有非常重要的现实意义。下面将以企业在处理劳资关系时的守法行为为例证,使用极端规避理论对守法行为的选择模式进行具体分析。

企业最终处理劳资关系的方式,实际上是劳资双方针对存在的问题进行博弈的结果。因此,要了解企业为什么会如此行为的时候,一定要明白作为相对方的劳动者的行为选择方式。

在劳资双方出现矛盾的时候,作为劳动者的一方实际存在着多种选择。其中的两个极端就是完全的默不作声向企业彻底妥协和公开的同资方对抗,利用法律和道德提供的正当性迫使企业接受己方的观点和解决方案。但是,在这两个极端之间是存在很多中间选项的。在靠近公开同企业对抗的一端,假如还是选择对抗但是又不想和企业闹僵的话,一般就会选择和企业私下协商;在靠近完全默不作声向企业彻底妥协的一端,假如心里怎么都不大舒服的话,一般就会有意宣扬企业的行为,制造不利于企业的舆论。事实上,当甲企业单方面采取最大化企业利益而损害相关员工的合法权益的时候,那些员工一般就是采取的这两种中间形式。绝大多数被企业无补偿地解雇的员工,虽然没有选择同企业对抗,但仍然会以各种形式将自己的不满发泄出来,以形成对甲企业不利的舆论。如甲企业的高级员工苏某,在其与公司协商的要求为董事长直接拒绝而无法实现之后,虽然考虑到同公司公开对抗的后果放弃了这种极端选择,但还是选择了向公司的法律顾问倾诉,从舆论和心理上寻求理解和支持的这种方式来解决此问题。而且后面事态的发展证明,他这样做也不失为一种明智的选择。当然,这仅仅是就他个人所处的特殊环境而言,假如就这件事情本身,或者是从整个国家的法治建设,社会的整体利益的角度来看待此问题的话,最佳的方式当然是选择公开对抗,运用法律的武器来维护苏某的合法权益。而张某工伤案里的张某家属，虽然明知法律站在自己一边，只有运用法律作为武器才能完全实现自己的权益，同样出于极端规避的心态，不愿意同企业彻底决裂，耐着性子同故意耗时间的企业一遍又一遍地进行协商。极端规避效应对劳动争议中的员工的作用如表 6.1 所示。

表 6.1 极端规避效应对劳资纠纷中员工行为选择的影响

作为经济人的最佳行为选择	公开对抗，寻找劳动行政部门和司法部门的法律解决
极端规避心理下的行为选择	耐着性子，尽量同企业协商，避免正式的法律解决

正是由于企业知道劳动者一般都不愿意选择公开对抗的极端方式来解决同企业的矛盾，因此它才敢于对普通员工甚至是比较高级的员工如苏某等采取直接侵害其法定权益的行为方式，以实现企业利益的最大化。那么，是不是甲企业在如此行为的时候就是有意识地选择极端行为方式，从而使它成为极端规避倾向的例外？下面将对企业的行为选择模式是否符合极端规避效应进行具体的分析。

企业在同员工发生利益冲突的时候其实也有两个极端选择。一个就是严格依法办事，完全保证员工的合法权益，从企业利益最大化的角度，实际上就等于企业向法律和相对方的劳动者完全妥协。另一个就是完全置法律和员工的权益于不顾，从而以彻底否定员工合法权益的方式来实现企业的利益最大化。当然，同样存在诸多的中间选择。比如靠近严格依法办事一端的就是基本依法办事，但对员工的合法权益的实现尽可能地设置障碍，如通过马拉松式的协商方式降低其实际所得。而靠近完全置法律和员工的权益不顾一端的就是虽然实质上依然违反了法律的精神和目的，员工的合法权益也基本不能获得实现，但企业在这样做的时候会在形式上作一些处理，以使其表面上好像并不同法律相冲突，而员工对权益的放弃也是其自愿或者是加以默认了的。那么，企业在实际处理劳资关系的时候，具体是怎样选择的呢？同样可以通过观察甲企业处理劳资关系的方式而得到问题的答案。一般来说，对行政执法部门直接加以监督的，必须符合劳动法规定的形式的事务，比如同员工签订正式的劳动合同，不得拖欠员工工资等，甲企业是不敢打多少折扣的，应该说基本是按照严格依法办事这一极端方式处理的。相反，对畏惧甲企业的优势力量，基本不懂寻求法律保护的普通员工，并且是相关的劳动执法部门并没有直接加以监督或者是监管不严的事务，比如解除劳动合同，甲企业几乎是完全从自己利益出发，而不在乎直接违反了劳动合同法和损害员工的合法权益的，可以说基本上采用了直接违反法律这一极端处理方式。但是，对其他的不那么确定会受到惩罚或者是存在受到惩罚的风险的事务，甲企业就不会采用上述两种极端的处理方式了。比如说张某工伤案的赔偿问题，虽然法律明文规定了张某应当享受的权益，假如张某的家属寻求法律途径解决的话胜诉几乎是没有疑问的。但是甲企业意识到张某的家属对利用法律途径寻求最终解决存在种种顾虑，比如说和甲企业的关系问题，走法律程序会产生的不菲费用等，从而不愿意采用同甲企业公开对抗的极端选择，这就给甲企业利用其家属的弱点来减少自己的赔偿金额，进而使张某家属的合法权益不能全部得到实现提供了条件。因此在此案例中甲企业虽然一方面肯定张某家属请求的合法性，另一方面又使劲拖延时间，就是不给最后答复。实际上采用的是靠近严格守法这一极端的折中方式。在另外的苏某一案中，虽然企业通过变相解雇苏某而没提供任何补偿，但是企业也意识到假如直接解雇的话很有可能逼着苏某去劳监投诉甚至要求劳动仲裁，而一旦出现这样的情况企业受到法律制裁的机会就很大了。因此，对懂法的苏某，企业也采取了变相解雇而不是直接解雇这种极端的方式进行了处理，实际上也是采用了一种靠近直接违法一端的折中方式。

现在的问题是，在甲企业具体处理劳资关系时，虽然有些行为选择的是折中的方式，但同样有不少采用的是极端的方式，也就是说表面看来好像其行为选择并没有受到极端规避效应的影响。事实是否如此呢？继续分析甲企业处理劳资关系时进行不同的行为选择的前提，就会发现以下情况。当甲企业决定采用极端方式处理劳资关系的时候，比如依法签订正式劳动合同，无补偿地单方面直接解雇普通员工，假如不依法签订劳动合同，肯定会受到行政执法机关的处罚，而无补偿地单方面直接解雇普通员工，则不懂法的普通员工几乎肯定不会寻求法律的保护，其所面对的行为后果是确定的，不存在信息不完全因而需要留有一定余地的问题。而其采用折中方式的时候则刚好相反，比如张某工伤案中，张某家属是否会采用法律途径解决问题是不确定的，而苏某案中也同样如此，企业得不到使其最大化自身利益的充足的信息，结果如何对于企业来说是不确定的。因此企业的行为选择模式并不是不受极端规避的影响，人们之所以在行为选择时具有风险规避的倾向，原因正在于得不到充分的信息，从而不得不求助于过去的经验，而经验则显示，采用极端方式一般来说都不会有好结果,所以极端规避是更好的选择。假如在信息充分的情况下,比如违反法律规定会确凿无疑地受到处罚,无补偿地解雇普通不懂法的员工肯定不会带来法律上的麻烦,就不存在极端规避的问题,只要直接根据理性行事,直接按企业利益最大化的原则行事就可以了。而甲企业的行为选择模式也基本符合上述理论。极端规避理论对企业的影响如表 6.2 所示。

表 6.2　极端规避效应对劳资纠纷中企业行为选择的影响

后果的确定性	非常确定	不确定
企业作为经济人的最佳行为选择	完全守法或者完全不守法	依据具体风险决定完全守法或者完全不守法,或者是介于两个极端之间
企业在极端规避下的行为选择	极端规避理论不起作用,选择同上	不会选择完全守法或完全不守法,只选择介于两个极端之间

但是,需要注意的是,极端规避反映的是一般人在进行行为选择时的倾向,并不代表所有人都是极端规避的,甚至并不代表某个人总是在进行行为选择时倾向于极端规避。而只是说对于大多数人在大多数时候都是具有极端规避倾向的。比如在上述甲企业的生产线员工最低工资纠纷案中就出现了例外。直接去劳监进行投诉的十名员工当时的行为选择明显就是走了同企业公开对抗的极端,而企业由于执法机关的有限介入,也不得不严格依照法律来处理这十名员工。但是这十名员工毕竟只是生产线员工中的少数,其他人的行为还是受极端规避效应影响的,他们就算不满也仅仅停留在私下说说而已,并没做同企业直接对抗的事情。当然,在此案例中,企业从最开始就是进行的极端选择,因为对于它来说信息已经足够其进行极端的选择了,那十名员工的投诉只不过是意外而已,而且将这十名员工解雇之后就什么麻烦都没有了。

通过以上的分析,可以看出极端规避理论在劳资关系的处理过程中无论是对劳动者还是对企业进行行为选择都有着非常现实的意义。一般来说,处于弱势的劳动者一方很难得到足够的使其敢于采取极端行为的信息,因此,极端规避效应在劳动者一方的表现非常明显,绝大多数面对劳资矛盾的劳动者都不会选择直接同企业对抗的极端模式。但企业一方却相反,在处理劳资关系的很多时候,它都能得到足够的信息以支撑其对极端行为的选择,尤其是之前的经验使其有足够的信心认为普通员工基本上是极端规避的,因而不会通过法律途径来保护自己的权益,所以直接无补偿的解雇他们或者是单方面降低其工资标准基本上都不会出现什么法律上的麻烦。当然,这样的事情也是有例外的,但这对企业总体影响依然不大,只要将极少的例外解决掉就可以了。而在另外一些时候,企业也会遇到信息不充分的问题,从而无法准确认定是否会受到法律的制裁,在这时候,企业就会同样出现极端规避的行为模式,以确保企业的利益能够最大程度的实现。

因此,在极端规避效应的影响下,守法主体守法行为是否能够符合法律要求的关键,是其行为的法律效果能否真正确定,从而使其决定是完全遵守法律,直接违反法律还是打法律规定的擦边球。而由于之前所述的社会对守法比例提高的投入的限制,这种法律效果不确定的情况是经常性地出现的,在极端规避效应的作用下,守法主体就有可能做出不完全遵守法律的不法行为选择。

第二节　确定效应[①]

假如一个人肯定会获利,但是存在两种选择,一种是确定可以得到的数额,另一种则是可以得到的一个更大的数额,但是却存在一定的风险。对于一个经济人

---

① 确定效应:所谓确定效应(certainty effect),就是在确定的好处(收益)和“赌一把”之间,做一个抉择,多数人会选择确定的好处。用一个词形容就是“见好就收”,用一句话打比方就是“二鸟在林,不如一鸟在手”,正所谓落袋为安。

让我们来做这样一个实验。

A. 你一定能赚30 000元。

B. 你有80%可能赚40 000元,20%可能性什么也得不到。

你会选择哪一个呢?

实验结果是,大部分人都选择A。

传统经济学中的“理性人”这时会跳出来批判:选择A是错的,因为40 000×80% =32 000,期望值要大于30 000。

这个实验结果说明:大多数人处于收益状态时,往往小心翼翼、厌恶风险、喜欢见好就收,害怕失去已有的利润。卡尼曼和特韦斯基称为“确定效应”(certainty effect),即处于收益状态时,大部分人都是风险厌恶者。

以上内容参考孙惟微.赌客信条—你不可不知的行为经济学[M].北京:电子工业出版社,2010.

来说,这种选择根本就不是问题,直接用后一种的数额乘上风险系数再同前一种的数额比较,哪种大就选哪种。但是对于普通人来说,确定效应就开始起作用了,一般来说,只要不是后一种数额乘上风险系数之后的数额比前一种大上太多的话,多数人都会选择前一种,以规避可能的风险。也就是说,对于获利的一方,是风险厌恶型的。

下面本文继续以企业对劳资关系的处理为例,分析确定效应对守法行为选择产生的具体影响。

在劳资关系出现问题时,由于绝大多数劳动者受到上述的极端规避效应的影响,并不会选择同企业公开对抗,从而完全实现自己的法定权益,因此,无论企业最终选择如何处理这一问题,最终都是确凿无疑的得利方。但是,企业应对此问题所做出的不同行为选择,对其得利的多少和方式却有很大的影响。对于企业来说,当问题发生时,主要的选择有两种。一种是完全不顾劳动者的利益,直接按照企业单方面的方案解决,不给劳动者任何补偿。在这样的情况下,由于劳动者是不倾向于同企业直接对抗的,因此也就得不到第三方执法机关的支援,因此无法压迫企业让步,企业成为唯一的赢家而劳动者完全丧失自己的正当权益。另外一种选择就是适当地向劳动者让步,部分满足劳动者的要求。在这样的情况下,由于部分满足了劳动者的要求,企业获利就只剩下剩余的部分。而且与此同时,劳动者由于企业一定程度的妥协,从而使自己的利益获得部分实现,一定程度上就会减轻对企业的厌恶程度,甚至会产生出某些好感来。而劳动者对企业的这种态度的改变对企业生存的环境和未来的发展都是有着非常巨大的作用的。它可以为企业创造一个比较好的舆论环境,从而能吸引到更多高素质的员工和更多的潜在消费者,可以给企业创造一个较薄情寡恩、克扣员工不留余地的企业更和谐的劳资关系,从而提高企业的生产效率。而这方面的好处和前面已经获得的克扣员工的部分利益加到一起,一般应当会超过在处理劳资关系矛盾时将员工利益完全克扣光的企业获得的好处。但问题是,后一种方式获得员工好感的那部分获利是不确定的,因此存在一定的风险。因此,在确定效应的作用下,大部分的企业在有条件的时候都选择了完全剥夺员工应得的合法权益的处理方式。上述的甲企业在这方面的表现就比较典型,只要可以侵犯员工的利益而又不需要承担很大的造成劳资纠纷危险的事情,如单方面无补偿地解雇员工,单方面降低员工的最低工资等,都是这一效应在实际中的典型体现。具体表示如表6.3。

表 6.3 确定效应对劳资纠纷中的企业行为选择的影响

企业不同行为的收益比较	A 选择带来的确定的收益 < B 选择带来的不确定的收益
作为经济人的最佳行为选择	选择行为 B
确定性效应下的行为选择	选择行为 A

确定效应对员工在劳资关系处理过程中同样起着重要的作用。一般来说,在企业单方面以不满足或者是不完全满足员工的正当权益的方式来处理劳资关系的时候,表面上看来员工是不存在任何获利的,而只是损失的大小而已。但是,员工的正当权益只是一种法定的而不是实有的权益。因此,在此种权益获得实现之前,不存在员工既得利益的净损失。同样的道理,即使是员工正常的工资和福利,在没有发到员工手里之前,仍然没有变成员工的实得利益。当然,工资和福利一般来说是比较确定的,但在劳资关系出现问题时情况就不同了。在这样的情况下,员工工资和福利是否正常发放往往成为企业迫使员工放弃其他权利的一种重要手段。这就意味着,在发生企业单方面侵犯劳动者权益的事情时,劳动者不得不面临着以下的艰难选择。要么接受企业单方面侵犯自身权益的作法,以保证工资和福利的正常发放,要么向企业提出异议,甚至向相关执法部门提起投诉,按照法律途径解决问题,维护自己的正当权益,但是需要付出工资福利可能被企业拖欠,而最终纠纷的解决又不能以对自己有利的方式解决的风险。在这样的情况下,确定性效应就开始发生作用。假如员工接受或者默认企业侵犯自身权益的行为,可以确定地获得正常的工资和福利,而通过法律途径维护自身权益,虽然有很大的成功可能,但仍然存在一定的不能以对自身有利的方式解决纠纷的风险,还会影响正常的工资和福利发放。员工在面对这两种选择时,还会同时受到上述的极端规避效应的影响,综合起来,最终大多数权益被企业侵犯的员工只好忍气吞声,接受损害自身权益的企业行为。上述甲企业在单方面无补偿地解雇员工的时候,针对有的被解雇员工私底下议论是否要通过法律途径保护自身利益的问题,就有意地撒布消息,假如有员工要通过法律途径解决问题,那么工资和福利就暂时不予结算,而且相关的执法机关和自己关系如何如何好,就算员工去上告也不会有什么作用等。事实上,在甲企业如此作为之后,基本上所有的员工都放弃了通过法律途径保护自身权益的选择,包括上面所说的对法律比较熟悉而且地位也比较高的苏某。而在生产线

员工最低工资纠纷一案中,生产线上的员工中的一部分确实做出了与确定性效应不符的选择,但结果是打赢了官司但丢掉了工作,这是否是符合其利益的结果,还是未知数。正是以这十名参与投诉而最终丢了工作的员工为鉴,在接受更低的最低工资和以法律维护自己的权益两种选择之间,绝大多数员工选择了默认公司的做法。这是确定效应在现实中起作用的又一典型案例。确定效应对员工行为选择的作用如表6.4所示。

表6.4　确定效应对劳资纠纷中的员工行为选择的影响

员工不同行为的收益比较	A选择带来的确定的收益 < B选择带来的不确定的收益
作为经济人的最佳行为选择	选择行为B
确定性效应下的行为选择	选择行为A
对企业行为选择的作用	进一步促使企业做出侵害员工尚未实现的法定利益的行为

根据上面的分析可以看出,在类似劳资双方的力量不均衡的主体发生利益纠纷时,强势一方因为已经存在侵犯弱势一方的合法权益获得的既得利益,在确定效应的作用下,会更加倾向于做出这种不法行为选择,而不会采取让渡部分利益给弱势一方从而维持更为和谐关系,以获得更大的长远利益的选择。而弱势一方则为了避免同强势一方对抗所带来的更大的利益损失的风险,宁可舍弃已被强势方侵夺的利益而不是努力争取,从而进一步降低了强势方做出不法行为可能带来的风险成本,使其更倾向于做出侵犯弱势一方合法权益的不法行为选择。

第三节　反射效应①

反射效应同确定效应刚好相反,它意味着当某人肯定会产生损失,但是存在两种不同损失的选择,一种是某个确定的损失数额,另一种则意味着更大的损失数额,但是还是有一定的机会不用赔钱。同样,对于经济人来说,这种选择也是一个很简单的大小比较的问题。但是对于普通人而言,反射效应就会在进行这种选择时起作用,只要不是后一种数额乘上风险系数之后的数额比前一种大上太多的情况下,多数人会选择后一种,以同命运搏上一搏。因此,对于产生损失的一方,刚好同确定效应里的获利方相反,是风险偏好型的。下面本文同样以劳资关系处理为例证,具体分析反射效应对守法行为选择的影响。

对于劳资关系的劳资双方来说,一般情况下,企业一方是处于主动地位的,也就是说,劳资关系出现问题的话,责任一般在企业一方,企业一方在劳资纠纷之中,属于既得利益者。因此,企业在处理劳资关系时一般不存在在两种损失之间选择损失更轻的一种的问题。但是,在处理劳资关系的某些时候,企业也不得不面对"两害相权取其轻"的情况,也就是反射性效应的问题。这种情况的表现就是企业在单方面侵犯劳动者权益的时候,某些员工并没有选择默认或者直接接受,而是运

---

① 反射效应:当一个人在面对两种都损失的抉择时,会激起他的冒险精神。在确定的坏处(损失)和"赌一把"之间,做一个抉择,多数人会选择"赌一把",这叫"反射效应"。用一句话概括就是"两害相权取其轻"。

让我们来做这样一个实验。

A. 你一定会赔 30 000 元。

B. 你有 80% 可能赔 40 000 元,20% 可能不赔钱。

你会选择哪一个呢?投票结果是,只有少数人情愿"花钱消灾"选择 A,大部分人愿意和命运抗一抗,选择 B。

传统经济学中的"理性人"会跳出来说,两害相权取其轻,所以选 B 是错的,因为($-40\ 000$) $\times 80\% = -32\ 000$,风险要大于 $-30\ 000$ 元。

现实是,多数人处于亏损状态时,会极不甘心,宁愿承受更大的风险来赌一把。也就是说,处于损失预期时,大多数人变得甘冒风险。卡尼曼和特韦斯基称为"反射效应"(reflection effect)。

以上内容参考孙惟微. 赌客信条——你不可不知的行为经济学[M]. 北京:电子工业出版社,2010.

用法律保护自己的正当权益,从而使劳资关系演变为劳资纠纷。一般来说,在正式进入法律程序由相关的执法部门解决此纠纷之前,发生纠纷的劳资双方会就如何解决此纠纷进行协商。正常情况下,双方都会比较理智,在协商的过程中,为了避免进入正式的法律程序双方必须付出的更大的成本,就会达成一定的妥协,从而解决此纠纷。但在一些极端的情况下,双方却可能陷入僵局。尤其是劳动者一方认为自己的法定权益一定要全部实现或者基本全部实现的时候。这时候企业就必须做出一个艰难的选择,要么接受劳动者的要求,也就是接受一种确定的损失,要么干脆让协商破裂,从而走上正式的法律程序,这样虽然会产生更大的成本,但是仍然有一定的希望最终以对自己有利的方式解决纠纷。这时候,反射效应就开始起作用了,一般来说,在陷入协商僵局的情况下,企业更倾向于同纠纷中的员工一方打官司。在上面的张某工伤案中,企业的目的是要张某家属在法定赔偿的基础上做出大幅度的让步,而张某家属虽然愿意做出一定的让步,但是坚持只能在一定的幅度之内,也就是基本上实现其权益的幅度之内。很显然,最后的结果是,甲企业宁可张某家属通过正规的法律途径解决纠纷,也不愿意接受张某家属提出的最低条件。之所以这样选择,是因为甲企业认为与其接受比法定赔偿低上那么一点的张某家属的最低解决条件,不如凭借企业的资源优势和关系优势赌上一把,说不定在正式法定程序进行的过程中张某家属就坚持不下去从而能以对企业更有利的方式解决此纠纷。反射性效应下企业的行为选择模式如表 6.5 所示。

表 6.5　反射效应对劳资纠纷中的企业行为选择的影响

企业不同行为的收益比较	A 选择的确定损失 < B 选择几率不大但更小的不确定损失
作为经济人的最佳行为选择	选择产生确定损失的行为 A
反射性效应下的行为选择	选择几率不大但可能产生更小损失的行为 B

而与企业相对的员工一方,在发生劳资纠纷,同企业协商陷入僵局的时候,面对通过正式的法律程序还是同企业协商的选择时,同样得面对反射效应的影响。要么进入正式的法律程序,但面对是走完法律程序必然产生的一笔确定的成本。这一成本并不必然是金钱上的损失,还包括时间精力等必需的成本。另一个选择是继续同企业协商,但由于之前已经陷入了僵局,要解决问题的话,必然要有一方

让步,假如劳动者在这样的情况下仍然选择继续协商的话,很显然就处于不利的地位,从而可能不得不做出更大的让步,产生更大的损失。但是,虽然可能性不大,企业还是有可能出于各种因素的考虑从而接受自己的条件。因此,在这样的情况下,大部分员工还是倾向于继续协商,寄希望于奇迹出现,企业会答应自己的要求,从而迟迟不愿走上正式的法律程序解决纠纷的道路。这一效应同样在上述的甲企业的张某工伤案中有所反映,正是由于考虑到打官司必然产生的各种各样的成本,张某的家属即使在自己亮出底牌,企业仍然不愿意接受自己条件的情况下,还是想通过各种努力以协商的方式解决问题,而对于通过正式法律途径解决问题一再犹豫不决。当然,这中间极端规避效应的作用可能更大一些,但是同样可以看到反射效应对于张某家属选择的影响。如表6.6所示。

表6.6 反射效应对劳资纠纷中的员工行为选择的影响

员工不同行为的收益比较	A 选择带来的确定的损失 < B 选择带来的不确定的损失
作为经济人的最佳行为选择	选择产生确定损失的行为 A
反射效应下的行为选择	选择几率不大但可能产生更小损失的行为 B
对企业行为选择的作用	进一步促使企业做出侵害员工尚未实现的法定利益的行为

在反射效应的作用下,一旦在发生劳资纠纷的过程中,劳资双方的协商陷入僵局,作为具有力量优势的企业一方,更倾向于通过正式的法律途径解决纠纷而不是向劳动者让步,以谋求在后面的程序中获利的可能性;而弱势的劳动者一方则由于正式的法律途径所带来的确定的成本负担,和其他因素结合到一起,则更倾向于继续协商。两者相互结合,使企业在劳资双方协商陷入僵局的时候更有可能逼迫劳动者让步。

根据以上分析,可以看出,由于反射效应的存在,在当纠纷发生后当事人双方陷入僵局时,强势一方更倾向于通过正式的法律程序解决纠纷而不是向弱势方妥协以解决问题,弱势方则宁可继续拖下去也不愿意进入正式的法律程序,但是拖而不决明显对弱势方不利,从而使弱势方陷入被动的局面,进一步助长了强势方做出侵害弱势方尚未实现的法定权益的不法行为选择。

第四节　基于案例决策效应

同上述的极端规避效应产生的原因差不多，在信息不完全的情况下，人们根据以往的经验和教训，一方面谨守中庸之道，产生极端规避效应，另一方面人们经常难以计算替代方式的预期成本与收益，因此惯于通过以往的案例推理。[①] 也就是说，人们在进行行为选择的时候，往往根据自己知道的类似事件来推断不同的行为选择可能产生的具体后果，然后据此来决定自己的行为方式。

基于案例决策效应在法的运行方面起着非常广泛的作用，尤其是在司法领域，案例的作用无论怎么强调都不过分。英美法系的判例法，即是基于案例决策理论在现实中的一个重要例子。同样，守法主体在对自己的守法行为进行选择时，也会受到基于案例决策效应的影响。下面将分析基于案例决策效应怎样影响企业劳资关系处理的行为选择。

在企业劳资关系出现矛盾的时候，对立的劳资双方必须对自己的行为做出相应的选择，比如说企业在裁减员工的时候，必须决定是完全按照法律规定的程序同工会组织协商裁减员工，并且提供法律规定的补偿和保证呢？还是按照最有利于企业但是完全侵犯员工正当权益的方式，单方面无补偿地裁减员工呢？前一种方法明显符合法律的要求和规定并且得到员工和社会的赞成和鼓励，但是企业必须承担相应的经济损失；后一种方法则最大化了企业的利益，但最大程度地损害了员工的利益，并且违反了相关的法律规定，理论上必须承担由此可能带来的法律制裁的风险。而在企业选择了后一种方式单方面无补偿地裁减员工之后，被裁撤的员工也必须做出自己的行为选择。一种选择是不做任何实质性的反抗，默默承受企业单方面侵犯自己权益的行为，将主要精力用来寻找新的工作或是其他的经济活动；另一种选择是运用法律武器保护自己的正当权益，首先同企业交涉，要求企业尊重自己的法定权益，依法给予自己法定的补偿，同企业交涉不成功的话，就向劳动监察部门投诉，要求劳动仲裁，乃至到法院提起诉讼等。选择第一种方式，被裁撤的员工必须忍受自己正当权益无法实现的损失，但是可以更快地找到工作；选择

---

① 参见 Itzhak Gilboa and David Schmeidler. Case-Based Decision Theory, 110 Q. J. Econ, 1995(605).

第二种方式,被裁撤的员工存在很大的可能性使自己的权益真正实现,但是必须承受法律程序带来的直接经济损失以及时间和精力的损失,还有最终不能通过法律途径取得有利于自身利益的风险。

如果仅仅通过上述分析本身,企业或者是员工最后到底倾向于做出哪种选择是不清楚的,毕竟他们面对的两种选择都存在明显的优点和缺点。这时候,基于案例决策的理论就起作用了,人们在得不到足够的信息从而确定地知道选择哪一种行为模式对自己更有利的时候,往往根据以往的经验,根据过去的相似案例来决定当前的行为选择。运用到上面企业或者员工的两种行为模式的选择中去,就会出现如下结果:假如根据之前的相似案例,企业单方面无补偿地裁减员工并没有引起受害员工的抗议,或者虽然有抗议但是实际上并没有给企业招致实在的不良后果,那么企业当然也认为这次单方面无补偿地裁减员工同样不会给自己带来什么麻烦。由于单方面无补偿地裁减员工给企业带来的利益是确定的,而前一种完全按照法律裁减员工虽然有可能给企业带来声誉上乃至企业劳资关系上的好处,但这种好处确是不确定的,根据前面叙述过的确定性效应,在有案例可循的情况下,基于案例选择的结果肯定是倾向于单方面无补偿地裁减员工。但是,假如之前的相似案例显示,企业在单方面无补偿地裁减员工之后,被裁减的员工强烈反弹,甚至通过正式的法律途径同企业进行了不屈不挠的维权斗争,最终企业遭到法律的严重制裁,那么按照基于案例决策理论,企业的行为模式选择倾向就会有很大的不同。在这样的情况下,企业选择完全按照法律行事的可能性要比单方面无补偿地裁减员工大得多。而对于被单方面无补偿地裁减的员工来说,假如他们能够看到的之前有着类似经历的员工绝大多数都选择默默承受,而且极少数运用法律来维护自己权益的员工最终得不偿失,那么他们肯定倾向于像之前的绝大多数员工一样,同样选择默默承受。但是假如他们发现周边居然有不少有类似经历的员工,通过向企业抗议,向劳监投诉,甚至是劳动仲裁或者是劳动诉讼的方式,最终争取到了自己的正当权益,而且花费的成本并不大,那么员工选择运用法律来维护自己的正当权益的可能性就要大得多。

那么在现实中是什么样的情况呢?显然,大多数的企业发现他们之前单方面无补偿地裁减员工的行为并没有给自己带来很大的麻烦,因此他们义无反顾地选择了这种违法的单方面无补偿地裁减员工的行为。而之所以大多数企业这样做并没有什么麻烦的原因,除了相关的行政执法部门执法力度不够之外,一个更重要的原因是员工基于之前的先例发现，绝大多数遭到企业单方面无补偿地裁减的员工之所以没有选择运用法律来维护自己的正当权益，是因为他们周边能够找到的运用法律维护自己正当权益成功了的案例实在是太少了，而且就算最终成功了，除掉法律程序产生的直接经济损失和时间及精力的花费，加上由此对寻找新的工作机会的影响，总的来说是否划算还是未知数。基于这种案例的决策，员工们当然会很理智地倾向于默默承受，然后努力寻找新的工作机会。因此，甲企业在处理类似问题的时候，就毫不犹豫的单方面无补偿地解雇员工，不仅针对普通员工，就算是素质和地位比较高的苏某同样遭遇了这样的命运。而无论是普通员工还是苏某，在经过认真考虑之后，所做出的选择都是一样的，就是默默承受，与其和企业斗争还不如将这些精力用来寻找新的工作。而在生产线员工最低工资争议一案中，企业不仅非常自然地单方面违反劳动合同降低生产线员工的月最低工资，而且在遭到员工投诉之后非常强硬地将这些员工解雇。企业一方面根据之前的相似案例选择了违法的单方面降低员工最低工资的行为，另一方面也有意地为员工们创造运用法律维权最终得不偿失的先例，以引导员工的行为符合企业的利益。而大多数生产线的员工也根据之前的先例和眼前活生生的例子，选择默不作声。基于案例决策理论下企业和员工的行为选择如表 6.7 所示。

表 6.7　基于案例决策效应对劳资纠纷中的双方行为选择的影响

行为选择方式	企业	员工
不同行为收益比较	类似之前行为的 A 选择的收益≠未知的 B 选择的收益	
作为经济人的最佳行为选择	根据具体的风险收益分析选择行为 A 或 B	
基于案例决策下的行为选择	选择类似之前的不法行为 A	选择类似之前容忍企业类似的不法行为 A
对企业行为选择的作用	使企业做出类似之前侵害员工的不法行为变得理所当然	

基于案例决策理论的分析可以看出，在守法主体决定自己的守法行为是否和法律的要求相一致的时候，假如存在大量的先例表明，守法主体自利的违法行为并不会受到法律的实际惩罚或者是受到法律惩罚的机会和程度不大，那么守法主体肯定倾向于选择自利的违法行为，从而提高自己相对于守法企业的竞争力。而在很多情况下，比如甲企业对劳资关系进行处理的时候，守法主体往往可以找到很多

的先例证明自己的不法行为选择不会受到法律的实际惩罚或者是受到法律惩罚的机会和程度不大,从而有恃无恐地继续其不法行为。

第五节　禀赋效应

按照传统的经济学理论,假如一个人愿意用5元钱的价格买入一个杯子,那他也应该愿意以同样的价格卖出同样的一个杯子,反之亦然。也就是说,在一个自由竞争的市场里面,对于这个人来说,5元钱和这个杯子是等价的。但是,事实上,行为经济学家经过实验,却发现了一个有趣的事实,即在上述例子中,假如一个人愿意以5元钱的价格买入某个杯子,在一般的情况下,这个人肯定不愿意以5元钱的价格卖出这个杯子,而是要求更高的价格。与此相似,愿意以5元钱的价格卖出杯子的人,一般来说肯定不愿意以5元钱的价格买入同一个杯子,而是要求更低的价格。很明显,这个人对在自己手里的杯子比在别人手里的同样的杯子估价更高,对在自己手里的钱比在别人手里同样多的钱估价更高,而不是等价。[①] 也就是说,仅仅因为个人拥有某一事物的事实,就会使个人对此一事物具有更高的估值。

在使用禀赋效应理论来分析企业处理劳资关系的行为的时候,首先要清楚的是哪些权利或者利益是企业已经拥有,并实际掌握在企业自己手里的;而哪些权利或者利益是已经为员工所拥有并实际掌握在员工手里的。因为企业在处理劳资关系的时候,其行为模式的选择是否会和法律的要求相一致,很大程度上取决于企业是否觉得其遵守法律所带来的既得利益损失能否通过遵守法律得到的好处来弥补。由于大多数企业在现实中实际上拥有不遵守某些法律而不会招致法律制裁的能力,因此企业会将这种能力能够获得的好处作为自己的既得利益,根据禀赋效应理论,企业往往会对自己的这一既得利益估值过高,而对可能从社会得到的好处估值过低,因此,只有在这种可能得到的好处的实际价值大大超过企业由于遵守法律产生的既得利益损失时,企业才会倾向于守法而不是规避或者是直接违反相应的

① 禀赋效应的经典实验是卡勒曼等人所做的一个实验。他们用咖啡杯、圆珠笔和巧克力等看人们对咖啡杯、圆珠笔和巧克力的出价是否跟他们拥有这个咖啡杯子、圆珠笔和巧克力有关。当控制住低买高卖的因素后,他们发现,一旦该人被赋予该物品,估值就会显著升高。参见【美】凯斯 R 桑斯坦. 行为法律经济学[M]. 涂永前,等译. 北京:北京大学出版社,2006:247－268.

法律。当然,政府也可以通过严格执法,使企业的违法行为受到切实的制裁,从而使企业的这一既得利益消失,基于此既得利益的禀赋效应也就失去了基础,企业同样也会转而倾向于遵守法律。

以企业解雇员工为例,在企业解雇员工时,其面临的选择是要么完全遵守法律,严格按照法律规定的程序,并且提供法定的补偿之后解雇员工,要么置法律的要求于不顾,单方面无补偿或者很少补偿地解雇员工。由于大多数企业长期以来实际上具有单方面无补偿地解雇员工而不会受到法律制裁的能力,因此企业会将自己单方面无补偿地解雇员工所产生的利益视为自己的既得利益。在这样的情况下,要使企业改变自己长期以来单方面无补偿地解雇员工的违反劳动合同法规定的做法,使其行为真正符合法律的规定,在不改变现在的执法力度的情况下,就必须使企业意识到其遵守法律所带来的社会上的舆论上的好评以及企业劳资关系和谐等好处要大大超过单方面无补偿地解雇员工的不法行为带来的好处,才能抵消禀赋效应带来的企业对自己的既得利益估值过高而对可能产生的好处估值过低的影响。当然,还有一种办法是对企业单方面无补偿地解雇员工行为加强监管,严惩不贷,使企业通过侵犯员工的正当权利而取得不正当利益的机会降到最低,使这种不法的既得利益完全消失,禀赋效应自然就无从产生,在单方面无补偿地解雇员工不能给企业带来实质上的利益,而遵守法律却能给企业带来上述的舆论和劳资关系和谐方面的好处时,作为经济利益至上的企业,自然就会选择完全按照法律规定来规范自己的行为。比如本文中的甲企业,长期以来都是单方面无补偿地解雇员工,而且一直以来并没有因为这种行为给自己带来任何真正的麻烦。因此,在甲企业的意识中,通过这种不法行为来使自己获利是理所当然的,虽然笔者也给甲企业的企业主讲过在处理解雇这一问题时,依法行为会给企业带来的社会上的舆论和劳资关系和谐的好处,但却无法证明这一好处大大超过了其不法行为带来的既得利益的好处,因此到目前为止,甲企业对自己的单方面无补偿地解雇员工这一不法行为的选择没有任何改变的迹象。但是,假如相关执法部门在这方面加大执法力度,对甲企业的这种行为进行严厉惩罚,甲企业这种不法行为的利益就会不复存在,自然就会转而遵守相关法律。资源禀赋理论下企业方行为选择方式如表 6.8 所示。

表 6.8　资源禀赋效应对劳资纠纷中的企业行为选择的影响

企业不同行为的收益比较	A 不法选择带来既得利益 < B 守法选择带来的不确定的收益
作为经济人的最佳行为选择	选择行为 B
资源禀赋理论下的行为选择	继续选择带来既得利益的不法行为 A
相应的对策	加大执法力度,消除其不法行为 A 的既得利益

对于劳动者一方来说,法律赋予了他们在被解雇时取得相应补偿的权利,按照禀赋效应理论,仅仅权利被赋予劳动者这一事实,就应当使劳动者对这一权利形成更高的估值。但是事实是,劳动者通过自己的理性分析,发现在大多数企业这一权利根本无法实现,也就是这一权利本身在某种程度上对大多数的劳动者来说只不过是停留在法律条文上,而不是其实际上拥有的权利。正是因为这样,这一权利并没有成为劳动者的既得利益,基于这一权利的禀赋效应也就失去了存在的可能。这也是在现实中出现的好像劳动者对自己法定权利毫不在乎,不仅没有按照禀赋效应的理论对其异常重视,而且经常连实质性的维权行为都没有就在企业的压力下直接将其放弃的原因。因为事实上劳动者根本就没享受到或者是真正拥有过这种权利,因此也就无所谓维权或者是弃权了,更犯不着为了这样一个根本就没有实现过的权利和企业发生争论,甚至走上成本高昂的法律维权之路。员工的这种心态同上述的企业的心态结合在一起,在执法的力度没有根本的变化之前,企业选择单方面侵犯员工的法定权益,并且将这种非法利益视为企业的既得利益也就成为必然。只有相关的执法部门通过实在的行动,使劳动者能够切实发现并且深刻体会到法律赋予劳动者的权利并不仅仅停留在法律文字上,而是非常真实地使每一位劳动者都得到了实际的利益,劳动者自然就会将其视为自己的既得利益。一旦这样的形势成就,假如企业继续通过不法行为来侵犯劳动者的这些权益,禀赋效应就会起作用,劳动者会自觉地高估这些权益的价值,从而甚至愿意承受比这些权益本身的价值要大得多的成本来维护自己的这一既得利益。而这又会进一步提高执法部门执法的效率和质量,从而最终迫使企业不得不正视员工的法定权益,而不是仅仅为了自己的利益而对其肆意侵犯。在上述的甲企业生产线员工最低工资正义案中,大多数员工之所以对企业单方面擅自降低最低工资标准选择沉默,就是因为他们在停工的时候压根儿就没有享受过劳动合同上约定的最低工资待遇,虽然有

不少员工到执法部门进行了投诉,但也并没有将这一待遇争取到,从而缺乏维护自己这一权益的动力,进一步助长了甲企业单方面侵犯员工合法权益的行为。这时候,假如劳动执法部门能够严格执法,勒令甲企业按照劳动合同规定给所有生产线员工发放最低工资,并且给予甲企业相应的惩罚,就会一方面降低甲企业违法的利益,从而减少其违法的动机,另一方面使员工的合法权益变成实在利益,促使员工以更大的热情维护自己的权益。但是,执法部门的行为仍然和过去一样,在维持稳定的前提下,尽量对企业实行一定的保护,最终导致这一事件以投诉的员工被解雇,其他员工最低工资标准依旧的结果草草收场,企业的不法行为依然照旧,员工维权的热情也遭到了进一步的打击。如表 6.9 所示。

表 6.9　资源禀赋效应对劳资纠纷中的员工行为选择的影响

员工不同行为的收益比较	容忍企业不法行为的 A 选择带来的确定的收益 < 法律维权的 B 选择带来的不确定的收益
作为经济人的最佳行为选择	选择行为 B
资源禀赋理论下的行为选择	选择容忍企业不法行为 A
对企业行为选择的作用	进一步促使企业继续做出侵害员工法定利益的行为

因此,根据禀赋效应理论,在产生纠纷的双方当事人力量不均衡的情况下,如果之前的类似纠纷中强势者侵害弱势方的合法权益而获利已经成为常态,强势者就会将这一不法利益当作自己的既得利益而更加不愿改变自己的不法行为选择,从而产生上述的禀赋效应。而弱势方则由于法律维权可能带来的失败,从而使其利益产生进一步损失的风险,在禀赋效应的作用下,更倾向于容忍强势方的这种不法行为带来的损失。

小　结

通过上述分析,可以看到在弱势群体的合法权益受到侵犯的纠纷发生时,传统经济学上观察到的发生纠纷的当事人之间力量的悬殊对比,会通过行为经济学的一系列效应被进一步放大。

在极端规避效应的影响下,守法主体守法行为是否能够符合法律要求的关键,是其行为的法律效果能否真正确定,从而使其决定是完全遵守法律,直接违反法律还是打法律规定的擦边球。而由于之前所述的社会对守法比例提高的投入的限制,这种法律效果不确定的情况是经常性地出现的,在极端规避效应的作用下,守法主体就有可能做出不完全遵守法律的不法行为选择。

在类似劳资双方的力量不均衡的主体发生利益纠纷时,强势一方因为已经存在侵犯弱势一方的合法权益获得的既得利益,在确定效应的作用下,会更加倾向于做出这种不法行为选择,而不会采取让渡部分利益给弱势一方从而维持更为和谐关系,以获得更大的长远利益的选择。而弱势一方则为了避免同强势一方对抗所带来的更大的利益损失的风险,宁可舍弃已被强势方侵夺的利益而不是努力争取,从而进一步降低了强势方做出不法行为可能带来的风险成本,使其更倾向于做出侵犯弱势一方合法权益的不法行为选择。

由于反射效应的存在,在当纠纷发生后当事人双方陷入僵局时,强势一方更倾向于通过正式的法律程序解决纠纷而不是向弱势方妥协以解决问题,弱势方则宁可继续拖下去也不愿意进入正式的法律程序,但是拖而不决明显对弱势方不利,从而使弱势方陷入被动的局面,进一步助长了强势方做出侵害弱势方尚未实现的法定权益的不法行为选择。

基于案例决策理论的分析可以看出,在守法主体决定自己的守法行为是否和法律的要求相一致的时候,假如存在大量的先例表明,守法主体自利的违法行为并不会受到法律的实际惩罚或者是受到法律惩罚的机会和程度不大,那么守法主体肯定倾向于选择自利的违法行为,从而提高自己相对于守法企业的竞争力。而在很多情况下,比如甲企业对劳资关系进行处理的时候,守法主体往往可以找到很多的先例证明自己的不法行为选择不会受到法律的实际惩罚或者是受到法律惩罚的机会和程度不大,从而有恃无恐地继续其不法行为。

根据禀赋效应理论,在产生纠纷的双方当事人力量不均衡的情况下,如果之前的类似纠纷中强势者侵害弱势方的合法权益而获利已经成为常态,强势者就会将这一不法利益当作自己的既得利益而更加不愿改变自己的不法行为选择,从而产生上述的禀赋效应。而弱势方则由于法律维权可能带来的失败,从而使其利益产生进一步损失的风险,在禀赋效应的作用下,更倾向于容忍强势方的这种不法行为带来的损失。

通过对守法行为的行为经济学分析,能够更好地解释为什么国家颁布了许多明显倾向于保护弱势群体利益的诸多法律，比如新的《劳动合同法》，并且拥有完整的执法体系保证其施行的情况下，却一直不能使弱势群体的合法权益受到侵害的不法行为得到完全遏制。

第七章 建立和谐劳资关系的守法对策分析

上面几章针对企业在处理劳资关系时的守法行为选择模式，通过笔者在甲企业经历的几起典型的劳资关系案例的介绍，运用传统经济学的分析方法、行为经济学的分析方法以及对具体劳动法律规定的个别分析方法对其进行了详细的讨论。通过这些分析，得出的结论是：企业在进行其守法行为选择时，之所以会经常性地出现同法律要求的行为不符的模式选择，有着其深刻的经济根源。但是，这并不是说这样的守法现状就符合以经济发展为优先目标的社会的福利最大化要求，而是相反，目前的情况远没有达成前面提到的符合资源有效配置的守法的目标，[①]因此现实中的劳资关系依然存在各种各样不符合资源有效配置的不和谐的方面。这种不和谐的主要原因之一，来源于国家法治建设的不完善，这种不完善主要表现在以下三个方面。

一是过多的立法瑕疵。相当多的法律条款所希望达成的法律目的根本不可能实现或者是其具体的规定并不是实现法律目的的有效方法，造成资源配置的无效率，最终导致相当多的企业在经济利益的驱动下，做出了违反相关法律规定的行为选择。而很多这样的瑕疵都是可以通过远低于其可能产生的社会收益，成本不高的分析就能找出并找到解决办法的。典型的如《劳动争议调解仲裁法》中的劳动仲裁前置程序，不仅不能达成其方便劳动者解决劳动争议，降低其维权成本，保护其利益的立法目的，反而在事实上成为劳动者维权的阻碍和负担；《工伤保险条例》中强制购买法定工伤险，实际上形成了行政性垄断，造成了资源的浪费，很多企业在利益驱动下，不购买法定的强制工伤险而是购买替代性的商业保险；而《工伤保险

① 就目前来说，未达成符合资源有效配置的守法目标主要表现在守法不够，也就是说，目前法治建设在守法方面的任务主要是提高守法主体对法律的遵守程度。

条例》中的上下班交通事故的双倍赔偿条款同样违反了经济规律，导致资源配置的无效率，遭到很多企业的抵制。

二是执法力度不足。在“GDP 至上主义”的影响下，劳动行政机关出于行政机关整体利益的考虑，在行使劳动法规定的监督检查权时，对严格要求企业遵守劳动法中对企业成本影响较大的条款存在顾虑，担心其严格执法行为会对地方经济造成负面影响，从而形成事实上的执法不严的漏洞，很多类似甲企业的守法主体在利益的驱动下，会毫不犹豫地利用这一漏洞以获取其自身的利益，从而出现上述的“搭便车”现象。对于劳动者的合法权益受到侵害这一事实，只要问题不是严重到影响社会稳定的程度，就不会对行政执法机关及其执法人员的利益造成任何实质性的影响。这也是所有问题中最严重也是最容易发现但却是最难以解决的问题。其中尤其是对新的《劳动合同法》的执行，一些会给企业增加新的成本的条款，如上述的解除终止劳动合同必须提供经济补偿的条款，无固定期限合同条款以及续签劳动合同时待遇降低劳动者可以选择终止劳动合同要求经济补偿的条款等，都在执法不严的前提下被很多的企业采取相应的措施加以实质性的违反，从而使这些条款在某些地方的企业中形同虚设。

三是劳资双方力量不均衡，劳动者维权风险大，成本高，劳动者缺乏法律维权的积极性。由于国家强制力属于法律的最后保证，因此不可能随时动用，而劳动者能够对企业形成有效制衡的力量均势就成为正常情况下保证其合法利益不受侵犯的最好的保证。但是，分散的个体劳动者不可能同企业的力量形成某种程度的均势。[①] 一般来说，由于企业优势力量的影响，劳动者维权时必须考虑到取得相应法律保护需要付出的巨大代价，在扣除其所付出的成本后，这种法律保护的取得在经济上是否合算存在巨大的风险。因此劳动者实际上被一定程度地隔绝在法律的救济之外，绝大多数的员工不得不接受自己的法定权益受到侵害的事实而毫无办法。企业则可以利用自己的力量优势有恃无恐地侵犯劳动者的权益，而不用怎么担心劳动者寻求法律的救济而带来的法律制裁的风险。这种状况长期维持下去的结果，就会由于上述的行为经济学中提到的各种效应的作用，而进一步增强企业侵犯劳动者利益的决心而削弱劳动者维权的信心，如极端规避、确定性效应、反射效应、

① 这种情况在国有企业稍微好点，一般的国有企业都有着正规的工会组织，并在企业运作中发挥着自己的作用。但在私营企业中则比较严重，要么根本就没有工会组织存在，要么工会组织直接受企业主控制，很少能起到真正代表工人利益的工会应有的作用。

基于案例决策、禀赋效应等。

因此,本章的目的,是围绕着企业守法行为选择不符合法律要求的上述三个原因,通过经济学的分析方法,立足于现实的社会状况,为建立和谐的劳资关系,保证企业的可持续发展找出可行的解决之道。

第一节　守法对策的基本理论模式

一般来说,守法行为产生的社会效益即相应的不法行为产生的社会成本,而这一效益和成本在一定的守法比例上是相对固定的。也就是说,对于某一特定法律的违反,对社会福利产生的损害在一定的守法比例上是不受相应对策的影响的。但是,维持一定守法比例所需要的成本,却可以通过相应的对策而改变。另外,虽然不法行为在一定守法比例上产生的社会损害不能通过相应对策进行改变,但在某些情况下,如之前提到的“GDP 至上主义”,这种损害可能被低估。[①] 因此,针对目前守法状况的改良对策,主要包括两方面:一是纠正相关的思想,对不法行为产生的社会危害亦即相应守法比例产生的效益进行正确的估计,将之提高到应有的程度;二是采取各种措施,降低提高守法比例需要的社会成本。目的是使社会总福利水平在现有基础上增加,符合资源有效配置的守法程度提高,进一步向完全守法的理想法治状态靠拢。下面就这两种对策对社会总福利产生的影响进行具体的线性分析。

一、矫正对守法效益的低估

在现代社会是以福利最大化或效用最大化为目标的经济理性人的前提下,按照期望效用函数理论,社会设定的守法程度的目标,应当是能达成最大预期效用的最优守法比例。

设定 Q 为社会的守法程度,$0\leqslant Q\leqslant 1$,为社会可以选择的变量,那么相应的守法程度对应的收益则为以 Q 为变量的 $R(Q)$,成本为 $C(Q)$,社会预期的福利或预期效用为 $E(U)$。因为边际收益和边际成本均为正值且边际收益递减和边际成本递

---

① 当然,在某些特殊环境下,这种损害也可能被高估,如下一章提到的 20 世纪“投机倒把罪”的设置,就是对这种行为的社会危害性过度高估的表现。但是对目前的社会而言,主要的问题是由于“GDP 至上主义”的影响导致的低估。

增,因此,$R'(Q)>0$,$R''(Q)<0$,$C'(Q)>0$,$C''(Q)>0$。根据之前的计算,[①]在这样的条件下,社会获得效用最大化或者福利最大化时的守法比例 $0<Q_0<1$,此时 $R'(Q_0)=C'(Q_0)$。但是由于守法收益被低估,设定被低估的守法收益为以 Q 为变量的 $R_1(Q)$,$R_1'(Q)>0$,$R_1''(Q)<0$。

则 $R_1'(Q_0)<R'(Q_0)$,因为 $R'(Q_0)=C'(Q_0)$,所以 $R_1'(Q_0)<C'(Q_0)$。

又因为 $R_1''(Q)<0$,$C''(Q)>0$,所以在守法收益被低估的情况下,得到的最优解 $0<Q_1<Q_0<1$。即在守法收益被低估的情况下,社会选择的符合其预期效用最大化的守法程度 Q_1 要低于正常情况下的 Q_0,从而导致比预期效用最大化情况下更多的不法行为。

用 MC 曲线表示函数 $C'(Q)$,用 MR 曲线表示函数 $R'(Q)$,MR_1 曲线表示函数 $R_1'(Q)$,TR 曲线表示正常情况下 $E(U)$ 的变化,TR_1 曲线表示守法收益被低估情况下 $E(U)$ 的变化,上述函数关系可以用图 7.1 表示。

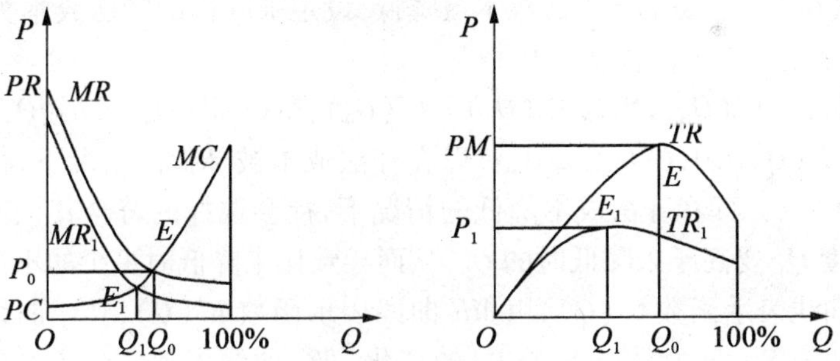

图 7.1　矫正对守法收益的低估的线性模式

图 7.1 中,Q 轴表示守法比例,其最高值为 100%。P 轴表示成本或收益。[②] 由于国家对守法收益的低估,导致正常的守法比例提高的边际收益曲线由左图中的 MR 下移到 MR_1,导致可达到的社会净收益从右图中的 PM 下降到 P_1。而符合资源有效配置的守法比例从正常情况下的 Q_0 左移到大大低于 Q_0 的 Q_1。从而导致社会净收益的受损和国家对不法行为的容忍度大大增加。相关对策的目的就是要将由于这种估计错误的 MR_1 曲线重新上移到 MR 的位置,使其与真正的守法比例提高的边际收益曲线重合。从而一方面使社会净收益重新回到 PM 的水平,另一方面使符合资源有效配置的守法比例从被错误估计的 Q_1 重新回到 Q_0。

① 相关计算过程详见本书引论第五节相关内容。

② 图 7.1 中关于 MR,MC,TR 曲线的相关详细解释请参见本书引论部分第五节。

相应的国家对策主要是对现存的以“GDP至上主义”为典型的社会观念进行适当的引导和矫正，如加大思想方面的建设以及改革相应的考核制度等。

二、降低守法成本

在现代社会是以福利最大化或效用最大化为目标的经济理性人的前提下，按照期望效用函数理论，社会设定的守法程度的目标，应当是能达成最大预期效用的最优守法比例。

设定 Q 为社会的守法程度，$0 \leqslant Q \leqslant 1$，为社会可以选择的变量，那么相应的守法程度对应的收益则为以 Q 为变量的 $R(Q)$，成本为 $C(Q)$，社会预期的福利或预期效用为 $E(U)$。因为边际收益和边际成本均为正值且边际收益递减和边际成本递增，因此，$R'(Q)>0$，$R''(Q)<0$，$C'(Q)>0$，$C''(Q)>0$。根据之前的计算，[①]在这样的条件下，社会获得效用最大化或者福利最大化时的守法比例 $0<Q_0<1$，此时 $R'(Q_0)=C'(Q_0)$。但是由于守法成本被降低，设定被降低的守法成本为以 Q 为变量的 $C_1(Q)$，$C_1'(Q)>0$，$C_1''(Q)>0$。

则 $C_1'(Q_0)<C'(Q_0)$，因为 $R'(Q_0)=C'(Q_0)$，所以 $C_1'(Q_0)<R'(Q_0)$。

又因为 $R''(Q)<0$，$C_1''(Q)>0$，所以在守法成本被降低的情况下，得到的最优解 $0<Q_0<Q_1<1$。即在守法成本降低的情况下，社会选择的符合其预期效用最大化的守法程度 Q_1 要高于未降低时的 Q_0，从而导致比未降低时更少的不法行为。

用 MC 曲线表示函数 $C'(Q)$，用 MR 曲线表示函数 $R'(Q)$，MR_1 曲线表示函数 $R_1'(Q)$，TR 曲线表示正常情况下 $E(U)$ 的变化，TR_1 曲线表示守法成本被降低情况下 $E(U)$ 的变化，上述函数关系可以用图7.2表示。

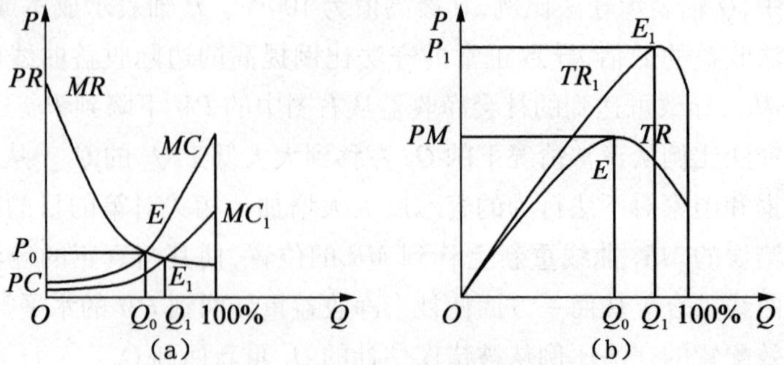

图7.2　降低守法成本的线性模式

① 相关计算过程详见本书引论第五节相关内容。

图 7.2 中，Q 轴表示守法比例，其最高值为 100%。P 轴表示成本或收益。[①] 从图 7.2 可以看出，通过国家采取各种措施降低守法的成本，如图 7.2(a)所示，提高守法比例产生的边际成本曲线从之前的 MC 下降到 MC_1，从而与边际收益曲线相交于 E_1 而不是之前的 E，相对应的守法比例从之前的 Q_0 右移到 Q_1。如图 7.2(b)所示，相应的社会净收益曲线 TR 也上升为 TR_1，最高净收益从之前的 PM 变为 P_1，而达到最高净收益的相应守法比例也从 Q_0 右移到 Q_1。说明通过降低相应的守法成本的对策的实施，在原有的守法比例 Q_0 上继续增加社会投入，使其提高到新的守法比例Q_1，可以将原来的最高社会净收益 PM 提升到新的最高社会净收益 P_1。在这样的情况下，社会对不法行为的容忍度从原有的 $100\% - Q_0$ 缩减到 $100\% - Q_1$，更加接近理想的零容忍的水平。也就是说，在采取相应的对策措施之后，可达到的社会总福利水平相较于目前有了一定程度的提高，社会的守法比例也更加接近于经典的完全守法的理想。

与此相应的国家对策很多，涉及影响守法行为的各个方面，本章主要针对和谐劳资关系的建立，从立法、执法、法律的适应以及涉法当事人之间的成本制约等方面进行论述。

第二节　立法瑕疵的改进

按照法治即为“良法之治”的概念，法治建设的最基本要求就是制定的法律必须符合良法的标准。因此，要使企业的守法行为符合法律的要求，其所需要遵守的法律本身为良法是最起码的前提条件。从经济学的角度出发，就是此法律的实施能够使社会资源实现有效配置，从而最大程度地提高社会福利。假如达不到这一标准，守法主体受利益最大化的驱动，必然会努力寻求比遵守这一法律更好的替代行为方式，导致企业的守法行为选择模式同法律的要求出现偏差。因此，法律本身制定是否科学，直接会影响到人们最终的守法行为选择。如果要矫正企业守法行为相对于法律要求的偏差，首先应当审视的不应当是企业守法行为本身，而是要求企业遵守的法律本身是否存在缺陷，从而使企业在按照经济规律行为的同时没有办法按照法律的要求行为。按照这样的评判标准，根据上面对劳动法的具体法律

---

① 本图中关于 MR，MC，TR 曲线的相关详细解释请参见本书引论部分第五节。

存在问题的条款所作的分析，至少可以对下述法律的相关条款做出一定的改进，从而使其真正顺应经济规律，起到促进社会资源最优配置的作用。

一、对实体法价值失衡的矫正

从本书之前的分析可以看出，《工伤保险条例》存在的漏洞主要有两个方面。

一方面是《工伤保险条例》强制性规定工伤保险应当到劳动保障部门设立的专门机构购买。这样做的好处是工伤保险的购买成为一种国家施行的劳动保障的行政行为，从而以政府的信誉为工伤保险的赔偿作为担保，确保其能够真正兑现。但是这样做的坏处同样是巨大的，即这种人为的垄断必然具有垄断所具有的一些鲜明的特点，其中最重要的就是价格偏高，而同类商业替代险的较低报价也正好印证了这一结论。当然，如果这种保险的性质要求一定要以垄断为基础才能实现其立法目的的话，虽然会有上述的不足，但瑕不掩瑜，付出一定成本增加的代价也是值得的，因为立法目的实现的利益可以抵消这种增加，从而使社会福利总体上有所提高。但事实并非如此，购买同类商业替代险[①]同样可以达到《工伤保险条例》所说的保护工伤职工利益，分散工伤风险的目的。也就是说，为了达到这一目的，并不必然要通过垄断性的工伤保险购买的规定，这种以更高的价格购买同样的服务，得到同样的使用价值的行为明显不符合经济学中资源最优配置的原则，也在实质上降低了社会能达到的总的福利水平。[②]

另一方面就是上述的《工伤保险条例》第十四条第六款的规定，职工在上下班途中受到机动车事故伤害的，应当认定为工伤。而同时根据《道路交通安全法》的

---

① 主要包括人身伤害意外险、企业雇主责任险等同样可以对职工工伤造成的损害进行类似于法定工伤险补偿的险种。

② 将《工伤保险条例》中关于强制到指定政府机构购买工伤保险的规定当作立法上的漏洞，是纯粹从经济学的角度来考虑的。从经济学的角度出发，任何风险都可以以货币的形式加以衡量，任何无视总的成本收益而只关注某一方面价值实现的行为都是不经济的，是违反资源有效配置的基本原则的。

相关规定,交通事故侵权的受害者应当获得国家规定的交通事故赔偿。[①] 也就是说,上下班途中的遇到交通事故的职工,事实上可以获得交通事故和工伤保险的双重赔偿。但是这会产生一系列问题。对于已经为职工购买了工伤保险的企业来说,虽然表面上不会增加其负担,但这种赔付明显增加了总的保险成本,而这一成本的增加必然导致企业缴纳的工伤保险费的增加,最终表现为企业成本的增加。而且,从经济学的角度,这种过度赔偿还会同时使企业和职工对这类工伤的注意力受到不利于资源配置的影响,[②]最终导致社会总的福利水平的下降。对于没有购买工伤保险而又没有购买或足额购买替代商业险的企业来说,问题就更加严重。一方面职工会根据此条款要求企业按照《工伤保险条例》的相关规定进行赔偿,另一方面企业却认为职工在交通事故赔偿的过程中已经获得了充分的经济补偿,就算完全不对其进行工伤保险规定的赔偿也不会对工伤职工或其家属造成什么影响,只是让其少了一笔意外之财罢了。因此,正如上述张某工伤案例中所显示的,这样的工伤赔偿谈判往往陷入僵局,一定程度上是企业对《工伤保险条例》此一规定不满的一种具体表现。

因此,针对上述《工伤保险条例》中法律规定上的不足,可以分别采取下列措施。

1. 关于《工伤保险条例》中购买工伤保险的强制性垄断问题

可以将政府信誉高的优点和商业保险廉价的优点相结合。一种办法是继续按照现行的购买工伤保险的规定,企业只能向劳动保障部门缴纳工伤保险费。但是劳动保障部门采取措施改善对工伤保险基金的管理,从而降低其运作的成本,充分利用其垄断的规模优势将工伤保险的费率降到最低,理论上由于其规模效应以及可以不用进行商业推广,不需要营销费用的支出这一先天性的经济优势,要达到这一目标的难度不大。但事实上由于竞争的缺乏,对不具有商业性管理经验优势,作

① 参见2008年《中华人民共和国道路交通安全法》第七十六条,"机动车发生交通事故造成人身伤亡、财产损失的,由保险公司在机动车第三者责任强制保险责任限额范围内予以赔偿;不足的部分,按照下列规定承担赔偿责任:(一)机动车之间发生交通事故的,由有过错的一方承担赔偿责任;双方都有过错的,按照各自过错的比例分担责任。(二)机动车与非机动车驾驶人、行人之间发生交通事故,非机动车驾驶人、行人没有过错的,由机动车一方承担赔偿责任;有证据证明非机动车驾驶人、行人有过错的,根据过错程度适当减轻机动车一方的赔偿责任;机动车一方没有过错的,承担不超过百分之十的赔偿责任。交通事故的损失是由非机动车驾驶人、行人故意碰撞机动车造成的,机动车一方不承担赔偿责任。"

② 详见本书第二章中立法瑕疵的有关内容。

为行政机关存在的劳动保障部门来说，要达成这一目标的可能性太小。另一种办法是修改现行的《工伤保险条例》，不再强制性要求企业向劳动保障部门购买工伤保险，而是施行类似于《机动车交通事故责任强制保险条例》的规定，[①]向国家指定的资质信誉良好并且存在竞争关系的几家商业保险公司购买，以保证工伤保险费率维持在具有竞争力，从而符合资源最优配置标准的基础上。第三种办法是企业仍然可以向劳动保障部门缴纳工伤保险费用，但法律并不排斥其购买类似的商业替代险，但类似的商业替代性必须在国家指定的资质信誉良好的存在互相竞争关系的几家商业保险公司足额购买，才能免除其向国家劳动保障部门缴纳工伤保险费用的义务。本文比较赞成第三种办法，因为工伤保险的整体运作要使其达到资源的最优配置的话，必须为其创造一定的竞争环境，因此强制性的实行垄断是不符合经济学原理的。但是由于其本身对保护工伤职工的利益至关重要，因此国家又必须掌握一定的资源，而不能对市场完全开放。而施行第三种方式正好能达到这一理想状况。理想的结果是劳动保障部门充分发挥上述的成本优势，最终在工伤保险市场上占到大部分的份额，但是又和商业保险公司保持着竞争关系而不至于重新形成垄断局面。而第一、二种方式虽然理论上同样可以达到既保证了保险的信用又可以使费率降低的目的，但在实际操作过程中，第一种方式由于缺乏市场竞争实际上很难达成目标，第二种方式则国家完全丧失了调控市场的能力，有可能出现商业保险公司一定条件下联合起来抬高保险费而使企业利益受损的情况。实行指定性商业购买的做法替代原有的法定行政垄断所起的作用如图 7.3 所示。

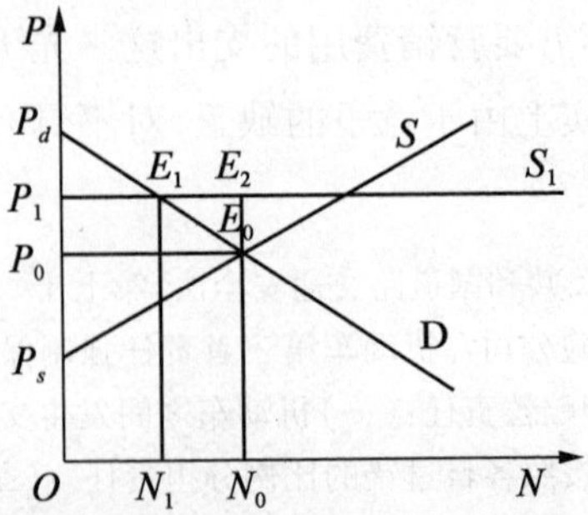

图 7.3　指定性商业购买具有对法定行政垄断的比较优势

---

① 2006 年《机动车交通事故责任强制保险条例》第五条规定，“中资保险公司（以下称保险公司）经保监会批准，可以从事机动车交通事故责任强制保险业务。”

如前所述,法定垄断工伤险最大的负面作用,是将市场作用下的供给曲线 S 强行移动到 S_1 的位置,从而使社会总福利从 $P_dE_0P_s$ 三角区域缩减到 $P_dE_1P_1 - E_1E_2E_0$ 区域,造成社会资源的无效率配置。而实行指定性的商业购买的目的是使被扭曲的 S_1 重新恢复到 S,使社会总福利水平达到最大的 $P_dE_0P_s$ 区域,恢复资源的有效配置。

2. 关于上下班途中职工发生交通事故的双重赔偿问题

这一问题其实比上面的引进商业保险进入工伤保险市场的难度要小得多。2010 年《工伤保险条例》修改稿草案出来的时候,就打算将这一条款取消,但后来由于涉及相关工伤职工的切身利益以及可能引起社会误解,最终修改后的《工伤保险条例》并没有取消这一条款。从技术上来讲,要纠正法律上的这一不符合资源最优配置标准的法律条款是很简单的。即在这样的情况下,假如职工已经获得了足额的交通事故赔偿,就不应继续要求工伤保险赔偿。工伤保险赔偿只支付交通事故赔偿中可能出现的不足额赔偿中的差额部分,以及特殊情况下职工确实得不到交通事故赔偿时可以由工伤保险基金对职工进行赔偿。

二、废除无效率的法律程序

劳动争议仲裁前置这一程序并不是《劳动争议调解仲裁法》的首创,而是沿用 1995 年施行的《劳动法》的相关规定①。实际上,由于劳动仲裁委员会②的组成虽然表面上由劳动行政部门、企业和劳动者三方的代表组成,好像达成了实现公平和公正所必需的利益相关方的力量均势,但在现实中,法律中规定的代表劳动者的工会经常不具有能够真正代表劳动者利益的独立性,从而使劳动争议中至关重要的劳动者一方的代表缺位。而实际上劳动争议的绝大部分受害者都是劳动者一方,而劳动仲裁委员会的组成中这种力量结构的明显不平衡,再加上行政部门的强势,事

---

① 1995 年《劳动法》第七十九条,"劳动争议发生后,当事人可以向本单位劳动争议调解委员会申请调解;调解不成,当事人一方要求仲裁的,可以向劳动争议仲裁委员会申请仲裁。当事人一方也可以直接向劳动争议仲裁委员会申请仲裁。对仲裁裁决不服的,可以向人民法院提起诉讼。"

② 劳动仲裁委员会也是《劳动争议调解仲裁法》沿用原 1995 年《劳动法》的规定。见 1995 年《劳动法》第八十一条,"劳动争议仲裁委员会由劳动行政部门代表、同级工会代表、用人单位方面的代表组成。劳动争议仲裁委员会主任由劳动行政部门代表担任。"

实上必然导致其裁决的公正性向行政裁决的水平靠拢,因而其公正性和在劳动者心目中的权威性必然大打折扣,而无法同正规的劳动诉讼相比。而假如其仅仅作为一种比较特殊的行政裁决存在的话,同到劳动监察部门投诉获得类似的行政裁决相比,劳动仲裁裁决不仅程序上复杂得多,而且解决纠纷总成本同到劳动监察部门投诉更是相差太远。因此,在既不能使劳动仲裁的公正性和权威性即其裁决的质量向劳动诉讼靠拢,又不能使其裁决的成本向行政投诉靠拢的情况下,劳动仲裁的地位在需要解决劳动争议的劳动者心目中的地位是很尴尬的。但是《劳动争议调解仲裁法》却偏偏将这么一种地位尴尬的劳动争议解决方式强制性地置于劳动诉讼之前,使相当多欲通过劳动诉讼解决劳动争议的劳动者进退两难,不仅严重损害了劳动者的劳动争议解决方式的选择权,而且最终必然体现为劳动者的合法利益受到的保护程度降低,最终导致劳动者更多的合法利益的流失,从而完全违背了《劳动争议调解仲裁法》立法目的中所谓的保护当事人利益的宗旨。那么对于这一劳动仲裁前置程序到底应当如何处理才能既最大限度地保护劳动者的利益,又使其符合资源最优配置的经济学原则呢?下面本文试着根据劳动仲裁存在的一些问题找出可行的解决办法。

首先,劳动仲裁前置程序之所以会成为不经济的一种制度设置,是因为劳动仲裁这种劳动争议解决方式同类似的解决方式相比较,如到劳监投诉的行政裁决方式以及正式的劳动诉讼方式,其裁决的质量和成本都不具有任何优势。因此,假如要坚持不废除劳动仲裁前置程序这一历史悠久而又独具特色的劳动争议解决方式的话,就有必要大幅度地提高现行的劳动仲裁的裁决质量,同时进一步降低劳动仲裁相对于劳动者的成本,只有这样才能最大程度地提高劳动仲裁相对于其他劳动争议解决方式的性价比,进而在同到劳监投诉的行政裁决方式和劳动诉讼的竞争中具有确定无疑的优势。根据仲裁的一般程序规则,劳动仲裁程序本身对于劳动者产生的成本确实已经通过立法降到了不能再低的程度,除非国家直接对劳动者发放劳动仲裁补贴,但这种可能性几乎是不存在的。因此,要提高劳动仲裁性价比的唯一方法就是提高其裁决的质量。而提高劳动裁决质量的关键就是改革目前力量对比失衡的劳动仲裁委员会。

前文中已经对劳动仲裁委员会力量对比失衡的原因做过具体分析,其根源就是劳动者利益的代表缺位。要解决这一问题,同样有两种办法,一种是找到一种产生真正代表劳动者利益代表的方法。但是,现实中这一问题由于涉及工会改革这一更大的课题,难度之大可想而知。另一种办法就是直接由相关行政部门任命相关的解决劳动争议的专家直接组成仲裁委员会。因为在劳资双方力量对比无法平衡,而劳动行政部门又占据明显的主导地位的情况下,劳资双方都不产生代表的方式可能更有利于保护劳动者的利益。但是,这种方式明显使劳动仲裁变成了一种特殊形式的行政裁决,当然由于其程序设置,可能比一般的行政裁决过程更为繁琐,结果更为科学,但仍然存在行政裁决倾向性比较强,从而不足以产生同劳动仲裁准司法的地位相适应的权威性的问题。因此,通过对劳动仲裁程序内部进行改革,从而使其性价比达到甚至超过类似的劳动争议解决方式虽然理论上有成功的可能性,但实际上操作性很小。因此,要使劳动仲裁程序通过改革,使其真正具有作为劳动诉讼前置程序的资格的可能性微乎其微。在这样的情况下,最优的选择其实只有一个,即废除劳动仲裁前置程序。

但是,废除劳动仲裁前置程序并不等于要废除劳动仲裁程序本身,可行的法律设计可以参考刚刚提到过的《工伤保险条例》中失业保险的购买方法,即引进竞争机制,使其资源配置达到有效率的理想状态。劳动仲裁程序内部仍然需要改革以提高自身的裁决质量,但这种改革不再以劳动仲裁程序前置为前提,而是实实在在地提高自身的性价比,使之成为劳动者解决劳动争议时会认真考虑的一个选择。而与此同时,劳动者可以自由选择是否直接进行劳动诉讼,而不是先经过劳动仲裁这一步骤,以使劳动诉讼和劳动仲裁形成事实上的良性竞争关系。在这样的情况下,原来由于劳动仲裁前置所带来的成本压力而不得不放弃进行劳动诉讼的劳动者或者利益大幅受损的劳动者,以及本来就会选择的劳动者都会由于这种选择的自由而受益,最终的效果就是使原来被《劳动争议调解仲裁法》扭曲的劳动争议解决价格重新得到矫正,总体上更为接近帕累托最优状态,社会总的福利增加。其作用如图 7.4 所示。

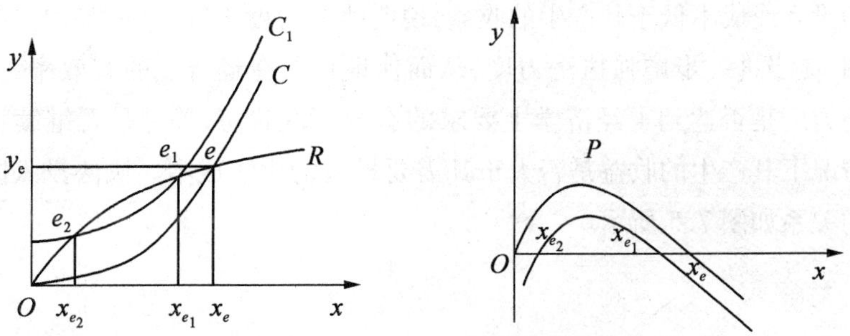

图 7.4 废除劳动前置程序给劳动者维权带来的好处

如前所述,劳动仲裁前置程序之所以违反了资源有效配置原则,是因为其额外增加了劳动者维权的成本,将正常市场状况下的员工维权成本曲线从 C 上移到 C_1。从而造成员工可获利的维权水平从 $0—x_e$ 缩减到 $x_{e_2}—x_{e_1}$,从而使员工的维权之路更加举步维艰,进一步助长了企业做出不法行为的可能。而通过上述措施,则可以使 C_1 重新会到 C 的水平,使社会资源回到有效配置的状态。

因此,通过上述的一系列针对目前劳动法律存在的主要瑕疵的矫正措施,如对《工伤保险条例》《劳动争议调解仲裁法》中的一些争议比较大的问题或者条款进行相应的改革,就能使其产生一系列的正面效果,或者使其更为企业所接受,或者是真正的加大了对劳动者利益的保护,降低了劳动者的维权成本,从而使劳动者更有可能利用法律作为武器制约企业的不法行为。总之,就是使企业的守法行为模式最大限度地接近法治的理想模式,从而保证立法目的的实现,促进社会总福利水平的提高。

第三节　行政执法效率的提高

正如之前的分析中得出的结论,由于边际成本递增和边际收益递减的经济学规律,现实中的执法实际上不可能严格到保证法律完全得到遵守。要达到法律被守法主体完全遵守的目标,不仅是不切实际的,在经济上也是无效率的。从经济学的角度,行政执法的目标不应当是追求法律得到守法主体的完全遵守,而是使守法主体保持适度的守法比例。也就是说,假如每多提高一单位守法比例需要的投入或成本高于其产生的收益,就算守法比例的提高在道德上有再大的诱惑力,也有必要减少相应的执法投入,即降低执法力度。而反过来,假如每多提高一单位守法比例需要的投入或成本低于其产生的收益,说明执法力度不够,进一步加大执法投入有利可图,应当进一步增强执法力度,从而保证执法在经济上的有效率。因此,判断执法的力度是否达到了经济学上要求的有效率的状态,关键是看继续提高守法比例的情况下其产生的收益是否大于其需要投入的执法成本。执法投入同守法行为之间的关系如图 7.5 所示。

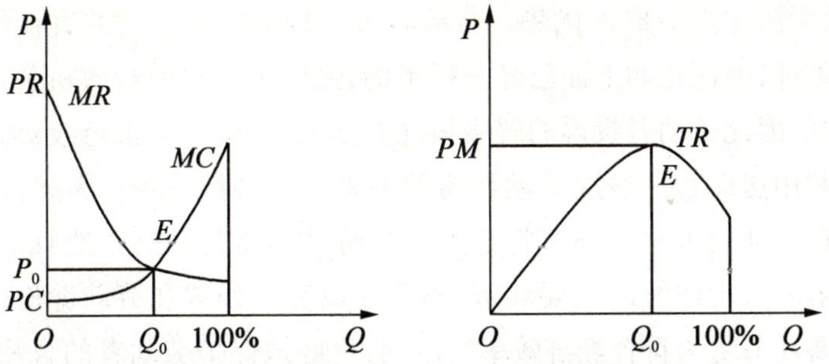

图 7.5　执法投入同守法行为之间的线性关系

图 7.5 中，执法投入只有在达到边际收益曲线 *MR* 和边际成本曲线 *MC* 相交的 Q_0 水平时，社会资源才能实现有效配置，社会总福利水平达到最大。此时每一单位的守法比例提高需要的成本和产生的收益均为 P_0，社会总福利水平 *TP* 达到 P_1 的最高点。守法比例低于 Q_0 的水平，则继续增大执法力度有利可图。而高于 Q_0 的水平，则反而得不偿失。

依据上述标准来判断关于劳动法执法的现状，可以很容易地发现，行政执法部门其实只要在现有资源的基础上稍微加大对企业的执法力度，就能很大程度地提高其守法水平，从而遏制企业的一些非常不利于劳动法立法目的实现的行为，遏制企业企图"搭便车"获利的冲动，产生远大于其执法投入的社会收益。之前提到的生产线员工最低工资争议一案中，当地劳监部门一个电话，就使甲企业不得不按照法律给相应员工提供法定补偿的事实，就是企业守法比例远没有达到符合资源有效配置的守法状态的最好证明。也就是说，现在的守法水平明显位于 Q_0 的左边，执法力度明显没有达到资源有效配置原则的要求。之所以出现这种状况，主要是之前分析过的"GDP 至上主义"等原因导致的对不法行为的危害性的低估，因此有必要对此进行矫正，使守法主体的守法比例最大程度地向符合资源有效配置的守法水平 Q_0 靠拢。① 而且，目前的执法成本在降低方面仍然有着很大的余地。下面，将具体分析可能采取的有效率的改善目前的劳动法行政执法状况的方法。

一、低成本高效率的执法措施

劳动投诉对于劳动者来说，具有其他任何正式的劳动纠纷解决方式如劳动仲

① 详细分析见本文第三章第二节，"'GDP 至上'的执法困境"。

裁、劳动诉讼无法比拟的成本优势。劳动者进行投诉需要付出的直接经济成本几乎可以忽略不计,因此正如上面已经分析了的,虽然由于目前行政机关对此没有给予应有的重视,因此劳动者投诉的解决情况差强人意,到劳监进行投诉仍然成为几乎所有决定利用法律程序解决劳动纠纷的劳动者的必然选择。因此,假如相关行政部门能够在劳动投诉这一环节将绝大多数劳动纠纷公平公正地解决,从而使这一环节成为解决劳动纠纷的主要环节,不仅比以劳动仲裁和劳动诉讼作为解决劳动纠纷的主要环节更为符合经济效率的原则,更好地保护劳动者的合法权益,从而保证劳动法的法律目标预期的社会福利的实现,而且能够在劳资双方的心目中极大的增加法律和国家行政机构执法的权威,保证和谐法治目标的真正达成。

1. 要实现劳动投诉成为解决劳动纠纷的主要环节的目标,首先需要劳动监察部门转变目前对待劳动者投诉的态度。要做到对劳动者投诉的真正重视,而不是像上述甲企业所在地区的劳动监察部门那样,以息事宁人,维持暂时的稳定为处理投诉的主要目的,要真正做到急劳动者之所急,实实在在地解决劳资关系中存在的问题,维护法律的尊严和长期和谐稳定的根本目标。这种对待投诉的态度的改变,当然会给相关人员和部门增加一定的成本,比如需要更认真的调查,更细致的调解和对相关法律执行技巧的更为熟悉,这些都会比敷衍了事的成本要高不少。但是,通过这种态度的转变,使企业遵守劳动法的程度向适度的有效率的方向靠拢,其产生的社会效益远远超过相关人员和机关在加强执法方面的投入。

2. 设置科学的投诉受理程序。目前的劳动者投诉受理程序普遍存在不规范不科学的地方,不能真正保证投诉处理的质量,这也是目前劳动者投诉这一环节不能真正成为解决劳资纠纷主要环节的主要原因。从上述案例中的甲企业所在的劳监部门处理劳动者投诉的过程可以看出,相关行政机关基本上是按照相关规定接受劳动者投诉,告之企业,最后再按照企业的回复结案这一简单粗糙的程序来处理相关投诉的,问题严重的话如上述生产线员工最低工资纠纷一案中,也不过要求企业稍微注意下影响,不要太过分而已。既不存在真正的调查核实的过程,更没有事后投诉者的满意度评价。而且从相关部门对此满不在乎的态度,估计其内部也并没有将投诉处理的质量作为有分量的考核指标。也就是说这一程序由于缺乏对相关劳动监察机关解决投诉的任何有效的监督,实际上允许相关行政部门可以很放心地敷衍了事,而不用担心来自内部的或者外部前来投诉的劳动者对其投诉处理质量的不满。

针对上述情况，建议建立更加科学有效的劳动者投诉的受理程序，尤其是实质调查的程序、投诉的劳动者本身对投诉处理质量的评价程序以及与之相结合的投诉处理质量的考核程序。只有这样，才能保证劳资纠纷的劳动者投诉程序能够真正弄清劳资纠纷的真相，进而切实依法解决投诉，达成真正为人民服务，这里主要是为劳动者利益服务的目标。

3. 在进行上述改进的同时，要继续坚持劳动者投诉程序的经济、便捷的特色。上述改进的目的，是提高劳动者投诉解决劳动纠纷的质量，从而使其能够真正起到作为解决劳资纠纷的主要环节的作用。但这并不等于需要将劳动者投诉的受理程序改得像劳动仲裁和劳动诉讼那样复杂，如果这样劳动投诉就失去了存在的价值。而是要在充分发挥劳动投诉程序的经济、便捷特色的前提下，进一步提高其解决纠纷的质量，根据具体情况，灵活有效地切实解决问题。这样做的意义，在于通过切实降低劳动者的维权成本，充分调动其制约企业做出不法选择的积极性，从而使国家每增加一单位的执法投入需要的成本降低，即使上述图表中的 MC 曲线向下移动，使适度的执法水平 Q_0 向右移动，最终导致社会总收益 TR 的提高。

二、科学的考核制度

正如上述分析里面讲到的，相关劳动行政机关之所以对企业行为是否遵守劳动法的监督不力的一个重要原因，是对企业有所忌惮。而行政机关对企业有所忌惮的原因，一方面是由于目前对行政机关的考核制度。现在一般都将当地每年的经济增长率作为考核相关行政机关及其人员的最主要的经济指标，而企业尤其是有一定规模的大企业，则是实现当地经济增长的主要来源。在这样的情况下，执法的行政机关就会认为，如果对相关企业严格执法，就会使其丧失可能的违法行为带来的收益，从而会促使其向执法不严的地区搬迁，而这种搬迁在短期内就会直接影响当地考核的经济数据。另一方面则是出于执法行政机关为了以后执法行为得到企业有效配合的目的，为了同企业的关系保持融洽，而不惜对企业的某些违法行为姑息纵容。针对以上情况，可以通过对行政机关的考核制度进行改良，从而在投入很少的情况下，使执法的力度得到有效的加强，从而使企业守法行为的程度向有效率的方向移动，实现资源的有效配置。

1. 在将每年的经济增长率这种短期经济指标作为考核指标的同时，增加五年以上的平均经济增长率或者是可持续发展能力的考核，作为考核中长期经济增长的指标,并且其权重应明显超过当年经济增长率。这样做的目的就是防止地方政府出于短期经济增长率考核的需要,而牺牲当地的长远的或者是可持续发展的能力。劳动行政部门在执法的时候对有一定规模的希望通过违反劳动法律的行为牟取非法利益企业的姑息,虽然在短期内留住了这部分企业,保证了当地短期的经济利益。但是从中长期来讲,这种做法必然恶化当地的法治环境,从而使劳动法严格实施能够带来的社会福利的增加得不到实现,导致相关企业的可持续发展能力的下降,对当地的经济增长带来严重的负面影响,从而最终恶化当地的投资环境,损害地方吸引更优良的投资及其长远的可持续发展能力。因此,假如增加相应的中长期考核指标,并且赋予其相对于短期经济增长率更大的比重,必然促使当地政府改变过去单纯追求短期经济增长率的做法,更为重视中长期的经济增长的可持续发展能力,从而改变之前对相关企业通过违反劳动法律牟取非法利益的行为的姑息纵容态度,促使相关企业的守法行为向最符合资源最优配置的方向转变。

2. 同上述的投诉制度的改革相结合,将劳动者投诉本身以及劳动者对于投诉受理后处理质量的评价作为专门的考核指标。这在一方面实现了上面所述的对劳动行政部门处理投诉的质量进行监督的目的,另一方面也可以有效遏制相关执法人员牺牲执法必严的原则以保持与企业关系融洽的不正确做法。实际上,同企业保持良好关系固然有利于执法的效率,但是以牺牲执法必严的原则去取得这种关系是得不偿失的。首先,劳动行政部门完全可以通过其他更为可取的途径同企业保持融洽的关系,如经常性的沟通,在法律许可的范围内帮助企业解决实际困难等,比纵容其不法行为更容易获得企业的好感。其次,这种姑息的行为,从长期来说不仅不能为企业执法提供便利,反而会使企业在长期纵容的情况下,漠视相关法律规定,不仅损害了相关法律和国家机关的权威,而且会进一步刺激企业通过类似的违法行为牟取不正当利益的欲望,最终使相关部门的执法举步维艰,恶化当地的法治环境。在相关部门严肃认真科学地建立了劳动投诉受理机制之后,由于劳动投诉因此而产生的权威,必然会使企业侵犯劳动者的违法行为得到及时的举报,而实现对这种投诉的有效率高质量的处理,必然伴随的是劳动行政部门的相关机构对企业的严格执法。因此,在劳动投诉机制健全的情况下,相关执法人员和执法机关对企业侵犯劳动者利益的不法行为的纵容,必然会通过投诉以及其后的投诉受理的质量评价上反映出来。而将此两者作为相关行政机关及其执法人员的重要考核指标,就会让他们认识到对企业相关不法行为姑息纵容可能带来的后果,从而保证其执法力度保持在符合经济效率原则的适当程度上。

三、强调实质守法

在具体的执法过程中,以相关法律的宗旨作为执法的最高标准,使执法必严更重视守法行为的实质,而不是形式。法律制定的目的,就是其立法宗旨。假如守法主体的行为实际上同法律宗旨相吻合,而只是在形式上违反了相关的法律条文,相关的执法机关就应仔细分辨,而不是一味强调形式上的守法。因为在这样的情况下很有可能是因为法律条文本身不能适应现实情况的变化,而对这样的法律条文形式上的强调就可能会对社会总福利造成相当程度的损害,从而违反了资源有效率配置的经济学原则。比如上面提到的违反《工伤保险条例》的具体规定,购买强制性的工伤保险的商业替代险的问题。而另一方面,某些企业有意识地寻找法律条文的漏洞,从形式上来说,其行为并没有违反现行法律的具体条文,但却直接同法律的立法目的相悖。假如对这种行为不能及时给予制裁,必然会使法律目的预期的社会利益受损,同样不符合资源有效率配置的经济学原则。比如上面讲到的深圳华为公司的"辞职门"事件。正是由于考虑到这两种可能性的存在,一般的具体法律的制定,都会在其最开始阐明其立法宗旨或立法目的,以保证在具体的执法过程中,执法行为不至于过度拘泥于具体的法律条文的形式而忽视了立法目的这一法律的根本。因此,针对这两种执法中可能遇到的特殊情况,就应特殊对待。

1. 形式上违法而实质上符合法律宗旨或者法律目的的行为。这一现象的出现,很多情况下是由于现行立法中存在的某些不符合经济效率原则的规定的存在。比如前面提到的《工伤保险条例》规定的强制性要求企业为职工购买法律规定的工伤保险的问题。由于相关劳动行政机关对工伤保险基金的管理形成了事实上的垄断,因此是不符合经济效率原则的。而正是在这样的情况下,某些企业转而向商业保险公司购买工伤保险的商业替代险而不是法律指定的强制性的工伤保险。很显然,这些企业的行为是违反了《工伤保险条例》这一法律的具体规定的。但是,却并没有违反《工伤保险条例》的立法宗旨,同样能够实现保护工伤职工利益,分散工伤风险的立法目的。而且,从经济学的角度来讲,部分企业购买商业替代险而不是强制性的工伤基金,整体上节约了企业的相关成本,并没有损害国家或者是职工的利益,并且通过竞争,促进了工伤保险基金管理的改善,从而是一种比单纯由工伤保险基金垄断这一市场的情况更为符合资源有效率配置的基本原则,使社会总福利增加。因此,在碰到这种特殊情况时,相关执法部门就应站在立法宗旨或者是立法目的的高度来理解和解释相关法律,判断是否应当裁定此种行为实质违法,而不是单纯地根据法律条文从形式违法的角度,对这种行为加以否定。而且对于这种情况应当及时向相关立法部门反映,以及时修正相关法律条文,使相关法律更好地符合资源有效率配置的原则。

2. 形式上并没违反具体的法律规定但同立法宗旨或立法目的相悖的行为。假如说上一种情况的出现很多情况下是由于某些法律的具体条文同现实脱节,从而不合时宜的话,这种情况主要是法律不可能考虑到现实中可能出现的各种具体情况,从而在条文上出现了某些漏洞。比如上述的深圳华为的“辞职门”事件,表面上看来,华为的这种做法并没有违反当时正在施行的《劳动法》有关法律条文,但在实质上却损害了《劳动法》所秉持的保护劳动者的合法权益的立法宗旨。正是从《劳动法》的这一立法宗旨出发,这件闹剧的最终结果是被相关的劳动行政部门裁定华为此行为无效。[①] 与此类似,在上述的甲企业变相解聘苏某一案中,甲企业也通过自以为是的方式来解读相应的《劳动合同法》中关于企业不得单方面无故解聘员工的条款,而采用变相解聘的方式。假如此事件最后变成劳动纠纷并要求劳动行政部门裁决的话,劳动行政部门就应秉持《劳动合同法》关于保护劳动者的正常合法权益的立法目的,对企业不得单方面无故解聘员工这一条款进行符合此立法目的的解释,从而将这种表面上是调换工作,实质上是变相解聘的行为纳入此条款规制的范围。只有这样,才能使相关行政部门的执法行为真正成为法律目的的实现的保障,而不至于使相关保证法律目的的实现的条款由于守法主体做出的损人利己的恶意规避而流于形式,最终导致法律目的不能实现,从而导致相应的社会福利的损失。

一般来说,每一种具体法律的立法宗旨或者立法目的都是经过很多实践总结出来,并且经过相关专家一再推敲而确定下来的。因此,立法目的本身应当是与资源的有效配置这一经济原则相吻合的,立法目的的顺利实现,一般来说即意味着社会福利的增加。而具体的法律条文则不同,虽然大部分的法律条文同样是经过时间检验并且经过专家的反复推敲的,因此应当也是符合经济学上的资源有效配置

① 见《广东省劳动部门认定华为万人辞职无效》,载于 http://tech.sina.com.cn/t/2008-07-21/08162339116.shtml,2011-9-24,18:00。

这一原则的，但不排除少数法律条文由于立法时缺乏相应的信息或受到不正确的信息的干扰而出现对某些具体的问题缺乏明确的规定甚至是错误的规定的情况，或者是由于社会的发展使本来适当的条款变得不再适当。在这样的情况下，机械地按照相关法律条文进行所谓的“严格执法”只会使整体社会福利下降，从根本上违反了相应的立法目的。在这样的情况下，就应当以立法目的或者立法宗旨为最终判断标准来解读这些条款，从而使执法行为同立法目的保持一致，保证资源有效配置原则的顺利实现。

总体上来讲，劳动行政部门的执法状况对于企业在处理劳资关系时的守法行为选择是非常关键的。从理论上来说，假如劳动行政部门不用考虑投入产出的效益问题，而可以无限制地增强执法力度的话，是可以达到企业的守法行为百分之百符合法律的具体规定的。但是受到边际成本递增和边际效益递减的经济规律的制约，因此只能保持适度的符合资源有效配置的执法力度。但很显然，现在执法的力度总体上来说远远没有达到过度的程度，而是远远不够。在这样的情况下，增加社会总福利的办法就应当是加大相关行政部门的执法力度，使其向达到资源的有效配置的最佳状态靠拢。而可行的几种性价比较高的办法就是上述的改进劳动投诉受理程序、改革相关行政部门和行政执法人员的考核标准，以及按照立法宗旨或者目的为最终标准判断相关主体的行为是否合法等。

第四节　弱势群体的成本制约

无论是通过劳动诉讼对企业的不法行为进行法律制裁，还是通过行政机关的监管来保证企业的守法行为能保持符合资源有效配置的适度的水平，都是借助劳动争议的当事人劳资双方之外的力量对企业的守法行为进行的事后矫正。当然，这种外部的、事后的矫正对保护劳动者的合法权益，保证企业的守法水平是非常关键的。但这种矫正手段的最大问题是其不能在问题发生的同时产生作用，而且还经常由于各种原因而不能发挥自己的矫正作用。[①] 因此，要做到有效的控制企业侵

① 比如劳动者的合法权益在受到企业侵害后，只要不是特别严重，一般劳动者都不会选择上述的昂贵而且存在很大风险的解决方式。因而在大多数情况下，这种外部的矫正机制并不能发挥作用。

害劳动者的合法权益的行为发生,还应当充分调动劳动者自身维权的积极性,使劳动者本身拥有足够的制约企业不法行为的力量,将企业通过侵害劳动者的合法权益获取不正当利益的意图扼杀在其真正实施之前。

目前存在的比较普遍的企业通过侵害劳动者的合法权益牟取非法利益的情况,很大程度上是由于劳动者维权的积极性普遍不高,从而在面对企业此类的不法行为时,不敢据理力争,更不敢通过正式的法律程序维权造成的。通过之前的分析,劳动者之所以做出这样的无奈的选择,主要原因就在于劳资双方不均衡的力量对比,以及对于普通劳动者来说昂贵的法律维权成本。当然,这种维权成本的相对昂贵,实际上也是劳动者力量远逊于资方的一个重要表现。因此,要想使劳动者能够普遍行动起来维护自己的合法权益,对企业侵犯劳动者利益的不法行为起到切实的制约作用。就必须切实解决劳动者维权方面面临的这两个凭借其自身力量无法解决的问题。

一、维权的成本问题

其实这一问题一直是相关立法机构和行政执法部门关注的焦点之一,而且也采取了一系列的减轻劳动者法律维权成本的措施。比如上面分析过的劳动仲裁前置程序,就直接规定了劳动仲裁对当事人免费,这实际上就是为了减轻劳动者法律维权成本的具体措施。还有劳动行政执法机关设置的劳动投诉机制,也能方便劳动者经济便捷地解决相关的劳动纠纷。但正如上面分析中讲到的,劳动仲裁前置程序虽然免掉了仲裁的费用,但实际上却由于法定的垄断反而导致劳动者法律维权成本的进一步增加,而劳动投诉机制虽然经济便捷,但解决纠纷的效果差强人意。因此,并没有起到真正解决劳动者法律维权成本高昂的问题,这也是劳动者法律维权的比例一直保持在较低水平的主要原因。因此,要切实解决这一问题,可以从以下几方面入手。

1. 对相应的劳动争议解决程序进行清理。这种清理需要从三个方面同时进行。首先,应当坚持某些有利于降低劳动者法律维权成本的劳动争议解决程序。

如劳动仲裁免费,[①]劳动诉讼只收取10元诉讼费,[②]劳动者提起诉讼可以不预交费用[③]等规定,以及经济便捷的劳动投诉机制等,都应当继续坚持。其次,应当废除那些不仅不能降低劳动者维权成本,反而变相抬高了劳动者法律维权门槛的不合理的规定,如上文提到的劳动仲裁前置程序,就只应当保留对于劳动者免费的劳动仲裁程序,而废除实际上抬高了劳动者法律维权成本的劳动仲裁前置的规定。最后,应当对劳动争议解决程序做出进一步有利于减轻劳动者法律维权成本的改进。其中尤其是劳动投诉机制,由于其本身的经济便捷,如果能够在保持这一特性的前提下对其完善和改进,使其解决劳资纠纷的质量能有实质性的提高,必然能极大地降低劳动者法律维权的整体成本。同时劳动仲裁以及劳动诉讼同样可以针对劳动者经济承受能力不足的特点,尽量在时间和地点的安排上做出有利于降低劳动者维权成本的安排。假如上述程序清理能够顺利进行,劳动者的绝大部分劳动纠纷能够通过成本很低的劳动投诉机制解决,而剩下的余数不多的劳动纠纷也能够通过成本进一步降低的劳动仲裁和劳动诉讼得到最终解决,必然会极大地刺激劳动者维权的积极性,大大提高劳动纠纷得到合理合法的真正解决的比例。

2. 设立专门的针对劳动者的劳动法律援助机构。自从新的《劳动合同法》实施以来,由于其在老的《劳动法》的基础上进行了比较大的修改,而且也正好赶上了国家提倡建立法治社会的时代潮流,因此无论是国家在宣传上还是执法力度上较之前都有了实质性的进步。为了更好地理解和利用新的《劳动合同法》中的相关条文为自己服务,几乎所有有一定规模的企业都对新的《劳动合同法》给予了相当的重视,投入一定的资源,通过参加学习班,购买相关法律资料,以使企业更快更好地适

① 见《诉讼费交纳办法》第五十三条,“劳动争议仲裁不收费。劳动争议仲裁委员会的经费由财政予以保障。”

② 见《劳动争议调解仲裁法》第十三条第四款,“劳动争议案件每件交纳10元。”

③ 见2007年《诉讼费用交纳办法》第二十条,“案件受理费由原告、有独立请求权的第三人、上诉人预交。被告提起反诉,依照本办法规定需要交纳案件受理费的,由被告预交。追索劳动报酬的案件可以不预交案件受理费。”

应这种法律环境的变化。[①] 但与此同时，普通劳动者却缺乏足够的时间和资源全面理解涉及自身的《劳动合同法》条款。虽然国家的普法机构以及相关的媒体上也提供了相应的资料，这些资料确实对劳动者了解自己的合法权益起了很大的作用，[②] 但实际上这些资料要么是单纯的文本，要么是零碎的一些评论，很难形成系统的概念。大多数劳动者仅仅知道法律规定了自己具有哪些权利而已，这虽然较之前已经有了很大进步，但并不知道具体应当通过怎样的法律程序来维护自己的合法权益，而且由于长期以来形成的经验以及周边的企业毫无顾忌地侵害劳动者的某些合法权利的现实状况，都使他们对这些权利的真正实现充满了疑虑。而他们由于自身经济能力和其他条件所限，并没有获得充分的信息以解除这种疑虑的能力。因此，作为劳资双方博弈过程中的弱势群体，必要的法律援助对增强这些劳动者的法律维权意识，增强其法律维权的信心，乃至最终促使其走上真正的法律维权之路是非常关键的。

事实上，根据国家相关的法律援助的法律规定，全国各地按照行政区划都成立了相应的法律援助中心，为经济困难人士和特殊案件的被告提供法律援助。[③] 但这些法律援助中心都位于大的行政中心，对于集中在工业区的大多数劳动者来说，知道这一机构存在的人很少，而且根据相关的法律规定，要得到这种法律援助需要经过很繁琐的申请和批准程序。因此，对于大多数劳动者，由于对其不熟悉，而且距离遥远，申请批准程序繁琐，获得这种法律援助，其成本实际上比直接进行劳动仲裁或者是劳动诉讼的成本还高。在这样的情况下，要解决对劳动者法律维权的法律援助问题，需要有更便利的劳动者能够真正无负担地获得的劳动法律援助。

针对上述劳动者法律维权的特殊情况，可以对目前的法律援助方式进行一些改革以满足劳动者的这种特殊需求。比如可以在一些劳资纠纷频发的大的工业区设立专门的劳动法律援助中心，设立专门的劳动法律援助热线，以及采取相应的政

---

① 应当说，这种变化也是造成甲企业当时决定聘请笔者任专职的法律顾问的主要原因之一。笔者在甲企业就职后最初的任务之一，就是清理相关的人事制度，避免其在形式上同新的《劳动合同法》相抵触。并且给涉及相关人事工作的人员开办学习班，学习内容以新的《劳动合同法》为主。

② 这点可以从上述的甲企业的几个具体案例中看出来，这几个案例中涉及的被企业侵犯了其合法权益的劳动者对自己的相关权利均有着较为清晰的认识。

③ 相关内容参见2003年开始施行的《法律援助条例》。

策措施鼓励律师事务所和律师给劳动者提供法律援助等。总之,这种改革的目的,就是尽量使每一个需要获得法律援助的劳动者都能够很方便地获得低成本的,质量还过得去的法律援助。在这样的法律援助的支持下,必然大大缩小劳动者和企业双方在信息获取方面的巨大差距。从而使劳动者能极大地增强劳动法在劳动者心目中的权威,打消其利用法律维权的各种疑虑,最终走上法律维权之路,对企业不法侵害劳动者合法权益的行为形成有效的制约。

二、对弱势群体的制度保护

本书第五章对独木桥博弈的论述中已经指出,产生争议的双方一旦力量对比过于悬殊,就会直接对解决争议的方式、过程乃至结果都产生巨大的影响。这些影响不仅仅表现在双方可能调动的各种资源方面,而且还对当事人的心理状况产生巨大的作用。两者相结合的结果,在解决纠纷的过程中,往往会对作为绝对弱势一方的劳动者造成巨大的压力,从而处于非常不利的局面,最终大多数被侵犯了合法权益的弱势群体甚至不得不放弃了法律维权的努力,从而使强势者得以在不受法律制裁的情况下获取侵害弱势群体合法权益所得到的非法利益。也就是说,对于劳资纠纷而言,在这样力量悬殊对比的压力下,被企业侵犯了合法权益的大多数劳动者,根本连法律维权的勇气都没有,更不用说真正走上法律维权之路。

那么,面对企业或者资本相对于劳动者的这种具有压倒性优势的力量对比,在普通劳动者放弃法律维权,法律又秉持不告不理的原则的情况下,整个社会是否就毫无办法,而只能听任企业根据弱肉强食的丛林法则,肆无忌惮地通过侵害劳动者的合法权益获取非法利益而毫无办法呢?答案当然是否定的,实际上不仅有办法,而且有不少办法来改变这种力量对比。当然,所有办法的指导思想都是差不多的,要么利用各种法律手段限制企业的力量,要么想方设法增强劳动者一方的力量,最终削弱双方在实际争议解决过程中的力量上的差距,力求以公平的方式获得问题的最终解决。

1. 限制企业力量的法律手段。正如上面所分析的,企业之所以敢于肆无忌惮地侵犯劳动者的合法权益,其最大的依靠就是企业相对于劳动者所具有的巨大的力量优势。这种优势的充分运用,足以使企业在非法获取侵害劳动者合法权益所得利益的同时,对劳动者形成巨大的事实上的和心理上的威慑,最终使大多数劳动者不得不选择放弃法律维权之路,而向企业无条件地妥协。因此,这种悬殊的力量对比极大地扭曲了双方协商和谈判的地位，使劳资双方在争议的解决过程中处于事实上的不对等的地位。因此，要削弱乃至消除企业所具有的直接影响劳动者法律维权选择的巨大力量优势，最直接的方式就是对企业所具有的这种本身同争议无关，但又会对争议的解决起到决定性作用，最终破坏公平公正原则的力量优势进行削弱，或者限制其在争议解决过程中起作用。因为企业的这种力量优势是客观存在的，因此仅仅为了某个具体的劳动争议将这种优势削弱显然是不现实的，法律的一般作法是在争议的解决过程中限制企业的这种力量优势的发挥。

现行的某些法律已经有了这方面的规定，其中比较典型的是新的《劳动合同法》中的无固定期限劳动合同条款①以及企业不得无故单方面解聘劳动者和解除及终止合同应当提供相应的补偿条款②。某些学者认为这破坏了契约自由的原则，③从而对劳资双方之间的关系进行了不适当的干预。其实这位学者忘记了契约自由的前提是，契约双方的地位大体对等。而在现实的劳资关系处理的过程中，劳资双方的实力对比的悬殊差距是一目了然的，因此根本就不存在契约自由的地位对等的前提。如果法律不进行相应干预的话，企业的力量优势必然会在劳资纠纷的"自由"协商过程中得到充分的发挥，从而使劳动者处于极其不利的地位，最终使解决结果向企业一方的利益倾斜，《劳动合同法》标榜的保护劳动者的合法权益的立法宗旨就变成了一句空话。④

因此，在相关的劳动法律立法的过程中，应当继续坚持新《劳动合同法》已经采取了的这种做法。针对劳资双方力量不均衡从而不具备契约自由存在的基本条件

---

① 参见 2008 年《劳动合同法》第十二条、第十四条和第八十二条相关内容

② 参见 2008 年《劳动合同法》第四十六条、第四十七条相关内容。

③ 参见张五常：《新劳动法养懒人，恐会搞垮经济》，详见 http://oxford.icxo.com/htmlnews/2008/01/08/1237955_0.html，浏览日期 2011－9－25，18:00。

④ "契约自由"作为自由资本主义时期最重要的原则之一，对促进早期资本主义的发展起到了巨大的作用。但到了垄断资本主义时期，这一原则往往由于占据垄断地位者具有的巨大优势而成为其侵犯其他群体利益的最好的工具和借口，最典型的表现是垄断者制定要求对方必须接受的格式合同。因此，现代社会均以各种法律对这样的"契约自由"做出了种种限制。如我国在《合同法》第 39，40，41 条，《消费者权益保护法》第 24 条均对格式合同提供者做了种种限制性的规定。本文中提到的《劳动合同法》同样针对劳资双方协商中企业方巨大优势的存在，对企业的相关行为进行了各种限制。

的劳资纠纷,立法者应当坚决摒弃这种对契约自由概念的误用,通过限制企业力量优势在纠纷解决过程中起作用的法律规定,在争议解决的过程中一定程度上改变这种力量对比,更好的保护劳动者的合法权益,保证相关法律目的的实现。但是,这种方法对企业力量的限制作用本身就是很有限的,由于企业的力量优势是一种客观存在,仅仅在某些方面受到限制,在其他方面它仍然会发挥自己决定性的作用,并不能真正消除企业优势力量对劳动纠纷解决的影响。这也是为什么新的《劳动合同法》里的相关条款做出了这种限制企业优势力量发挥的规定之后,并没有从根本上扭转大多数劳动者无法对抗企业优势力量,从而不得不放弃法律维权的重要原因。

2. 增强劳动者一方力量的方法。正是由于采用法律限制企业力量优势影响劳资关系处理的方式不能从根本上改善劳动者在劳资双方的力量对比上处于绝对弱势的不利处境,而无法通过劳动者自身维权的行为对企业通过侵害劳动者的合法权益取得非法利益的行为形成真正的制约,还必须寻找新的更有效的办法来改变这种局面,形成劳资力量对比的相对均势。这一问题根本的解决办法其实很简单,引用《共产党宣言》中的一句经典就是:“全世界无产者,联合起来。”①现实中通行的做法,就是组织代表劳动者利益的工会。虽然单个劳动者的力量同企业对比相差太悬殊,但整个企业远远不止一个劳动者,而将这些劳动者的力量联合起来,其整体实力就相当可观了,甚至可以使双方力量不均衡的状态彻底扭转。因此,组织能够代表劳动者利益的工会,是改变劳资双方力量不均衡的最彻底也是最有效的方式。

在劳资力量对比不同的情况下,劳动者对企业不法行为的制约作用的不同如表 7.1 所示。

---

① 这句话在原文中的意义指的不仅仅是劳动者的组织问题,更多涉及的是在资本主义全球化时代世界各国无产者必须联合的问题,本文仅借用其中的劳动者必须组织起来的含义。参见共产党宣言[M]. 北京:人民出版社,1997.

表 7.1　资方对单个劳动者具有绝对优势

劳动行政、司法机关

↙　　劳动争议　　↘

资方 < = > 劳方

实力对比	资方对单个劳动者具有绝对优势，行政、司法机关对资方具有绝对优势		
勇气	资方 > 劳方	劳方等于或略大于资方	劳方远大于资方
结果	资方胜，劳方让步	资方胜，劳方让步	劳方惨胜，资方让步
行为合法性	不合法	不合法	合法

表 7.2　资方对组织起来的劳动者力量基本对等

实力对比	资方对组织起来的劳动者略具或没有优势，国家对资方和劳方具有绝对优势		
勇气	资方 > 劳方	劳方等于或略大于资方	劳方大于资方
结果	资方胜，劳方让步	由国家机关裁决	劳方胜，资方让步
行为合法性	合法①	合法	合法

如表 7.2 所示，劳资力量不均衡情况下，劳动者只有在勇气远大于资方时才有可能取胜，而且由于力量对比的绝对劣势，这种胜利一般是带有很多后遗症的惨胜，很难取得真正的胜利，劳方对企业不法行为的制约不大。这也是目前企业方侵犯劳方合法权益的不法现象存在的主要原因之一。而经过组织起来的劳动者的力量大大增强，同资方的力量对比相差不大，在这样的情况下，劳资纠纷的解决就能通过正常的协商或国家行政司法机关的裁决来解决。由于劳动者在同资方协商或通过法律途径解决时不存在力量对比处于劣势时的各种顾虑，因此可以最大限度发挥其制约企业不法行为作用。

现实中，通过侵犯劳动者的合法权益牟取非法利益最严重最习以为常的企业群体，是大家所熟知的改革开放后出现的非公有制企业群体，而这一企业群体，正

① 之所以上面为“不合法”这里为“合法”，因为一般情况下，当资方力量占压倒性优势时，劳方勇气不足实际上有资方压迫的成分在内，不符合自愿的原则，因此是不合法的；而在双方力量对比基本相同的情况下，则不存在谁压迫谁的问题，符合自愿的原则，从而是合法的。

好也是工会发展和建设的盲区。①

一方面，劳动者因为缺乏代表其利益的工会组织的存在而导致此类企业肆无忌惮地通过侵害劳动者的合法权益牟取非法利益；另一方面，这类企业因为存在通过侵害劳动者的合法权益牟取非法利益的意图，不允许代表劳动者利益的工会组织存在。导致现实中，此类企业的劳动者由于缺乏自己的工会组织，而不得不在企业侵害自己合法权益的时候单独面对这一庞然大物。而力量不均衡的劳资双方在这种情况下博弈的结果，总体上来说必然是企业的力量优势得到最大程度的发挥，而大多数劳动者只能面对自己合法权益受到企业非法侵害的结果忍气吞声。

因此，有必要专门针对这一类企业的劳动者群体，开展相应的工会的组织和建设。由于非公有制企业同公有制企业在资本属性上的本质不同，国家应当采取不同于公有制企业工会组织和建设的相应政策，即非公有制企业的工会组织不能由企业自行组织和管理。② 工会的宗旨是联合劳动者的力量，保护劳动者的合法权益，这同非公有制企业最大化企业利益的目标存在着相当大的矛盾。如果由非公有制企业自行组织和管理工会，其为了防止工会产生以后对于最大化企业利益可能带来的不良后果，必然会想方设法控制工会的管理和决策，从而使工会组织名存实亡，不能真正起到保护劳动者合法权益的作用。因此，在非公有制企业的工会组织方面，国家应当实行在一定规模的非公有制企业中强行建立工会组织的政策，在工会的具体管理和决策方面，则应实行劳动者自行管理和决策为主，政府相关部门指导为辅，同时以法律的形式保证企业按照劳动者工资的一定比例拨付工会费，实

① 虽然国家对私营企业成立工会有具体的法律规定，但就笔者当年工作过程中了解到的情况，大部分此类企业都没有建立正式的工会，少数存在工会组织的此类企业，工会组织从组织到人员上，几乎都完全被企业所控制，因此这类企业里面实际上很难说有真正的工会组织存在。类似观点参见齐乃贵. 私营企业怎样开展工会工作[J]. 了望，2000(50)：55；刘旭升. 私营企业工会工作探究[J]. 中国工运，1994(2)：26－28.

② 全国各地对私营企业成立工会的法律规定大同小异，基本上是由私营企业自行组织工会，相关行政部门提供指导和帮助。典型的如现行《浙江省私营企业工会条例》第五条："私营企业应当在开业一年内依法建立工会组织。私营企业应当支持职工参加和组织工会，尊重职工和工会的合法权益，为工会开展活动提供办公用房和设施等必要的条件。工商行政管理、劳动和社会保障等有关部门应当支持、督促私营企业组建工会。"基本上按照国有企业的模式，将工会的组建权和主导权交给了私营企业本身，而没有考虑私营企业和国有企业在劳资关系方面性质上的根本不同。

现工会经济上的独立。只有实现非公有制企业工会的组织独立、自主管理、自主决策、经济独立，这些工会才能真正代表劳动者的利益，在劳资关系的处理中，不仅可以协助企业同劳动者进行沟通，在劳资纠纷出现时，也能够作为劳动者坚决维护自己的合法权益的坚强后盾。一定条件下甚至可以代表个体劳动者直接同企业谈判协商或者利用相应的法律程序解决劳资纠纷。从而在劳资关系处理过程中，成为企业不得不正视的伙伴和对手。而工会也只有在实实在在地代表劳动者的利益，同企业进行协调，并坚决站在劳动者的立场上，维护劳动者的合法权益的过程中，才能找到自己存在的真正价值。[①]

在非公有制企业建立真正代表劳动者利益的工会组织是改变劳资双方力量不均衡的最彻底也是最有效的办法。但是，由于我国并没有西方发达国家在非公有制企业建立强大的工会组织的传统和相应的经验，在短期内，要在非公有制企业普遍设立工会从形式上是可能的，但是要求这类工会在实质上发挥自己应有的作用，从而使相关的劳动者维护自己的合法劳动权益的能力大大增强，从根本上遏制非公有制企业非法侵害劳动者的合法权益牟取非法利益的行为，在短期内却是不大现实的。这应该作为法律和政策的目标，相关的劳动行政部门在此类工会的组建和培育的过程中，有着不可替代的作用和责任。正是因为短期内依靠工会制约企业力量的不可能，在现行的相关劳动法律的规定中，更应重视限制企业优势力量在劳资纠纷中可能起到的负面作用，虽然这种规定并不能真正改变劳资双方悬殊的实力对比，但也可以通过其中所体现的国家意志对存在非法侵害劳动者合法权益意图的企业起到一定的震慑作用。同时应特别注意在劳动纠纷解决程序的设计上，在各个环节充分考虑劳动者维权的经济承受能力的问题，最大限度地发挥经济、便捷的劳动投诉机制的解决劳动纠纷的潜力，同时对有维权需求的劳动者尽可能地提供各种其可以很方便，很经济地获得的各种法律援助。如何充分利用劳动者自身维权的需求达成对企业侵犯劳动者合法权益的有效制约，是一个需要各方面配合的系统工程。而降低劳动者维权的成本也就是价格，则是促成劳动者决定购买维权这一商品，最终形成对企业不法侵害行为的有效制约的关键。而这一成本的降低则主要包括了上述维权的直接经济成本的降低，以及改变劳资双方悬殊

① 现有私营企业工会的地位是很尴尬的，工会几乎没有任何相对于企业的独立自主权。相关情况参见齐乃贵. 私营企业怎样开展工会工作[J]. 了望，2000(50)：55.

的力量对比所带来的风险成本的降低。

小　结

本章在前面对企业处理劳资关系时的守法行为进行了具体的经济学分析之后,通过对影响企业守法行为模式影响的因素的分析,进而提出实现劳资关系和谐,保证企业的守法行为符合劳动法的立法目的,保证社会资源有效配置的相关守法对策建议。

本章通过前面的具体分析指出,影响企业做出不符合劳动法立法目的的守法行为模式选择的原因主要表现在三个方面:一是立法方面,某些法律条文规定的内容易造成企业的误读或者是经济上的无效率,从而使企业为了规避相应的经济损失,在违法风险不大的情况下做出不法行为的选择。二是行政执法方面,劳动行政机关出于当地的经济发展以及执法的便利性考虑,不愿意得罪当地的尤其是有一定规模的企业,而劳动者的合法权益是否得到了真正的保障则同其业绩没有实质性的联系,从而对企业的不法侵害劳动者权益的行为姑息纵容,出现普遍的企业通过“搭便车”获利的现象。三是企业在处理劳资关系时不遵守劳动法所导致的直接受害者即合法权益被侵犯的劳动者,法律维权的积极性不高,在法律不告不理的原则下,这进一步助长了企业不法侵害劳动者合法权益的嚣张气焰。然后针对存在的上述三大原因,提出了相应的对策。

针对立法方面的问题,本书主要指出某些法律规定中存在的瑕疵,并提出相应的建议。如《工伤保险条例》则存在以法律强制的形式形成工伤保险市场的人为垄断的问题,明显违反了资源有效配置的经济学原则。而其中的职工上下班交通事故工伤认定形成的双重赔偿问题,同样不符合资源有效配置的经济学原则。《劳动争议调解仲裁法》中主要存在的问题是劳动仲裁委员会的设置中没有真正的劳动者利益的代表,从而使其裁决的公正性受到质疑,而在这样的情况下,又强行规定劳动仲裁前置程序,实际上不仅没有减轻劳动者的维权成本,而是进一步加高了劳动者法律维权的门槛,直接损害了劳动者法律维权的利益,同其立法宗旨相悖。

针对行政执法方面的问题,本书主要针对劳动行政部门对企业的不法侵害劳动者合法权益纵容的两大原因,即为了短期的经济增长和暂时的执法便利纵容企业,而劳动者的合法权益是否实现却同其没有直接关系而没有必要关心,提出了相应的对策：即一方面转变针对劳动者利益的态度，引进劳动者监督评价的机制，使劳动投诉成为解决劳动纠纷的主要方式；另一方面通过更重视中长期的经济增长而不是短期的经济增长的考核方式转变，以及将劳动投诉及其处理质量纳入考核范围的方式，彻底扭转某些劳动行政执法机关及其人员对企业不法侵害劳动者合法权益的纵容心态；最后，在执法过程中，还需要注意在具体条文同立法宗旨或者立法目的相冲突时，应当以立法目的作为行政执法的标准。

针对劳动者不能发挥自己制约企业侵害其合法权益行为作用的问题，本书针对劳动者法律维权存在的两大根本问题，即劳动者维权成本高昂，以及劳资力量对比悬殊，提出了相应的对策。即一方面通过将经济便利的劳动投诉制度进行改良，使其承担解决劳资纠纷的主要手段，以及精简劳动仲裁和劳动诉讼程序、提供更为方便经济的专业法律援助的对策，使法律维权的成本降到劳动者可以接受的程度；另一方面通过立法限制企业的力量优势在劳动争议解决中的发挥，同时在非公有制企业积极组建真正代表劳动者利益的工会以增强劳动者的力量，尽可能地削弱甚至是消除企业方的巨大力量优势。

通过上述对策的实施，理想的目标是形成法律条文本身符合资源最优配置的经济原则，执法上对以达成法律目的为宗旨，劳动者本身维权的积极性高涨的局面，绝大多数企业将其守法行为模式符合劳动法的立法目的作为当然的理性选择。最终达成促进劳资关系和谐，保障企业的可持续发展的目的。

第八章　良好守法行为达成的条件

正如本书之前所述的，完全守法虽然是经典法治理论的道德要求，但由于现代社会的发展远没达到产品极大丰富，而不用考虑达成完全守法需要付出的成本的程度，因此其依然是一个资源稀缺的社会。正是在这样的前提下，现代国家需要解决的主要矛盾，依然是生产力发展不足和人们需求日益增加之间的矛盾。因此，现代国家实行的政策，必然是以经济发展为优先目标，而守法程度的提高，也只能立足于符合社会福利最大化的原则之下。因此，本书所述的良好守法行为，指的是经济学意义上而不是完全守法意义上的良好守法行为。

经济学意义上的良好守法行为，指的是符合资源有效配置的守法行为，而不是道德意义上的守法行为同法律规定的完全吻合。① 通过前面的分析，在上一章对造成企业处理劳资关系时，守法行为选择偏离劳动法的立法目的的三个主要原因进行了总结。本章将进一步从企业处理劳资关系时守法行为偏离劳动法立法目的的经济学分析的基础上，试着找出在以经济发展为优先目标的现代社会，具有普遍性的良好守法行为达成的条件，也即使守法主体的守法行为符合相关法律的立法目的，从而达成社会资源有效配置的一般条件。下面，本文将从以上的具体分析中得出同守法行为相关的几个结论，进而从这些结论出发，推导出以经济发展为优先目标的现代社会良好守法行为达成需要的具体条件。

---

① 有效配置的守法行为必然是其边际成本等于边际收益的行为，因此追求的并不是道德意义上对法律规定的完全遵守，而是符合资源有效配置的一定程度的遵守。正是从此意义上，可以将良好守法行为称呼为符合资源有效配置的守法行为。

第一节 同守法行为相关的几个结论

总结出下面几个结论的目的,是因为它们是后面需要推导出的良好守法行为达成的条件的前提。

一、立法目的

立法目的同资源有效配置的经济学原则相一致。一般来说,守法主体需要遵守法律的立法目的本身是符合资源有效配置的经济学原则的,相关立法目的的实现总的来说一定会提高社会的总的福利水平。因为,在正常的情况下,法律的制定都是相应的立法机关经过了严密而科学的立法程序而最终形成的,出现降低总体社会福利水平的立法目的是不可思议的。因为立法机关作为整体社会利益或者社会福利的代表,这种情况的出现实际上是立法机关对其自身存在必要性的自我否定。[①] 当然,这里所说的仅仅是立法目的同资源有效配置的经济学原则相一致,而不是具体的法律规定。具体的法律规定肯定是不可能完全符合资源有效配置的经济学原则的,不然就不存在需要不断出台新法并且对原有法律不断修改和完善的问题了。因此,这里预设的只是立法目的本身符合资源有效配置的经济学原则,而不包括具体的法律条文。因为立法目的只是立法者的期望,期望肯定是美好的,但这种美好的期望必须通过具体的法律规定来实现,问题是无论经过多么细致的计算和考量的法律条文,都必然不能完全反映现实生活中千变万化的现实,更何况很多法律条文的出台还受到很多非理性思维的扭曲。

从本书之前的叙述中也可以找到相关实例,比如新的《劳动合同法》《工伤保险条例》《劳动争议调解仲裁法》等,其总的立法宗旨或者立法目的都是为了保护劳动者的合法权益,促进劳资关系和谐等,这样的立法目的的实现毫无疑问符合资源有

① 在极为特殊情况下,如1935年德国纳粹政府通过的反犹太人的《纽伦堡法案》,在立法目的上即是反人类的,是不符合资源有效配置的经济原则的。但当时的纳粹政府却认为此法案是纯洁种族,从根本上对国家和民族有利,因此符合资源有效配置的原则。这样的情况属于例外,一般来说,立法机关是不会明目张胆地以损害整体社会利益为目的制定相关法律的。

效配置的经济学原则,并且能促进社会整体福利的增长。[①] 但这并不能保证其中的具体法律条文也不存在问题。如本文之前就提到过《劳动合同法》之中就存在一些容易使人误解从而需要进一步的法律解释的条文,而《工伤保险条例》《劳动争议调解仲裁法》更是受到之前存在的但是已经不适应新时期的社会实际的法律传统的影响,保留了像对工伤保险市场实行行政性垄断,劳动仲裁程序前置等不少直接违反了资源有效配置的经济学基本原则的法律规定。

二、守法主体的长期利益

守法主体的长期利益同立法目的相一致。也就是说,在守法主体的守法行为符合立法目的要求的情况下,得益的不仅仅是总体社会福利,从长远来说,必然也包括了守法主体本身。这一结论乍看起来同人们的日常感知存在很大的差距,但事实就是如此。人们看到的每一部法律的出台都是对相关守法主体的权利和义务重新安排,在这种权利和义务的重新排列组合中,总是存在某部分人的既得利益受损而另外一部分人得益的情况。那么,是不是既得利益受损的那部分人就成为法律的受害者而无法从对法律的遵守中获益呢?答案当然是否定的,这部分人同样可以从法律目的的顺利实现而带来的社会总福利的增加中获益,而且从长远来说,肯定是利大于弊。因为法律之所以对之前的权利和义务重新安排,其背后的逻辑就是按照之前权利和义务安排所进行的资源配置不符合资源有效配置的经济学原则,而这种无效率的资源配置方式如果长期不改变的话,必然引起正当的利益诉求受到压制的那部分人群的不满,最终影响社会秩序的稳定,最极端的情况就是引起革命,而这种后果的出现从长期来看是必然的。而通过法律完成这种转变则避免了极端情况的出现,不仅实现了之前正当利益诉求得不到满足的人群的愿望,保证了社会的和谐和稳定,而且也使短期内既得利益受损的人群避免了上述中长期一定会出现的社会动荡的风险,保证了其长远利益的实现,所以从长远来讲这部分人

---

① 参见2008年《劳动合同法》第一条,“为了完善劳动合同制度,明确劳动合同双方当事人的权利和义务,保护劳动者的合法权益,构建和发展和谐稳定的劳动关系,制定本法。”2004年《工伤保险条例》第一条,“为了保障因工作遭受事故伤害或者患职业病的职工获得医疗救治和经济补偿,促进工伤预防和职业康复,分散用人单位的工伤风险,制定本条例。”2008年《劳动争议调解仲裁法》第一条,“为了公正及时解决劳动争议,保护当事人合法权益,促进劳动关系和谐稳定,制定本法。”

对损害其短期利益的法律的遵守实际上仍然是符合其自身的长远利益的。

从本文之前的叙述中同样可以找到这样的实例。比如新的《劳动合同法》的出台,通过相对于老的《劳动法》对劳动者合法权益更为严格的保护,虽然增加了劳动者的福利,但却在短期内造成企业相应的劳动力成本的增加。从而使企业之前的既得利益受损,那么,企业是不是就不能从新的《劳动合同法》的实施中获益,从而使《劳动合同法》成为一部纯粹的"劫富济贫"的法律呢?答案当然是否定的,之前的具体分析中已经很明确地提到过,企业可以从新的《劳动合同法》的实施中得到诸多的回报。比如劳动者素质的提高带来的生产效率的提高,劳资关系的和谐,良好的社会舆论,更具消费能力的劳动者组成的更大的消费市场等,都是可以预计到的企业的长远收益。而这些收益从长远来看,肯定超过企业由于遵守《劳动合同法》而带来的劳动力成本的增加。因此,即使从之前的既得利益受损的企业的角度来看待《劳动合同法》的施行,《劳动合同法》立法目的的实现也是有利于企业的长期经济利益,有利于其可持续发展的。①

三、良好守法行为的最终标准

良好守法行为的最终标准是同立法目的的期望相一致的。一般来说,人们心目中的良好守法行为就是完全按照相关法律的规定进行相应的行为选择。但这就会产生一个很实际的问题,就是第一个结论中提到的立法目的同资源有效配置的基本原则相一致而相关的法律条文却不一定符合资源有效配置的基本原则两者之间存在的矛盾。这一矛盾的直接逻辑结果是现实中的很多法律规定并不能达成立法目的所追求的利益,甚至在极端的情况下会出现具体的法律规定同立法目的完全相悖的情况。在这样的情况下,相应的行政执法机关和守法主体都必然面临着如何解释良好的守法行为的问题。在碰到这种特殊情况的时候,到底是对具体的法律规定的形式上的遵守应当被解释为良好的守法行为呢?还是按照立法目的的期望进行的行为选择应当被解释为良好的守法行为呢?按照经济学的逻辑,显然

① 2008年《劳动合同法》的立法目的,按照其第一条的说法,其不仅仅要"保护劳动者的合法权益",而且还要为企业"构建和发展和谐稳定的劳动关系"。也就是说,《劳动合同法》虽然在一定程度上对企业这一守法主体做出了种种限制,但其立法目的之一即是为了保证企业方的长远利益,促使"和谐稳定的劳动关系"的形成。

是哪种行为更加符合资源有效配置的经济学原则，作为理性人的守法主体就应自觉地选择哪种行为，在这里即应被解释成良好的守法行为。按照上述第一个结论，立法目的是符合资源有效配置的经济学原则的，按照立法目的的精神进行的行为选择也是符合资源有效配置的经济学原则的，因此按照立法目的的精神进行的行为就是良好的守法行为。而具体的法律规定本身是为了实现立法目的而存在的，假如其并不能促成立法目的的实现，甚至同立法目的相悖，实际上就意味着其已经偏离了资源有效配置这一基本的经济学原则，相关的法律规定本身存在的合理性都应受到质疑，更不用说继续机械地对其遵守了。①

在本文之前对《工伤保险条例》的相关分析中，就提到了由于《工伤保险条例》中通过法律的强行性规定，事实上形成了劳动行政部门对工伤保险市场的行政性垄断，而这种垄断从经济学的角度却是无效率的，是不符合资源有效配置的基本原则的。而这一经济上无效率的法律规定实际上同实现《工伤保险条例》的法律目的毫无关系，只是单方面增加了企业的成本，造成社会福利的净损失。正是由于这种情况的存在，部分企业在当地劳动行政机关的默许下，拒绝购买法定的工伤保险，转而购买同样可以实现《工伤保险条例》的立法目的的类似的商业替代险，从而出现所谓良性“违法”的问题。但是，按照本书的这一结论，由于这些企业的行为同《工伤保险条例》的立法目的相一致，因而符合资源有效配置的基本原则，因此也应解释为良好的守法行为。

上述三个结论之间是相互联系的，其中第一个结论即立法目的同资源有效配置的经济学原则相一致是后两个结论的前提和基础，这一结论解决的是立法目的在整个法律中的地位问题，只有立法目的同资源有效配置的经济学原则相一致，立法目的作为法律的根本和核心的地位才具有合理性。而正是由于立法目的符合资源有效配置的基本原则，才有可能出现守法主体的长期利益和立法目的追求的利

① 这里涉及实质违法和形式违法的问题。实质违法是以法律所保护的法益也就是本文所说的立法宗旨和立法目的是否受到损害为标准，而形式违法则是以实在的法律规定为标准。本文所说的不符合具体法律规定但是符合法律宗旨或法律目的的不法行为实际上是相对于具体法律规定的“不法”，而相对于法律所保护的法益或立法宗旨和目的来说，则不存在所谓的“不法”，法治社会对这样的“不法”行为虽然不一定鼓励，但一般采取宽容的态度，并有一个专用的名词，即“良性违法”。对此问题的更进一步的分析参见刘姝. 关于良性违法的思考[J]. 法制与经济（中旬刊），2011(4)：154－155.

益相一致以及良好的守法行为就是同立法目的的期望相一致的行为的结论。而第二个结论即守法主体的长期利益同立法目的相一致的结论,则主要解决的是守法主体愿意接受并支持相关法律的施行的合理性问题,同时也从守法主体的角度进一步证明立法目的符合资源有效配置的结论,并且为第三个结论即守法主体良好守法行为的判断标准是立法目的的结论提供了合理性的依据。因为只有守法主体的长期利益同立法目的相一致的情况下,法律对权利和义务的重新安排而使其之前的既得利益受到损害的守法主体才有足够的动力自愿接受并支持这一法律安排,法律的顺利施行,立法目的的顺利实现才能成为现实。而第三个结论则解决的是守法行为这一概念中需要遵守的“法”到底指的是法律的哪一部分,也就是守法行为的判断标准的问题。当然在法律的具体规定同样符合资源有效配置的经济学原则时并不会产生这一问题,但问题是具体的法律条文完全符合这一原则的可能性几乎是不存在的,这就可能导致立法目的和法律条文之间的冲突,在这样的情况下,就应当以是否符合立法目的作为最终判断标准。

第二节　良好守法行为达成的条件

根据上述结论,在以经济发展为优先目标的现代社会,因为立法目的同社会资源有效配置原则的一致,良好守法行为实际上就是符合立法目的的期望的行为,而立法目的的实现最终就是依靠守法主体的良好守法行为达成的。因此,良好守法行为达成的条件实际上就是法律的立法目的的顺利实现的条件。

那么守法主体为什么要遵守法律呢?从经济学的意义上来讲,既有社会资源有效配置的外部经济原因,也有能使守法主体自身获得相应利益的内部经济原因。而守法主体良好的守法行为的达成,必然是外部经济原因和内部经济原因的统一,而不是互相矛盾,正如上节所述的第二个结论,即守法主体的长期利益同代表社会总体利益的立法目的的一致,只有这样,才能真正达成守法主体良好的守法行为。[①]

① 同之前的论述相一致,这里的良好守法行为并不是所有守法主体对法律规定的完全遵守,而是达到符合资源有效配置的“适度”守法。因为上述守法主体的长期利益同代表社会总体利益的立法目的相一致仍然是从统计学意义上来说的,只可能保证某一守法主体群体的长期利益同立法目的相一致,而不可能保证千差万别的每一个守法个体的长期利益均与立法目的相一致。

下面将遵循这一思路,从之前的论述中总结出良好守法行为达成的具体条件。

一、法律规定基本符合资源有效配置原则①

这是良好守法行为达成的前提。要使守法主体的行为良好,首先其所遵守的法律必须符合资源有效配置的经济学原则,有利于社会总体福利水平的提高。因此,具体的法律规定必须基本符合资源有效配置的基本原则。和第一个结论不同,这里所述的需要符合资源有效配置的经济学原则的不是立法目的,而是法律规定本身,或者说是具体的法律条文,因为立法目的符合资源有效配置的经济学原则在现代社会几乎是肯定的。而法律条文则不同,由于法律施行过程中碰到的千变万化的现实,法律条文完全符合资源有效配置的经济学原则是不可能的,因此这里的要求也只是基本符合资源有效配置的经济学原则。这句话的意思就是说,法律规定本身虽然不可能是完美无缺的,但却应尽量做到符合资源有效配置的经济学原则,允许有小的问题存在,但不应当存在大的瑕疵。虽然说判断良好守法行为的最终标准应当是守法行为是否同立法目的的期望相一致,但是也不能就不重视法律规定本身的科学性和经济性。毕竟,立法目的只是判断的最终标准,是在具体法律条文同立法目的的要求出现矛盾的时候才使用的。人们日常所遵照的法律准则仍然是法律的具体规定,而不可能是立法目的。抽离了具体法律规定,立法目的就失去了其实现的手段,法律就根本不成其为法律,所谓的立法目的也就没有任何可操作性了。因此,必须将法律规定符合资源有效配置的经济学基本原则作为立法过程中的关键,这也是在现实中判断一部法律是否为良法的根本标准。

法律规定中偶尔出现不符合资源有效配置的瑕疵是能够得到守法主体理解的,而且立法机关和司法机关也可以根据实际情况通过修订法律和法律解释的方

① 这一条件实际上可以结合自然法学派的“恶法非法”的观点来理解。所谓恶法,也就是非正义的法律。按照自然法学派的观点,非正义的法律是不应当遵守的。实际上正如大卫·弗里德曼所说:“我们所称的那些正义的原则可能实际上就是产生有效率的结果所需的各种原则的重要组成部分,是一些被我们内化的原则。”(参见【美】大卫·弗里德曼.经济学语境下的法律规则[M].杨欣欣,译.北京:法律出版社,2004:20.)本文引论中已经论述过,从经济学的意义上,正义的原则某种意义上就是符合资源有效配置的原则。因此,正义的法律实际上就是基本符合资源有效配置的法律,“只有正义的法律才应当遵守”在经济学上的说法就是“只有基本符合资源有效配置的法律才应当得到遵守”。

式,行政执法机关和司法机关可以通过直接根据立法目的来判断具体行为是否违法的方式来矫正这种瑕疵,使其不至于偏离立法目的,而产生守法主体由于缺乏具体的可操作性的法律规定而无所适从的情况。这也在上述的法律规定基本符合资源有效配置的经济学原则的接受范围之内。比如现在仍然有效的1986年《民法通则》,虽然其中很多内容特别是涉及计划经济的内容已经同现实生活完全脱节,但是由于其绝大多数规范都是符合资源有效配置的经济学原则的,这些存在的瑕疵通过一系列的司法解释和其他法律的修正,基本上得到了克服,在新的正式的民法典制定之前,其仍不失为一部得到守法主体广泛认可并遵守的良法。

根据上面的论述,基本符合资源有效配置的基本原则的法律规则必然具有下面几个特征:

1. 基本符合资源有效配置的基本原则的法律规则必然是同其立法目的基本一致的法律规则。也就是说,这里要求的具体的法律规定应当为实现立法目的服务。而凡是不符合资源有效配置的基本原则的法律规则,要么会直接同符合资源有效配置原则的立法目的相冲突,要么同实现立法目的毫无关系,而不能保持同立法目的的一致性。如上文提到的《劳动争议调解仲裁法》,其中规定的劳动仲裁前置程序条款,就明显同其保护劳动者的合法权益的立法目的相冲突而不符合资源有效配置原则的要求。因为这一规定实际上直接侵害了劳动者对解决劳动纠纷的程序选择权,从而事实上提高了劳动者进行劳动诉讼的门槛,抬高了劳动者法律维权的总体成本,最终损害了劳动者法律维权合法权益。而《工伤保险条例》中的通过法律规定对工伤保险市场的强制性行政垄断,以及职工上下班途中交通事故的工伤认定形成的事实上的双重赔偿,不仅直接违反了资源有效配置原则,而且事实上同《工伤保险条例》的保护工伤职工利益,分散企业工伤风险的立法目的毫无关系,不能保持同此立法目的的一致性。

2. 基本符合资源有效配置原则的法律规则必然是相对稳定的法律规则。假如法律规则完全符合资源有效配置的基本原则,任何对此法律规则的实质性修正都必然会使此规则偏离资源有效配置的基本原则。也就是说,对这样一部完美的法律,社会总体福利要求相关立法机关应当一直坚持而不是对其任意修改,因为这些法律规定已经使社会总福利处于帕累托最优状态,任何改变都必然导致社会总福利水平的降低。当然,由于信息的不完全和社会本身的发展变化,完全符合帕累托最优状态的法律规定只是一种奢望,但一部法律的法律规定基本符合帕累托最优状态的要求,达到仅次于最优状态的帕累托次优状态却是完全可能的。也只有基本符合资源有效配置原则的法律规则,才能与其同社会总福利最大化的要求相一致,而受到社会的承认和支持,从而在相当长的时间内保持其相对稳定性。即使其中有个别的法律条文同立法目的产生冲突,也可以通过法律解释的方式对其修正,而不用更换法律本身。而与此相反,不符合资源有效配置原则的法律,则必然由于这种不符合而对总体社会福利产生损害,这种损害就会直接表现为部分人群的正当利益诉求得不到实现,而强烈要求对其修改,甚至由此获得相应利益的人群也会由于意识到这种法律的不公平最终会影响到其长远利益的实现而得不偿失,同样会支持对其进行修改的要求。两方面相互作用,这样的法律规定必然不能持久,从而被新的更符合资源有效配置的法律规定所代替。

在这方面最有名的法律是1804年的《法国民法典》[①]。这部法典堪称法律稳定性的典范,虽然经过了一百多次的修订,但到目前为止,仍然在法国施行。其之所以具有如此顽强的生命力,是因为其中所确立的资本主义社会的三大原则,即法律面前人人平等、所有权神圣、契约自治,是到目前为止最符合资源有效配置基本原则的法律规定。[②] 而正是由于其对资源的有效配置,才保证了其如此长久的生命力。而本文之前所提到的现行《工伤保险条例》,其中的对工伤保险市场实行强制性行政垄断的条款,由于其不符合资源有效配置的基本原则,而受到相当多的企业的直接抵制,甚至部分劳动行政机关也默许这种抵制行为。在这样的环境下,这一规定到底还能坚持多长时间是很成问题的。而此法的上下班职工交通事故工伤认定的双重赔偿条款,更是由于其直接违反了资源有效配置的基本原则而受到企业界和法学界的广泛批评,甚至在2010年底修法的时候准备直接取消此规定,虽然最终修订版并没有取消此双倍赔偿规定,但只要其违反资源有效配置的本性没有改

---

① 它在1804年公布时的名称是《法兰西人的民法典》,1807年9月3日法律赋予它《拿破仑法典》(Code Napoléon)的尊称,因此又被称为《拿破仑法典》。它是近代第一部资本主义民法典,随着拿破仑在欧洲的一系列胜利,在欧洲乃至世界广泛传播和使用,是近代大陆法系,又称民法法系形成的标志性法典。

② 随着资本主义社会由自由资本主义发展到垄断资本主义即帝国主义的阶段,资本主义社会的这三大原则已经不能完全适应社会的发展,因此现代社会均以法律的形式对这三大原则进行了种种限制和改良。但总的来说,仍然是在不否认这三大原则本身的基础上所做的限制和改良,并没有提出能够真正替代这三大原则的更符合资源有效配置的新的原则。

变,修改应该是迟早的事。而现行的《劳动争议调解仲裁法》,直接违反了其保护劳动者合法权益的立法目的,侵犯了劳动者纠纷解决程序选择权的劳动仲裁前置程序,更是被某些人士直接称之为“恶法”,而绝大部分劳动纠纷并没有进入劳动仲裁程序解决的事实,也进一步证明了这一劳动仲裁前置程序设置的失败,这样的法律规定,也必然在提高社会总福利要求的压力下最终被新的规定所代替。

法律的相对稳定,是法治社会的基本要求,也是良好守法行为达成的基本条件。朝令夕改的法律,不仅会大大损害法律本身的权威,导致人们对法律的不信任,同时也说明法律本身的不成熟和不完善,往往会导致守法主体的法律规定本身的质疑和无所适从。而通过上述分析可以看到,要实现法律的相对稳定,就必须保证法律规定基本符合资源有效配置的要求,而法律规定基本符合资源有效配置的基本要求,则必然会导致法律相对稳定的结果。法律规定基本符合资本有效配置的经济学原则是法律保持相对稳定的充分必要条件。

二、严格执法

符合资源有效配置原则的严格执法行为是良好守法行为达成的关键。理论上来讲,守法行为同法律规定的符合程度同执法的严格程度正相关,假如无限增加执法上的投入,就能使守法主体的行为同法律规定完全一致。当然,在现实社会中,由于国家以经济发展而不是完全守法为其优先目标,执法的严格程度依然会受现阶段资源有限的限制,从而导致一定程度的不法行为选择的无法避免。

但是,就现阶段国家的执法状况来看,在很多领域,只要稍微加强执法的严格程度,就可以大大减少相应的不法行为的存在,其执法收益远大于需要的执法投入,执法的严格程度远远没有达到符合资源有效配置原则的水平,因此必须继续加大执法的严格程度,贯彻“执法必严”的原则。[①] 那么,怎样才能使相关行政执法部门做到“执法必严”,从而实现符合资源有效配置原则的严格执法呢?下面本文提出自己的看法。

1. 加大对相关行政执法人员的法治教育力度,使其明白良好的法治环境对于

---

① 这种只需要稍微加强执法的严格程度就能取得远大于投入的执法收益的典型例证,可以参见本书第一章的“生产线员工最低工资争议”一案,劳动监察部门一个电话,甲厂即不得不在一定程度上矫正其不法行为选择。

建设和谐社会,保证社会可持续发展的重要意义。改革开放后国家行政机关出现的一个最典型的思潮就是经济挂帅,经济发展大于一切。这种想法本身没有什么问题,社会主义制度优越性的最终体现本身就是生产力的高度发展。问题就在于很多行政人员看不到法治建设对于经济的可持续发展的战略意义,片面追求单纯的经济指标的增长。这种教育的目的就是转变相关行政执法人员的思想,使其明白严格执法,创造良好的法治环境,虽然短期内可能会影响某些经济指标的实现,但从长远来讲,却是经济可持续发展的唯一选择。而放纵各种违法犯罪行为,短期内可能在当地造成虚假的繁荣。但这种繁荣的产生一方面是以损害其他法治良好地区的经济发展机会为代价,另一方面由于其经济结构的先天不足,必然经不起大风大浪,很快就成过眼云烟。这方面的教训是很多的,其中比较典型的是改革开放初期的海南省。海南作为全国最早的四个特区之一,唯一的省级特区,发展前景一片大好。当时的海南省长梁湘也是雄心勃勃,为了发展海南经济,不仅使出浑身解数招商引资,而且趁着国家当时给予海南的宽松的政策,视国家法律为无物,纵容走私、倒卖、黑社会等违法犯罪行为,最后甚至自己也以身试法,亲自加入违法犯罪促进经济发展的行列,海南呈现出一派热闹无比的繁荣景象。结果 1989 年国际风云变幻,随着梁湘的倒台,整个海南风光不再,到目前为止仍然没有找到自己真正的出路,远远落后于深圳等其他经济特区的发展水平。还有就是新的《劳动合同法》出台之前珠三角的劳动密集型产业面临的困境。当时这一产业被经济学家们恰如其分地给它起了个不大好听的名字,即"血汗工厂"。这一产业之中的很多企业,趁着改革开放初期经济挂帅,相关行政执法部门有意纵容的机会,为了尽可能多尽可能快地压榨工人的剩余价值,采取竭泽而渔的方式,不仅以远远低于相关劳动法律规定的最低工资和最低工作条件雇佣工人,而且还进行着诸如雇佣童工、非法限制工人的人身自由、随意克扣工人工资等违法犯罪行为。通过以上行为确实在短期内使珠三角的血汗工厂出现了欣欣向荣的局面,但随着国家经济的全面发展,工人们开始有了更多更好的选择,结果内地外出打工的民工们离开这些工厂后开始一去不复返,整个珠三角的血汗工厂出现了大面积的"民工荒",而且由于这些企业造成的舆论影响非常恶劣,社会对其各种违法行为的容忍度越来越低,最终随着 2008 年全球性的经济危机和新的《劳动合同法》的实施,这类企业开始出现大面积的倒闭,再也不复昔日荣光。

2. 对地方政府的考核以中长期经济增长率而不是短期的年经济增长率为重

点。本文并不认同强调经济增长是“片面”的说法。因为任何事情的好坏,或者是否符合资源有效配置的原则,最终还是要体现为实实在在的对社会总福利的影响,而就目前来说,正如高考虽然存在各种各样的弊病,但找不到比高考更好的录取大学生的方式一样,虽然经济增长率这一指标也存在很多的问题,但同样找不到比经济增长率更好的衡量社会总体福利增长的标准。社会主义之所以比资本主义具有优越性,法治社会之所以比非法治社会具有优越性,归根到底还是前者比后者能创造更高的社会总福利水平,从经济增长的角度,就是能具有更高的经济增长率。因此,以经济增长率的高低来衡量地方政府的业绩本身是没有什么问题的。问题在于很多能促进经济发展的行为并不一定在短期内就能生效,而且其效果的持续时间可能也比一年要长。因此,其对经济增长的作用并不能在短期的年经济增长率中得到体现或者是得到充分的体现。在这样的情况下仍然采用以年经济增长率作为主要考核的方式显然不能正确的反映这类行为所取得的效果。而采用中长期的经济增长率作为主要考核指标则能够克服这一弱点,能更为客观地反映出此类行为的效果。

事实上,严格执法对经济增长率的影响并不是其能够起到立竿见影的效果,而是通过此种行为使社会资源配置向有效率的方向转化,这种转化有一个过程。但是这一过程一旦完成,资源有效配置的优势就会对经济增长率产生持续的长期的影响。通过上述的对行政执法人员的教育,使其明白严格执法对经济中长期增长的好处后,再将考核指标的重点转为中长期的经济增长率,必然能使其自觉地严格执法,从而保证守法主体良好守法行为的达成。

3. 将群众监督纳入对行政执法机关及其人员的考核中。相关行政机关及其人员执法不严,达不到符合资源有效配置的适度的程度,就会导致社会总体福利水平的降低,而这往往表现为人民的利益受到实质性的损害。比如上述劳动行政部门执法的时候对企业侵害劳动者合法权益的不法行为的纵容,就直接损害了被侵权的劳动者的利益。在这样的情况下,将群众的监督直接纳入相关执法人员的考核就变得极为关键。正是因为缺乏群众的监督,相关执法人员才敢于置劳动者的合法权益于不顾,而放纵企业损害劳动者合法权益的行为。而将群众的监督纳入行政执法机关及其人员的考核之后,只要考核程序设计得合理,应当就能比较客观地反映出行政执法机关及其人员执法时是否将法律所体现的人民群众的利益放在首位,通过严格执法使法律的效力真正实现,从而促使相关守法主体的行为符合立法目的的要求。

通过上述的法律教育的措施使相关行政执法机关及其人员转变执法的态度，再加上科学的考核制度和群众的有效监督，就会对行政执法机关及其人员产生足够的严格执法的激励，从而使其执法行为符合资源有效配置的原则，保证良好守法行为的真正达成。

三、减少适应法律的成本

由于社会适应法律成本的存在，[①]法律的宣传和推广是使法律为守法主体认识和接受的不可或缺的重要环节。[②] 要使法律真正落实，要使立法机关的立法目的真正产生其希望的社会效益，就必然需要法律产品的消费者，即守法主体对法律本身的正确认识和真正接受。否则，很可能导致守法主体对其误读或者干脆不知情而使法律施行的效果大打折扣，不能完全实现立法目的的期望，从而造成社会福利的损失。

上述作为守法主体的企业在普通的守法主体中间是不具有很强的代表性的。实际上，企业在所有的守法主体里面并不是对法律的宣传和推广的要求最为迫切的群体。毕竟企业一般都有着普通自然人难以比拟的经济实力和其他实力。而凭借这些优势，企业可以轻而易举地获得大量的涉及其自身利益的各种信息，其中就包括和其有切身的利益的相关法律信息。但现在的法治状况时，就算在企业具有如此便利的获得相关法律信息的环境下，企业界居然还对新的《劳动合同法》产生了种种误读。其中的原因相关章节已有具体分析，这里不再赘述。需要引起注意的是，对于拥有如此庞大的信息来源和获取信息能力的企业界都会由于相关法律的宣传推广不到位而产生误读，最终导致了立法者意料之外的损失的发生，那么对于社会上最普通的一类守法主体，即一般的国家公民，由于其拥有的信息来源和获

---

① 参见本书第四章的相关论述。

② 法律的宣传和推广同普通产品的宣传和推广存在本质的区别。对于普通产品来说，宣传和推广关系到其能否被潜在消费者接受，从而转变为实在的货币的问题。而法律这种产品比较特殊，是由国家垄断供给的，并且所有守法主体必须无条件接受，因此其宣传和推广的主要作用并不是说服守法主体接受它，而是使守法主体更好地理解其立法目的和具体规定，消除某些不必要的误解和抵触情绪，从而能够更好地按照法律的要求来规范自己的行为。

取信息的能力远远不能与企业界相比,其对相关法律产生误解也就不足为怪了。更进一步的话,对于那些信息来源更为有限,获取信息能力更为不足,甚至还在为生计发愁的弱势群体来说,别说对法律产生误解了,事实上很多人连一些和其生活息息相关的法律都不知道。[①] 而对于我国来说,这一信息获取能力有限的弱势群体无论就其比例还是绝对数量都非常庞大。按照人们一般的认识,中国的农民是最大的弱势群体,仅仅这一群体就占据了中国人口的大多数;而企业的劳动者属于另一个弱势群体,这一群体则占据了中国非农业人口的大多数;还有其他的划分更为细致的弱势群体,但基本上都包括在前两者之中。[②] 可以说绝大多数的法律,都是同此部分人密切相关的。而现在讨论的怎样保证良好的守法行为达成的问题,其实首先就是如何使构成最大守法主体比例的上述两大弱势群体达成良好的守法行为的问题,本文所讨论的普通守法主体,也主要是指这两大群体。当然,以上所说的对法律的宣传和推广的最终目的并不是让绝大部分的守法主体都成为法律专家,从而时刻关注自己的行为是否符合法律的要求,这既不符合经济原则也对普通守法主体达成良好的守法行为没有任何必要。而只需要让相关的守法主体养成足够的法律意识,对直接关系自己切身利益的法律规定有着清晰的了解就可以了。但现在的问题是,目前在这方面的投入明显是不够的。[③] 那么,怎样才能使法律的

① 其中比较典型的是《婚姻法》,在农村里很少有人有关于法定结婚年龄的概念。人们日常的婚丧嫁娶基本上还是依照传统的习惯。没到法定结婚年龄就结婚的为数不少,一般都是结婚之后去拿结婚证才发现,但是一般也就是按照法律规定推迟一些去拿而已。很少能引起一般农村居民的足够注意。

② 其实,这种对弱势群体的划分比较笼统,也很不规范。事实上,中国的农民群体中存在很多富裕程度很高的次一级群体,如农民企业家,珠三角、长三角的很多地区的农民更是富得流油,其生活水平恐怕要远远超过发达国家的普通水平,将其称之为世界上最富的农民群体都不为过。而企业的劳动者群体也俗称"打工仔",其中就不乏"打工皇帝"式的人物。但总体上来说,这两大群体相对于其他群体而言,平均生活水平以及其他方面的能力确实处于相对弱势,而且其他类型的弱势群体,如单亲家庭、失业人员等也绝大部分分布在这两大群体之中,所以将其定义为弱势群体也说得过去。

③ 这种不够可以从很多地方体现出来。比如上述的《劳动合同法》出台前后企业界不理性的骚动;劳动者在面对企业对其合法权益的侵害时,比如不给任何补偿单方面解除劳动合同,相当多的劳动者都认为这是企业应有的权利,而没有意识到自己的合法权益已经被侵害;还有上述《婚姻法》中法定结婚年龄的规定,实际上并没有多少农民真正知道,更不用说了解其立法目的了。

宣传和推广达到使普通守法主体对相关法律形成正确认识并真正接受它，从而减少其适应相关法律的成本呢？本书认为可以通过下述途径来达到此目的。

1. 在初中级教育中加大法律普及的力度。绝大多数普通守法主体都必须按照《义务教育法》的规定完成九年义务制教育。因此，利用义务教育来普及法律知识，应当是效率最高、覆盖面最广的对法律的宣传和推广的方式。而且，相对于其他知识，同人们日常生活息息相关的法律常识方面的知识更具有实用性强，能立即学以致用的特点。同时，利用高考制度对学生的影响力，加大法律知识的分值比重，而不仅仅是政治知识的一小部分，这是同国家建设法治国家的目的完全不相称的。而参加高考的学生，应当说包括了未来绝大部分的社会精英，其法律知识的多寡对今后社会的影响，如何评价都不算过分。而对于绝大多数公民来说，学校期间接受的教育，应当是最系统也是一生中印象最深刻的。因此一定要将初中级教育中的法律知识的普及作为相关课程安排的重点，而不是像现在只占有微不足道的地位，这直接导致了进入社会后很多公民的法律意识淡薄，严重阻碍了国家的法治建设进程。

2. 加大目前的普法宣传力度，建立专门针对弱势群体进行法律的宣传和推广的专门机制。总的来说，国家进行的普法宣传教育是取得了很大的成绩的，为国家的法治建设的顺利进行做出了非常大的贡献。但仍嫌力度不够，法治社会的意识并没有在代表最广大人民群众的上述两个群体中建立起来。致使很多相关法律的实际施行效果在这一群体中大打折扣，使其不能得到立法目的希望能给他们带来的福利，形成法律知识在弱势群体和其他既得利益阶层之间的信息不对称。而这种不对称的存在，一方面为既得利益阶层中的图谋通过侵害弱势群体的合法权益牟取非法利益者提供了机会，另一方面又使弱势群体的合法利益不能正常实现，甚至在受到侵害时没有法律维权的意识，不能通过自身的法律维权对非法侵权者形成有效的制约，从而使自己的处境更为不利。这不仅使相关立法目的不能顺利实现，而且严重影响社会的和谐和稳定。因此，在加大现有普法的宣传和推广的总投入的同时，应当专门针对弱势群体这一特殊守法主体，建立更为方便而经济的法律信息获取渠道，比如现在广泛施行的“送法下乡”就是一种很好的做法，对这些好的经验应当使其常态化，制度化，以最大限度地实现法律为人民服务这一庄严承诺。

3. 建立宣传和推广过程中对守法主体的相关疑问的制度化反馈机制。现在的普法宣传或者是新法施行和法律修改前后的法律的宣传存在的一个最大的问题是宣传和推广的单向性。这种宣传和推广机制最大的问题是仅仅将相关守法主体当成被动的受众,而不顾及其对接收到的涉及的法律信息的理解和看法。由于守法主体本身所具有的法律知识以及思考问题的角度同立法者有着明显的区别,因此守法主体根据这种信息所理解的法律同立法者的立法意图可能根本就不是一回事。也就是信息在传递过程中由于受众的主观认识的差异,而产生了误读。这本来是很正常的事情,但必须要有制度化的矫正机制。否则这种误读一直持续下去,就可能使其守法行为的选择偏离立法目的的期望,造成资源配置的无效率。而这是传统的单向法律宣传方式无法解决的,而必须建立制度化的守法主体对法律的看法和意见的反馈机制,对守法主体产生的各种疑问及时予以解释,对具体法律规定中存在的问题及时地进行矫正,而不是等发生了较大的问题再采取措施。

2007年底出现的以沃尔玛大裁员和华为的“辞职门”事件为代表的新的《劳动合同法》施行前夕,企业界做出的种种无效率的应对,造成社会资源的极大浪费,就是因为立法机关没有及时对企业界存在的对《劳动合同法》的各种顾虑做出反馈,导致谣言满天飞而造成的不幸事件。假如当时存在制度化的反馈机制,由立法机关及时而不是在问题发生之后才做出权威的法律解释的话,这样的问题完全可以避免。

总的来说,法律的宣传和推广虽然已经引起了立法部门的重视,但并没有将其放到建设法治社会的必不可少的关键位置,随着法治进程的进一步展开,法律宣传和推广不足的问题已经日益显现,加大此方面的投入,改进具体的宣传和推广方式,使其同法治建设的要求相符合,从而保证守法主体良好守法行为的达成,已经到了刻不容缓的地步。只有在此方面有着实质性的进步,才能保证后续法治建设进程的顺利开展。

四、当事人之间的成本制约

当事人之间的成本制约,指的是在发生纠纷的当事人之间,拥有合法权利的一方通过自身的力量采取相应措施阻止承担法定义务的对方侵犯其合法权益,从而提高义务主体做出不法行为选择的成本,降低其最终做出不法行为选择的可能。这是达成良好守法行为的不可忽视的重要方面。

法律的作用是通过划分权利和义务的方式,从而实现对不同主体之间的利益分配。一般来说,被法律授予权利的一方在可能的情况下肯定会努力使自己的法定权利成为事实上的权利。而被赋予义务的一方则不然,由于义务的履行尤其是需要法律主体主动行为的积极义务,往往意味着履行者成本的增加,因此经常会出现某些不愿意履行法定义务的守法主体做出种种违反相关法律规定的行为选择。由于权利和义务的相对性，一部分的法律义务没有被履行必然意味着有相对应的法定权利不能被实现，从而构成对享有法定权利的法律主体的侵权行为。对这种不履行法定义务的行为，法律主要通过两种方式来予以防止和矫正：一是行政监督和行政执法，二是通过诉讼的方式对合法权利被侵害者实施法律救济。但是这两种方式都有着明显的弱点。行政监督和行政执法的方式虽然便捷有效，但说到底属于外部监督和威慑，其并不能实现对守法主体行为的全天候监控，总会给意图通过不法行为牟取利益的守法主体找到不履行相关法律义务的机会。而司法诉讼则实行不告不理原则，一旦出现类似本文第一章所述案例中不受行政监督和行政执法控制的违法行为，如果合法权益受到侵害的法律主体不主动寻求司法上的帮助，法律也无法对此实施救济。①

因此，具有通过违法侵权行为牟取利益意图的主体只要寻找到不受行政监督和行政执法控制的时机，并且通过各种手段使被侵权的主体不主动寻求行政和司法上的救济，就可以比较安全地通过不法手段牟取利益而不受法律制裁的威胁。那么，在什么样的情况下义务主体可能同时具备这两个条件呢？在义务主体的力量远超权利主体的时候就出现了这种可能。在这样的情况下，具有通过侵权行为非法牟利的义务主体就可以充分发挥自己的力量优势，一方面通过自己对行政机关具有的远超权利主体的影响力，最大限度地获得不受行政监督和行政执法控制的从事不法行为的机会，另一方面则通过其力量优势给被侵权主体带来的各种事实上的和心理上的压力，迫使其不敢寻求法律救济。这方面最典型的例子，一是上述的企业在处理劳资关系时违反相关劳动法的规定，对劳动者的合法权益实施的侵权行为；②二是地方上的黑恶势力敲诈勒索，对普通人民的财产和人身实施的侵权行为。③ 两者的共同点都是实施违法行为的主体相对于被侵权的主体具有不均

---

① 这里所指的权利和义务主体主要指的是民事权利和义务主体，不包括以普通公民履行对国家的义务这种特殊形式的法律关系，如服兵役、纳税等。因为在这种特殊关系中，权利主体即国家的力量具有绝对优势，不存在需要制衡义务主体的力量优势的问题。

② 企业侵犯劳动者合法权益的具体情况可以参见本书中所列举的甲企业处理劳资关系时的不法行为。

③ 关于黑恶势力的相关情况，可以参见人民网报道，《我国黑恶势力犯罪正处活跃期 警惕向政治领域渗透》，http://opinion. people. com. cn/GB/11332231. html，2012 年 2 月 19 日 10:00。

衡的力量对比上的优势,一方面使当地的行政执法机关有所顾忌,甚至相互勾结,另一方面则使受害者由于害怕存在的报复,而不敢寻求司法救济。

根据上面的分析可以看出,要真正解决这一问题纯粹依靠国家的相关部门加大执法力度是不大现实的,而必须考虑其他的途径。根据日常人们互相交往的经验就可以知道,假如两个力量大体相当的人在一起,其中一个人即使有侵犯另一个的意图,也得仔细考虑这样做可能引起的后果,这也是普通人群中人们能够和平相处的基础。但假如是一个恶霸和一个弱小的普通人在一起,而没有第三方的力量予以平衡的话,那这个恶霸就会毫无顾忌地欺负这个弱小的普通人了。因此,出现合法权利被侵害而又不敢反抗的往往是某一弱势群体中的成员,而从事不法侵权行为的则往往是某些力量强大的组织和个人。这种力量对比不均衡的典型即包括上述的劳资双方、黑恶势力和普通老百姓等。要从根本上扭转这种局面,保护弱势群体的利益,除了法律上的适当倾斜外,就是尽可能壮大被侵权的弱势群体一方的力量,使其至少能够同侵权者的力量形成相对的均势,才能使具有不法侵权意图并且具有侵权机会的法律义务主体真正将潜在的被侵权者当成同重量级的对手,有所忌惮而不敢轻举妄动,从而对其通过不法侵权手段牟取利益的意图形成有效的制衡。在这方面,可以通过以下对策达成上述目的:

1. 充分利用现有的群众性组织将弱势群体组织起来,以其整体的力量对侵权者的力量优势形成有效的制约。比如在企业中普遍存在的工会组织,通过一定的改革,使其真正能代表劳动者的利益,就能使其在处理劳资关系的过程中起到非常关键的作用。西方发达国家的具有工会的企业中之所以很少发生企业公然违反劳动法侵犯劳动者合法权益的现象,就是因为其职工一般都受到了工会的强势保护。而且不同企业的工会还经常组成联合工会,结果不仅扭转了劳资双方力量不均衡的劣势,甚至通过这种跨企业的工会联合,使其获得了相对于单个企业的力量优势。在这样的情况下,企业不仅不敢侵犯劳动者的合法权益,甚至还得不时应付这种强势工会提出的各种各样的不合理的要求,致使很多企业不堪重负。当然这又走向了另外一个极端,出现了强势工会侵犯企业的合法经营决策权的情况。[①] 这种情况生动地说明了力量对比的相对均衡对于制约守法主体的守法行为保持在良好

① 相关观点和情况参考【美】理查德 B 弗里曼,詹姆斯 L 梅多夫. 工会是做什么的?美国的经验[M]. 陈耀波,译. 北京:北京大学出版社,2011.

状态的重要意义。而针对可能发生的黑恶势力欺压普通民众的现象,则应充分发挥基层群众自治组织的作用。比如村委会,居委会等,应当在公安机关的支持下,主动发现问题,打击黑恶势力的苗头,在出现问题后积极支持甚至代表普通民众通过法律伸张正义。使黑恶势力意识到他们面对的并不是单个软弱可欺的普通民众,而是得到群众自治组织全力支持的庞大的普通民众的整体。

2. 在上述弱势群体没有被组织起来的地方,国家应当以法律的形式强制性建立相应的组织。比如上一章中提到的在非公有制企业建立真正代表劳动者利益的工会问题。

3. 在使弱势群体组织起来的同时,国家还应对其内部组织和财务方面做出一系列的法律规定,防止强势的守法主体一方通过各种手段控制这一组织,致使其不能发挥应有的制约作用。比如在黑恶势力横行的地方,必然伴随着当地基层群众性组织代表群众利益,坚决支持民众反抗欺压的功能的缺失。这些黑恶势力不仅通过自己对这些基层组织内部人员的影响,使其不能真正履行自己代表群众利益行事的职责,甚至还自己亲自鸠占鹊巢,成为这些基层群众自治组织中的领导人员,从而出现所谓的"恶霸当村长"的现象。[①] 因此,国家对这样的基层群众自治组织的关键性职务,应当规定相应的品质门槛,比如无刑事犯罪记录。另一个更为严重的问题是非公有制企业的工会。问题不仅仅是很多非公有制企业的工会没有组建起来,就算是已经组建了工会的企业,其工会也并不能真正代表劳动者的利益。原因其实也是众所皆知的,这些工会本身就是由企业自己组建,工会的领导人员基本上也是由企业任命,当然可能经过了形式上的选举,而且工会活动的经费也直接来自于公司。工会在组织上、人事上、乃至经济上都全面依赖于企业。在这样的情况下,工会实际上变成了企业的一个特殊管理部门,而不是代表劳动者利益同企业进行协调的独立机构。因此,在这些企业里,工会要么无所事事,要么只是代表企业的利益同劳动者进行沟通和协调。而在发生劳资双方的纠纷时,工会虽然偶尔会进行一定程度的调查和调解,但绝对不是站在劳动者的立场上来从事这种行为。某种意义上,非公有制企业中实际上并不存在代表劳动者利益的工会。这也是为什么在我国非公有制企业成了企业非法侵害劳动者合法权益的重灾区的主要原因

① 参见网易新闻报道,《黑恶势力渗透中国农村 借村干部身份谋利》,载于 http://news.163.com/10/0804/02/6D76TSF90001124J.html,2012 年 2 月 19 日 10:00。

之一。因此,国家应当以法律的形式直接规定此类企业的工会的组织、人事和经济来源,而不是任由企业摆布,使其真正发挥对企业劳动侵权行为的制约作用。

众所周知,无论是宪政、法治、还是民主,其中一个最重要的原则就是分权和制衡。虽然这些理论最早是由资产阶级学者提出,但其本身并不具有意识形态的特征,而只是保证社会和谐稳定的一些必要的技巧和手段。正如资本主义国家的三权分立并不影响资产阶级掌握国家政权一样,我们国家适度引进分权制衡的技巧也不会影响到党的领导和无产阶级专政的国家性质。法治社会建设的顺利展开,通过巧妙的法律设计使不同的法律主体的权利和义务,以及实际上的力量对比达成某种程度上的均衡是非常必要的。通过法律权利主体和义务主体之间力量的互相制约,不仅可以大大增强公民的法治意识,而且可以使相应的执法机关以最小的投入取得最佳的效果,从而实现资源的有效率配置,最终提高社会的总体福利水平。

五、市场干预的适度[①]

国家对市场的干预,是对市场失灵[②]进行矫正。这种干预既不能过轻而达不到矫正的效果,也不能过度从而直接干扰市场本身正常的运作。随着现代社会的发展,纯粹的自由市场经济的各种弊端逐渐显现。其中最关键的问题是自由市场中的竞争主体可能通过运用其自身具有的各种优势,最终转化为市场竞争的优势,而这种竞争优势的逐渐积累,会使某些特别强大的市场主体可以通过自身力量直接干扰市场的正常运作,从而形成对市场某种形式上的垄断。垄断最大的问题,是处于垄断地位企业的行为以最大化自身利益为目标,从而损害了其他市场主体的正当利益,最终导致资源配置的无效率。因此,为了对这种无效率资源配置的情况进行矫正,各国都纷纷放弃了自由放任的经济政策,而对市场运作进行大规模的政府干预,而这种干预的一个最重要的手段,就是各种各样的与此相关的法律。也就是说,国家通过法律对市场进行必要的干预,是现代国家通行的一种符合资源有效率

① 不干涉市场机制的正常运作指的是在市场机制运作正常的时候国家不应当干涉,不等于国家不对市场机制的运作进行干预。在市场机制出现异常从而导致资源的无效率配置的时候,国家对其进行干预,矫正这种异常就是非常必要的。

② 英文为 market failure,指由于市场垄断和价格扭曲,或信息不对称和外部性等原因,导致资源配置无效率,从而不能实现社会利益最大化的资源配置状态。

配置的经济学原则的具有经济上的正当性的行为。但是，这并不是说，国家干预应当走向自由放任资本主义的另一个极端，即过度干预。

过度干预对国家法制建设的危害，是通过扭曲市场机制的正常作用，导致资源配置的无效率，从而损害某些市场主体的正当利益，导致这些主体中的某些个体为了维护自己的利益，而选择违反相关法律规定的行为。这正应了一句古话，即"法令滋张、盗贼多有"。这一现象在我国，由于过去计划经济时代国家对经济直接控制的传统，而较其他国家尤其严重。假如说自由放任的市场经济是通过市场主体自身的优势积累形成对市场的经济垄断，从而导致资源配置的无效率的话。对市场的过度干预实际上是通过国家以法律或行政命令的方式对市场形成行政性的垄断，最终导致资源配置的无效率。这种由于国家过度干预导致的市场机制失灵，不仅给其正当利益受到相应法律损害的市场主体提供了维护自身利益，不按照相关法律规定行为的足够动机，而且容易使相关执法部门及其执法人员对此类形式上的违法行为产生同情，从而做出睁一只眼闭一只眼，默许这种行为存在的选择。这里要避免的就是这种通过国家法律形成的行政性垄断。

因为国家对市场机制的过度干预而导致市场机制扭曲，相关市场主体为了自身的利益而做出的不法行为选择，在过去的几十年中是屡见不鲜的。其中最典型的是国家在20世纪八九十年代，计划经济向市场经济的过渡时期，实行的形形色色的商品价格管制，结果出现了遍布全国的各种各样的"黑市"[①]，当时的刑法还规定了一种很具时代特色的特别的罪名，即投机倒把罪。[②] 这都是国家对市场实行过度

---

① 黑市是指未经政府批准而非法形成的，以交易不许上市的商品或以高于公开市场价格的价格，秘密进行买卖为其特征的市场。在20世纪改革开放初期，由于消费品供给奇缺，国家对很多紧俏商品实行配给制，从而产生了很多以远高于国家规定的配给价格出售紧俏商品的黑市。

② 顾名思义即是以买空卖空、囤积居奇、套购转卖等手段谋取暴利的犯罪。"投机倒把"一词产生于计划经济色彩浓重的20世纪七八十年代。改革开放初期的中国，计划内部分实行国家统配价，同时企业超计划自销产品并按市场价格出售，形成了特殊的"价格双轨制"。当时，市场价格往往比国家统配价高一两倍。当时，有背景的倒爷们凭借手中权力，通过计划或走后门，搞到平价的紧俏产品，通过层层转手加码，最后以较高价格在市场上出售。在这一历史背景下，1979年7月1日开始实施的《刑法》笼统地规定了投机倒把罪。1997年《刑法》取消"投机倒把罪"，2009年8月24日，十一届全国人大常委会第十次会议再次审议的关于修改部分法律的决定草案，删去法律中"投机倒把""投机倒把罪"的规定，并做出修改。

干预从而出现的一些规避相关法律的不正常的行为模式选择所造成的现象。本文之前的分析中也有两个相关的例子，一个就是《工伤保险条例》中的失业保险市场强制性地实行行政垄断的相关规定，结果导致很多企业为了节约成本，选择形式上违反此法律规定的行为模式，转而购买同样能达到此法的立法目的的类似商业替代险。比如前文提到的甲企业所在的工业区的很多企业，就做出了这样的选择，而当地的劳动行政部门对这种现象则表面上保持沉默，事实上默许这种形式上违法的行为存在。而正是由于上述现象的广泛存在，在当地甚至还出现了专门推销这种工伤保险的商业替代险的商业保险公司的销售人员。

守法主体之所以会出现违反法律的行为，实际上是因为各种各样的法律规定的存在。从理论上来讲，假如不存在任何法律规定，也就不会出现任何所谓的违法犯罪的行为。在国家和法律出现之前的原始社会，是没有违法或者守法的概念的。同样，在消灭了国家和法律的理想的共产主义社会，也不会有违法或者守法现象的存在。当然，现代社会没有法律的存在是不现实的，但是，也不应当过多地使用法律来干预人们的正常生活。从经济学的意义上，法律对市场的过度干预必然导致资源的无效率配置，从而逼迫利益受损的主体选择违法的行为模式来维护自己的利益。从社会学的意义上，对人们生活的过多法律干预必然导致人们进行行为选择时面对互相矛盾的道德和法律标准而无所适从，最终很难保证自己的行为选择同法律规定的要求保持一致。因此，建设法治社会需要的并不是法律对市场运作的越来越多的干预，而是在市场失灵需要外力进行矫正时才进行的适度干预。只有这样，才能保证守法主体能够在自愿的基础上自觉地保持自己的守法行为同相关的法律规定相一致。

六、负担得起的正义

经济、便捷的法律救济程序是达成良好守法行为的重要条件。法律救济程序是法律主体的合法权益受到其他的不法侵害后对其实施的事后救济程序，是保护法律主体的合法权益，对不法行为进行制裁的最后一道防线。设计得好的、被侵权者负担得起的法律救济程序，会对合法权益被侵害的法律主体的维权行为形成有效的激励，有效地遏制各种通过非法侵权牟取利益的不法行为的发生，保证守法主体的良好守法行为的达成。

但是，法律救济程序最大的特点之一，就是不告不理原则。也就是说，只有不法行为的受害者本身要求启动法律救济程序，法律救济程序才能发挥自己保护其合法权益,并对不法行为进行法律制裁的功能。因此现实中,由于很多合法权益受到侵害的法律主体并没有选择法律救济程序来维护自己的利益,从而使其不能起到应有的作用。为什么这些受到不法侵害的受害者宁可自身合法权益被侵害,而不愿意寻求法律的救济呢?其中最重要的原因之一就是人们都明白的一个无奈的事实,现代社会的司法正义是“昂贵的正义”。

法律救济作为“昂贵的正义”的表现,并不仅仅是具体的法律救济程序直接向受害人收取的各种费用,①还包括受害人启动法律救济程序的各种其他形式的成本。比如当事人启动法律救济程序就必然产生一系列的其他直接成本,如法律咨询或聘请律师的费用、相关的交通餐饮费用,误工费用等。同时还必然伴随相应的间接成本,如强势不法侵害者的威胁和事实上的报复、各种谣言的攻击、其他潜在不法侵害者的抵制、乃至败诉的风险等。以上都是受害人寻求法律救济不得不付出的代价,如果这些代价累积起来超过了法律救济可能带给受害人的收益,则寻求法律救济程序对受害人来说就是不经济的,或者说是经济上无效率的,理性的受害人就不得不放弃寻求法律救济的选择。而受害者放弃法律救济选择的做出,则会进一步刺激不法侵害者继续通过类似不法行为牟取非法利益的欲望,从而使其行为模式同良好的守法行为的要求渐行渐远。

从理论上来讲,解决法律救济程序对受害者来说不经济的方法有两种:一是增加受害者通过法律救济程序获得的收益,二是降低受害者启动法律救济程序需要付出的成本,也就是这里讨论的经济、便捷的法律救济程序。但是实际上,由于受害者通过法律救济能够获得的收益一般局限于使其受到侵害的合法权利能得到足够的赔偿,而不可能完全包括上述种种启动法律程序产生的各种成本,因此增加受害者通过法律救济程序获得的收益这种方式经常不能完全补偿被侵权者产生的损失,更不用说还存在由于证据不足等原因导致败诉的风险,这给必须提前垫支各种程序性费用的被侵权者带来了巨大的经济压力,因此这种方式并不具备决定性的作用。这样,解决此问题的希望就只能集中在第二种方式上,即降低受害者启动法

---

① 事实上,在某些类型的诉讼中,法律救济程序的设计者考虑到受害人一般为弱势群体成员的事实,往往对相关直接费用进行减免。如解决劳动争议的劳动仲裁程序,就不收取当事人任何费用,劳动诉讼程序也只象征性地收取当事人很少的费用,而且假如提起者是劳动者一方,还可以申请免费。

律救济程序需要付出的成本,也就是经济、便捷的法律救济程序上。

从本书第一章所列举的张某工伤赔偿纠纷案和苏某变相解雇这两个案例中,都可以看到启动法律救济程序必须支付的各种成本对受害者做出此选择时带来的巨大压力。其中张某的家属甚至在同企业的协商陷入事实上的僵局的时候都不愿意启动法律救济程序,而是对协商抱着最后一线希望。而苏某则干脆不敢面对启动法律救济程序会给自己带来的种种不利后果,也就是这里所说的成本,直接选择了放弃,而后来的事实证明这种放弃对他来说是符合经济原则的明智选择。这些案例都表明了一件事实,现有的法律救济程序的设计,要想真正达到保护受害者的合法权益,制裁不法行为,最终震慑类似不法行为的产生,保证守法主体的守法行为良好的目的,其成本还是太高了,高到作为弱势群体的受害者大多不敢启动这一程序,实际上被法律救济拒之门外的地步。

因此,对现有的法律救济程序进行相应的改革,大幅降低其对受害者产生的各种成本,是目前法治建设的当务之急。本书认为可以采取的相应措施有:

1. 对于受害者启动法律救济程序的直接成本而言,应当继续坚持现在的某些低收费甚至免费的做法,如之前提到的劳动争议解决程序中的劳动仲裁就对当事人免费,劳动诉讼对劳动者基本免费的政策。

2. 在以上的基础上,应当对弱势群体的受害者加大法律援助的力度,并通过相关法律程序的精简或设计出更为经济便捷的法律救济程序,减少提起法律救济的受害人在法律咨询和聘请律师,以及交通餐饮、误工等方面的直接费用。如上文提到的将劳动投诉机制进行改良,充分发挥其便捷、经济的特点,使其成为一种主要的劳动争议解决程序的建议,就能够很大程度上降低劳动者法律维权的总体成本。

3. 通过明确的法律规定和相应的监督制裁措施,严厉禁止不法侵害者对提起法律救济的受害者实施各种形式的威胁和报复,以及潜在的不法侵害者对其的集体抵制,最大程度降低其提起诉讼可能产生的各种间接成本。

小　结

通过本书之前以甲企业对劳资关系的处理为例对守法行为进行的经济学分析,本章试图得出达成良好守法行为应当具备的条件。为了达成这一目的,本章首先根据本文之前的相关分析,得出了在以经济发展为优先目标的社会,几个同守法行为有关的三个结论，即立法目的同资源有效配置的经济学原则相一致，守法主体的长期利益同立法目的相一致，良好守法行为是同立法目的的要求相一致的行为。为本文需要得出的当今社会良好守法行为应当具备的条件，作好相应的理论预设。

之后进入本章的核心部分，即当今社会良好守法行为应当具备的条件。本文结合经济学上的一些原则，得出良好守法行为需要具备的六个条件，即法律规定基本符合资源有效配置的经济学原则是守法行为良好的前提、严格执法是良好守法行为达成的关键、减少法律适应的成本是良好守法行为达成不可或缺的重要环节、当事人之间的成本制约是达成良好守法行为的重要保证、市场干预的适度是保证良好守法行为达成的重要前提、负担得起的法律救济程序是达成良好守法行为的重要条件。在此六大条件的作用下，不仅法律本身能带给守法主体足够的利益，从而使守法主体真正认可相关法律的效力，拥有进行良好守法行为的足够动机，而且还通过行政执法、潜在受害者的力量均势以及经济便捷的法律救济等方式对某些试图通过不法行为牟取利益的守法主体形成足够的制约的良好局面，从而最终保证绝大部分守法主体在经过成本利益的计算之后，其守法行为达到符合资源有效配置的守法水平，实现社会整体福利最大化。

结　论

正如亚里士多德所说,“邦国虽有良法,要是人民不能全部遵循,仍然不能实现法治。”①一般来讲,人们认为法治的理想目标就是法律需要得到守法主体的全部遵守。② 因此,对于法的运行以及法治社会的建设而言,守法具有举足轻重的地位,人们普遍认为完全守法的必要性就像数学里面的公理,根本无须论证,法治社会应该努力的方向,是如何使人民实现完全守法。

但是,正如本文在引论里所述,由于发展阶段的原因,现代国家不得不考虑资源稀缺的现实,其优先目标,是解决资源有限导致的经济发展问题。因此,在以经济发展为优先目标的情况下,由于资源有限和资源有效配置的经济规律的制约,在边际成本递增和边际效益递减的双重作用下,一定程度的不法行为的存在是现代社会无法避免的事实。正是由于上述原因,以经济发展为优先目标的国家政策和要求完全守法的经典法治理论之间必然存在一定程度的矛盾。而且,在生产力还没有发展到可以无视守法成本存在的事实之前,以经济发展为优先目标的政策必然会一直为现代国家所奉行,经济原因必然成为大多数守法主体守法行为选择的主要依据。

通过对甲企业处理劳资关系时大量存在的不法行为选择进行的经济学分析,引出了影响不法行为选择的几个主要问题,即立法瑕疵、执法不严、新法适应过程的存在和当事人之间不均衡的力量对比。但是,正如本书接下来的论述所显示,在以经济发展为优先目标的政策下,这些问题一定程度的存在是不可避免的,这种不可避免进而导致了类似甲企业不法行为选择的不可避免。也就是说,一定程度的不法行为的存在实际上是现代社会在保证社会福利最大化的前提下难以避免的事

① 【古希腊】亚里士多德. 政治学[M]. 吴寿彭,译. 北京:商务印书馆,1965:99.

② 类似观点参见王人博,程燎原. 法治论[M]. 济南:山东人民出版社,1989:10.

实。因此,根据以上分析,可以发现,由于现代国家以经济发展为优先目标,现实中守法的实际运行模式同法治的经典理论存在一定的差异,具体表现如下:

第一,也是根本的结论,在以经济发展为优先目标的现代社会,只能达成符合资源有效配置的守法程度,而无法避免相当程度的不法行为的产生。做出这一结论的根本原因,是因为现阶段社会发展的优先目标,是在资源有限的条件下,实现人民利益的最大化,或者是社会总体福利的最大化。要实现这一目标就必须考虑守法产生的成本,从而导致某些不法行为选择的难以避免,经济发展的目标和完全守法的目标不可能同时达成。因此,在以经济发展为优先目标的现代社会,能够实现的守法目标是符合社会总体福利最大化的守法程度,即在这样的守法程度上,每提高一单位守法主体行为的守法比例需要的社会资源投入和产生的社会效益刚好相等,从而保证资源的有效配置。

在得出上述根本结论之后,根据之前对影响守法行为的相关因素的分析,可以继续得出在以经济发展为优先目标的现代社会,同守法行为相关的其他与经典理论有所差异的结论。

第二,良法的标准,是基本符合资源有效配置原则的法律,而不是理想的完全符合正义原则的毫无瑕疵的法律。从理论上来讲,毫无瑕疵的法律可以完全消灭由立法本身引起的不法行为。但在现实中,由于边际成本递增和边际效益递减的经济规律的影响,追求法律的毫无瑕疵不符合社会福利最大化原则,在以经济发展为优先目标的社会难以实现。当然,这同样不意味着应当容忍过多的瑕疵。符合社会福利最大化原则的良法,其瑕疵应当保持在这样的状态,即每减少一单位法律瑕疵需要的立法投入刚好同其产生的立法效益相等。

第三,"执法必严"的原则,是法治社会必不可少的条件,但在以经济发展为优先目标的情况下,"执法必严"依然会受到经济因素的限制,从而难以保证完全守法的实现。完全守法的经典法治理论在执法上的反映,即为了做到法律被完全遵守,必须不断地提高执法的严格程度,直到完全守法的达成。经典守法理论实现的前提,是执法资源的无限,从而能够满足完全守法不断提高执法严格程度的需要。而事实上,由于资源有限,当守法比例达到一定程度之后,继续提高守法比例会出现执法的收益不足以弥补执法投入的局面,从而对社会总福利产生相应的损害。因此,现实中执法的投入只能保持在这样一种状态,在这种状态下,每提高一单位的守法比例产生的执法效益刚好同需要的执法投入相等。因此,某些对社会利益损害不大的不法行为,就有了一定的生存空间。[①]

第四,对于一般守法主体,由于经济利益的驱使,在条件具备的时候,往往也会做出某些不法行为选择,而不是成为理想中完全守法的“良好”公民。因为对于守法主体来说,同样存在守法的边际成本递增和边际效益递减的问题。当其守法程度达到一定水平之后,继续提高其守法程度所能产生的收益可能会超过其守法的成本,在这样的情况下其守法对自身利益来说就是不划算的。因此,本文中的甲企业在处理劳资关系的时候,由于在很多情况下其守法产生的收益小于其不法所产生的收益,即小于其守法产生的成本,所以做出了大量的不法行为选择。但是针对其他的法律领域,如刑法和合同法,由于其不法产生的成本(守法产生的收益)远远大于其不法产生的收益(守法产生的成本),所以基本上没有什么不法行为的记录。[②]

因此,本书采用经济学分析的研究方法,以甲企业对劳资关系的处理为例,对经济活动中,影响守法行为选择的因素进行了比较详细的分析,揭示了以经济发展为优先目标的现代社会中不同于经典完全守法理论的上述守法现象,同时据此提出了建立和谐劳资关系的相应对策及达成良好守法行为需要的条件。

---

① 这种情况在某些特殊时期更为明显,如在“GDP 至上”的时期,执法部门对不影响 GDP 增长的不法行为的容忍度就比正常情况下要高。在战争时期,则不影响战争利益的不法行为存在的可能性更高。

② 这就类似于闯红灯,在有摄像头的情况下,闯红灯被抓住的概率大,因此成本高,司机一般不敢闯红灯。而在没有摄像头的情况下,闯红灯被抓住的概率小,因此成本很低,闯红灯的司机就多了起来。

参考文献

[1]【古希腊】亚里士多德. 政治学[M]. 吴寿彭,译. 北京:商务印书馆,1965.

[2]【意】托马斯·阿奎那. 阿奎那政治著作选[M]. 马清槐,译. 北京:商务印书馆,1997.

[3]【英】霍布斯. 利维坦[M]. 黎思复,黎廷弼,译. 北京:商务印书馆,1985.

[4]【英】洛克. 政府论(上)[M]. 叶启芳, 瞿菊农,译. 北京:商务印书馆,1982.

[5]【英】洛克. 政府论(下)[M]. 叶启芳, 瞿菊农,译. 北京:商务印书馆,1964.

[6]【法】卢梭. 社会契约论[M]. 何兆武,译. 北京:商务印书馆,2005.

[7]【法】孟德斯鸠. 论法的精神(上)[M]. 张雁深,译. 北京:商务印书馆,1961.

[8]【法】孟德斯鸠. 论法的精神(下)[M]. 张雁深,译. 北京:商务印书馆,1964.

[9]【德】黑格尔. 法哲学原理[M]. 范扬,等译. 北京:商务印书馆,1961.

[10]【美】德沃金. 认真对待权利[M]. 信春鹰,吴玉章,译. 北京:中国大百科全书出版社,1998.

[11]【英】奥斯丁. 法理学的范围[M]. 刘星,译. 北京:中国法制出版社,2007.

[12]【英】哈特. 法律的概念[M]. 张文显,等译. 北京:中国大百科全书出版社,1996.

[13]【英】拉兹. 法律的权威[M]. 朱峰,译. 北京:法律出版社,2005.

[14]【英】亚当·斯密. 国富论(经典通读)[M]. 张兴,田要武,龚双红,译. 北京:北京出版社,2007.

[15]【英】马歇尔. 经济学原理(经典通读)[M]. 朱攀峰,译. 北京:北京出版社,2007.

[16]【英】庇古. 福利经济学[M]. 金镝,译. 北京:华夏出版社,2007.

[17]【美】波斯纳. 法律的经济分析(上下册)[M]. 蒋兆康,译. 北京:中国大百科全书出版社,1997.

[18]【美】弗里德曼. 经济学语境下的法律规则[M]. 杨欣欣,译. 北京:法律出版

社,2004.
[19]【法】克劳德. 制度、契约与组织[M]. 刘刚,等译. 北京:经济科学出版社,2003.
[20]【美】桑斯坦. 行为法律经济学[M]. 涂永前,等译. 北京:北京大学出版社,2006.
[21]【美】考特,尤伦. 法和经济学[M]. 5 版. 史晋川,等译. 上海:格致出版社,2010.
[22]【爱尔兰】J M 凯莉. 西方法律思想简史[M]. 王笑红,译. 北京:法律出版社,2002.
[23]【美】庞德. 法律的任务:通过法律的社会控制[M]. 沈宗灵,等译. 北京:商务印书馆,1984.
[24]【德】马克斯 · 韦伯. 新教伦理与资本主义精神[M]. 于晓,陈维纲,等译. 北京:三联书店,1987.
[25]【奥】凯尔森. 法与国家的一般理论[M]. 沈宗灵,译. 北京:中国大百科全书出版社,1996 .
[26]【奥地利】凯尔森. 纯粹法理论[M]. 张书友,译. 北京:中国法制出版社,2008.
[27]【美】德沃金. 法律帝国[M]. 李常青,译. 北京:中国大百科全书出版社,1996.
[28]【德】哈贝马斯. 在事实与规范之间[M]. 童世骏,译. 北京:生活 · 读书 · 新知三联书店,2003.
[29]【美】罗尔斯. 正义论[M]. 何怀宏,等译. 北京:中国社会科学出版社,1988.
[30]【法】克劳德. 制度、契约与组织[M]. 刘刚,等译. 北京:经济科学出版社,2003.
[31]【美】加里 S 贝克尔. 人类行为的经济学分析[M]. 王业宇,陈琪,译. 上海:上海三联书店,上海人民出版社,1995.
[32]【德】马克思. 资本论[M]. 中共中央马克思恩格斯列宁斯大林著作编译局,译. 北京:人民出版社,2008.
[33]【美】曼瑟尔 · 奥尔森. 集体行动的逻辑[M]. 陈郁,等译. 上海:上海三联书店,1995.
[34]【美】威廉姆森. 反托拉斯经济学[M]. 张群群,黄涛,译 . 北京:经济科学出版社,1999.
[35]【美】乌戈 · 马太. 比较法律经济学[M]. 沈宗灵,译. 北京:北京大学出版社,

2005.

[36]【美】斯蒂格利茨. 经济学[M]. 姚开建,刘凤良,吴汉洪,等译. 高鸿业,吴易风,刘晓西,校. 北京:中国人民大学出版社,1997.

[37]【美】埃里克·弗鲁博顿,【德】鲁道夫·芮切特. 新制度经济学——一个交易费用分析范式[M]. 姜建强,罗长远,译. 上海:上海三联书店,上海人民出版社,2006.

[38]【美】Y 巴泽尔. 产权的经济学分析[M]. 费方域,段毅才,译. 上海:上海三联书店,上海人民出版社,1994.

[39]【美】A 爱伦斯密德. 财产、权力和公共选择——对法和经济学的进一步思考[M]. 黄祖辉,蒋文华,郭红东,宝贡敏,译. 上海:上海三联书店,上海人民出版社,2006.

[40]【美】冯·诺伊曼,摩根斯顿. 博弈论与经济行为[M]. 王文玉,王宇,译. 北京:生活·读书·新知三联书店,2004.

[41]【美】道格拉斯 G 拜尔,等. 法律的博弈分析[M]. 严旭阳,译. 北京:法律出版社,1999.

[42]【美】唐纳德 A 威特曼. 法律经济学文献精选[M]. 苏力,等译. 北京:法律出版社,2006.

[43]【美】罗宾·保罗·马洛伊. 法律和市场经济——法律经济学价值的重新诠释[M]. 钱弘道,朱素梅,译. 北京:法律出版社,2006.

[44]【美】尼古拉斯·麦考罗,等. 经济学与法律——从波斯纳到后现代主义[M]. 吴晓露,等译. 北京:法律出版社,2005.

[45]【英】安东尼 W 丹尼斯,等. 结婚与离婚的法经济学分析[M]. 王世贤,等译. 北京:法律出版社,2005.

[46]【美】威廉 M 兰德斯,查理德 A 波斯纳. 侵权法的经济结构[M]. 王强,等译. 北京:北京大学出版社,1998.

[47]【冰岛】思拉恩·埃格特森. 经济行为与制度[M]. 吴经邦,等译. 北京:商务印书馆,2004.

[48]【美】N 格里高利·曼昆. 经济学原理(上、下)[M]. 第三版. 梁小民,译. 北京:机械工业出版社,2003.

[49]【美】理查德 B 弗里曼,詹姆斯 L 梅多夫. 工会是做什么的? 美国的经验[M]. 陈耀波 ,译. 北京:北京大学出版社,2011.

[50] 史晋川. 法经济学[M]. 北京:北京大学出版社,2007.
[51] 魏建,周林彬. 法经济学[M]. 北京:中国人民大学出版社,2008.
[52] 张明楷. 刑法学[M]. 4 版. 北京:法律出版社,2011.
[53] 刘同君. 守法伦理的理论逻辑[M]. 济南:山东人民出版社,2005.
[54] 张乃根. 法经济学——经济学视野里的法律现象[M]. 北京:中国政法大学出版社,2003.
[55] 高德步. 产权与增长:论法律制度的效率[M]. 北京:中国人民大学出版社,1999.
[56] 钱弘道. 经济学分析法学[M]. 北京:法律出版社,2003.
[57] 方福前. 福利经济学[M]. 北京:人民出版社,1994.
[58] 孙惟微. 赌客信条——你不可不知的行为经济学[M]. 北京:电子工业出版社,2010.
[59] 周林彬. 法律经济学论纲[M]. 北京:北京大学出版社,1998.
[60] 彭汉英. 财产法的经济学分析[M]. 北京:中国人民大学出版社,2000.
[61] 陈国富. 法经济学[M]. 北京:经济科学出版社,2005.
[62] 林立. 波斯纳与法律经济学分析[M]. 上海:上海三联书店,2005.
[63] 丁社教. 法治博弈分析导论[M]. 西安:西北工业大学出版社,2007.
[64] 夏征农,陈至立. 辞海[M]. 6 版. 上海:上海辞书出版社,2009.
[65] 游世荣. 法治成本分析[M]. 北京,法律出版社,2005.
[66] 李艳岩. 治安经济学[M]. 北京:法律出版社,2004.
[67] 陈正云. 刑法的经济学分析[M]. 北京:中国法制出版社,1997.
[68] 徐亚文. 程序正义论[M]. 济南:山东人民出版社,2004.
[69] 桑本谦. 私人之间的监控与惩罚——一个经济学的进路[M]. 济南:山东人民出版社,2005.
[70] 张五常. 经济解释——张五常经济论文选[M]. 北京:商务印书馆,2001.
[71] 高德步. 产权与增长:论法律制度的效率[M]. 北京:中国人民大学出版社,1999.
[72] 周林彬. 法律经济学论纲[M]. 北京:北京大学出版社,1998.
[73] 彭汉英. 财产法的经济学分析[M]. 北京:中国人民大学出版社,2000.
[74] 谢识予. 经济博弈论[M]. 2 版. 上海:复旦大学出版社,2004.
[75] 朱成全. 经济学方法论[M]. 大连:东北财经大学出版社,2003.

[76] 盛洪. 为什么制度重要[M]. 郑州:郑州大学出版社,2004.
[77] 杨哲英,关宇. 比较制度经济学[M]. 北京:清华大学出版社,2004.
[78] 罗必良. 新制度经济学[M]. 太原:山西经济出版社,2005.
[79] 冯玉军. 中国法经济学应用研究[M]. 北京:法律出版社,2006.
[80] 张维迎. 博弈论与信息经济学[M]. 上海:上海人民出版社,2004
[81] 谢识予. 经济博弈论[M]. 3 版. 上海:复旦大学出版社,2008.
[82] 丁利. 理性、进化与均衡:博弈论解概念及其基础[D]. 中国社会科学院经济研究所博士后工作报告,北京,2002.
[83] 张永和. 法律不能被信仰的理由[J]. 政法论坛,2006(3).
[84] 支振锋. 法律的驯化与内生性规则[J]. 法学研究,2009(2).
[85] 张国钧,张新分. 守法:利益的外驱、良心的内生及其统一[J]. 华中科技大学学报:社会科学版,2005(5).
[86] 彭君. 道德性:法律与道德的契合[J]. 河北法学,2009(9).
[87] 汪雄. 论康德的守法观——从被迫守法到自律守法[J]. 武汉大学学报:人文科学版,2010(4).
[88] 郭英华,林彩虹. 中国传统伦理与公民守法精神[J]. 云南社会科学,2007(3).
[89] 王晓烁. 论法的形式正义与守法[J]. 河北大学学报:哲学社会科学版,2009(4).
[90] 薛传会. 论制约法律遵守的三个要求[J]. 南京邮电学院学报:社会科学版,2003(3).
[91] 曹刚,吴晓蓉. 守法的必然和应然:一个道德心理学的视角[J]. 河南师范大学学报:哲学社会科学版,2009(2).
[92] 钟丽娟. 法律信仰探析[J]. 理论学刊,2008(5).
[93] 冯祥武. 论国家立法与社会资源分配的现实冲突性——以“有法律却无秩序”为视角[J]. 云南大学学报:法学版,2010(3).
[94] 郑智航,张笑. 守法论要[J]. 当代法学,2003(10).
[95] 王峰. 守法的经济学分析[J]. 湖北民族学院学报:哲学社会科学版,2009(4).
[96] 游劝荣. 守法成本及其控制[J]. 国家检察官学院学报,2006(5).
[97] 徐冠荣. 守法激励的博弈分析[J]. 广西大学学报:哲学社会科学版,2008 增刊.
[98] 李秋香. 论守法的成本与效益[J]. 兰州学刊,2005(3).

[99] 李宝荣.日本企业的终身雇佣制[J].宏观经济管理,1988(7).

[100] 赵文斗.日本企业告别终身雇佣制[J].航天工业管理,2001(10).

[101] 高金旺.企业如何避免因解雇造成的负面影响[J].企业活力,2007(7).

[102] 齐乃贵.私营企业怎样开展工会工作[J].了望,2000(50).

[103] 刘旭升.私营企业工会工作探究[J].中国工运,1994(2).

[104] 刘姝.关于良性违法的思考[J].法制与经济(中旬刊),2011(4).

[105] POSNER R A. Economic analysis of law[M]. Eighth Edition. Aspen Publishers, 2010.

[106] COASE, RONALD H. The institutional structure of production[J]. Alfred Nobel Prize Lecture in Economic Science,1991.

[107] COASE, RONALD H. The firm,the market,and the law[M]. Chicago:University of Chicago press,2004.

[108] STEVEN S. Foundation of economic analysis of law[M]. Harvard: Harvard University Press,1988.

[109] COASE, RONALD H. The problem of social cost[J]. Journal of Law and Economics, 1960,11:55 - 65.

[110] MICELI. The economic approach to law[M]. Stanford, California: Stanford University Press,2004.

[111] GINSBURG, TOM. Does law matter for economic development? Evidence from east asia[J]. Law & Society Review, 2000, 34 (3): 829 - 856.

[112] FREEMAN, RICHARD B. Crime and the job market[J]. National Bureau of Economic Reasearch Paper No. 4910, Cambridge MA,1996.

[113] RONALD D. Law's empire[M]. Belknap Press,1988.

[114] DETMOLD M. The unity of law and morality[M]. London: Routledge and Kegan Paul,1984.

[115] RAZ J. The morality of freedom[M]. Oxford: Clarendon Press, 1986.